本书的出版得到上海交通大学"新进青年教师启动计划"（项目号：AF1400021）的资助，特此致谢。

从"修身"到"伦理"

——日本明治时期道德教育的论争空间

林子博 ◎著

厦门大学出版社
XIAMEN UNIVERSITY PRESS
国家一级出版社
全国百佳图书出版单位

图书在版编目(CIP)数据

从"修身"到"伦理"：日本明治时期道德教育的论争空间/林子博著.—厦门：厦门大学出版社，2019.6

ISBN 978-7-5615-7485-0

Ⅰ.①从…　Ⅱ.①林…　Ⅲ.①品德教育－研究－日本－近代　Ⅳ.①D731.34

中国版本图书馆 CIP 数据核字(2019)第 116130 号

出 版 人	郑文礼
责任编辑	王扬帆

出版发行	厦门大学出版社
社　　址	厦门市软件园二期望海路 39 号
邮政编码	361008
总 编 办	0592-2182177　0592-2181406(传真)
营销中心	0592-2184458　0592-2181365
网　　址	http://www.xmupress.com
邮　　箱	xmup@xmupress.com
印　　刷	厦门集大印刷厂

开本	720 mm×1 000 mm　1/16
印张	13.25
字数	230 千字
版次	2019 年 6 月第 1 版
印次	2019 年 6 月第 1 次印刷
定价	59.00 元

本书如有印装质量问题请直接寄承印厂调换

厦门大学出版社
微信二维码

厦门大学出版社
微博二维码

目　次

序　章

はじめに

　学校における徳育は何のためにあるのか。

　戦後日本では、宗教的情操や愛国心の培養などいわゆる徳育の充実化を図る様々な動きが政府によって取られてきたものの、国家の推し進める徳育に対する抵抗が常に絶えない。そこには、戦前の「修身」教育が天皇制国家のイデオロギーの統制道具となり、戦争に加担したことへの反省が現れている。

　そうしたジレンマの現出は、徳育というものに内包される二重の両義性に端を発していると考えられる。つまり、第一に、徳育は国家の秩序や安寧に貢献すると同時に国民への支配や抑圧の装置としても機能するからであり、第二に徳育が擁護する国家そのものが善悪や功罪の両面を抜き差しがたく伴っているからである[①]。とりわけ、国家による国民統合の手段としての徳育の役割は、これまでしばしば指摘されてきた。日本の場合に即して見ても、徳育は戦前のような天皇制国家道徳の押しつけでない時でも、望ましい人間像・期待される人間像の押しつけになる傾向があった[②]。一方で、徳育への反対論を支えたのは、個人の自由を何よりも尊重すべきであり、国家による徳育が特定の価値を押し付け、個人の内心の自由を侵しかねないという論理である[③]。その場合、何を善いとするかは各個人の内心の自由の問題であり、他者に強制されることができないということになる。

① 松下良平「道徳教育—ナショナリズム／教育勅語がもたらす自己否定—」、森田尚人・森田伸子編『教育思想史で読む現代教育』勁草書房（2013 年）、102 頁。
② 同上。
③ 松下良平「岐路に立つ道徳教育」、『教育と医学』61 号（2013 年）。

しかし、そうした考え方は、容易に相対主義に転じて、善いとは自分が「よいと思ったこと」や「いいと感じたもの」となり、共通の秩序なき世界を生み出しかねないとも指摘されている①。そうした世界では、あらゆる差別もそれに基づいたヘイトスピーチなどの行為も、法律違反でない限り、すべて個人の自己決定に委ねることになる。このような状況を避けようとするなら、単なる私意や恣意性を超えて、正邪善悪の判断基準と正義という倫理的規範意識をめぐる思考が求められる。その点においては徳育の存在意義と可能性が見出せると考える。

　とすれば、ここで重要なのは、本来両義性を有する徳育が果して善なのか、悪なのかと決めつけるのではなく、それが如何なる性格と内実であれば、受容もしくは拒否すべきものになるのかという問題であろう。筆者の問題意識は、「徳育とは何か」、「何のための徳育なのか」という地点に立ち戻り、徳育の内実とその位置付けを歴史的に問い直しながら、そのあり方の可能性を模索していくことにある。

　上記の問題意識から、筆者は近代国家形成期の明治日本、特に教育勅語発布の前夜に着目する。教育勅語は、1890年10月に明治天皇の名義で文部大臣を介し発布された、日本の教育方針を示す文書である。皇室の祖先が「臣民」の道徳を確立したと説き起し、「臣民」が一致団結し忠孝の道徳を実行することを「国体ノ精華」や「教育ノ淵源」と規定するものであり、1948年の国会決議で廃止されるまで、帝国日本における道徳教育の根本規範とされた。そして、この教育勅語発布の気運を促したと思われる動きは、1887年から1890年にかけての「徳育論争」とも呼ばれる状況である。その論争の火付け役を果たしたのは、東京学士会院会長の加藤弘之（1836〜1916）の提案であった。加藤は、神道・儒教・仏教・キリスト教による徳育を各公立中小学校で競争的に実施させることを提言し、当時の教育系雑誌で賛否の論を沸騰させることとなった。同時期の議論の応酬を整理・検討した久木幸男によれば、この論争に通底していたのが、徳育の「標準」の不在（あるいは徳育の「混迷」）と称される認識であり、「標準」をどこ

---

① 松下良平「道徳教育と生活指導をつなぐ—どのような道徳に立脚するのか—」、『高等生活指導』197号（2014年）。

に求めるべきかが論者たちの最大の関心事であった①。

　そうした徳育の基本をめぐる論争がかまびすしいなかで、文部大臣森有礼（1847 ～ 1889）は、教育改革の一環として、徳育にかかわる教科書の編纂事業が推進した。その事業の成果は、1888 年に文部省から出版された尋常中学校と尋常師範学校向けの「倫理」科教科書『倫理書』である。だが、西洋倫理学と心理学をベースに編纂されたこの教科書は、上記の論争を鎮静化させる有効な「標準」にはなりえなかった。1890 年 2 月に開かれた地方長官会議では、早くも森の徳育路線が否定され、政府による「徳育ノ主義」の決定が求められた事実は、そのことを物語っている。このような機運の中で、やがて同年 10 月に教育勅語が発布されたことは周知の事実である。

　しかし、よく考えてみれば、このような徳育の「標準」をめぐる百家争鳴の時代状況については、必ずしも自明ではない点が多い。そもそもそこで求められていた「徳育の標準」とはいかなる性格のものであったのか。なぜ徳育には「標準」が必要とされていたのか。宗教はどのような意味で徳育と結びつけられていたのか。また、国家（政府）は、そうした論争においてどのような立場にあり、いかにしてそれとかかわっていたのか。そのかかわり方は、その後の徳育にいかなる影響をもたらし、日本における近代教育の流れにおいてどのような歴史的意味を持っていたのか。国民国家における徳育の本質と可能性に迫るこれらの問題群が、論争という形で明確に現れてきたのではないかと仮説的に考えられる。

　　以上が、本論文の出発点となった問いである。それに答えるために、文部省の『倫理書』編纂にかかわる諸論議を軸にしながら、森有礼が文部大臣を務めていた時期（1885 年 12 月～ 1889 年 2 月；以下、森有礼文政期か森文政期と記す）の徳育構想をめぐる模索を炙り出すことを課題とする。その検討を通じて、明治日本における近代教育への道にいかなる可能性が孕まれ、その実現がいかに阻まれたのかを明らかにしたい。

---

① 久木幸男「徳育論争」、久木幸男ほか編『日本教育論争史録』第 1 巻・近代編（上）（第一法規出版、1980 年）、68 頁。

1. 対象時期: 教育勅語発布前夜としての森有礼文政期

まず、明治期の徳育史研究・教育勅語研究というコンテクストと森文政研究というコンテクストの双方から、『倫理書』という対象の重要性を明確化したい。

1-1. 明治期の徳育史研究

明治期の徳育に関する研究は、概ね相互に関連する二つの主題に即して蓄積されてきたと言える。その一つは、明治末の井上哲次郎や吉田熊次の提起した「国民道徳論」の生成と展開過程を中心的に取り上げた研究であり、もう一つは教育勅語にかかわる研究である。

前者の観点から、教育勅語の作成に携わった元田永孚の教学論や井上哲次郎の国民道徳論を検討したものとして、森川輝紀の研究『国民道徳論の道』が着目される[①]。また、西村茂樹（1828 ～ 1902）の思想の内在的把握を目指した真辺将之は、その主著『日本道徳論』の成立過程と論理を丹念に追うことで、西村の議論と後年の「国民道徳論」との関係を炙り出している。すなわち、「『日本道徳論』においては、後年の「国民道徳論」の前提となる「国民」として守るべき「道徳」という概念が誕生しつつも、後年のそれとの断絶面（「国民道徳」は歴史的所与でなく、今後作られていくべきものとして捉えられる点——引用者注）も存在するという。その意味で、これを「国民道徳論」の「前期的形成」と呼ぶことができよう」との指摘である[②]。元田を中心に取り上げた森川も、西村に焦点をあてた真辺も、既成の「国民道徳論」の枠組みを前提としながら、その前史を描くという意味を込めて、教育勅語発布前の徳育論について論及している。それぞれ学ぶべきところがあるものの、その時期に、元田や西村のように、後年の「国民道徳論」と明確な思想的つながりを有した特定の論者以外の多様な議論、またそもそも「国民道徳論」という枠には収まり切れない論調の広がりが

---

① 森川輝紀『国民道徳論の道』（三元社、2003 年）
② 真辺将之『西村茂樹研究—明治啓蒙思想と国民道徳論—』（思文閣、2009 年）

十分カバーされていない憾みがある。

　こうした国民道徳論研究とも密接に関連する教育勅語研究の嚆矢と言えるのは、教育勅語成立へのプロセスを丹念に跡付けた海後宗臣『教育勅語成立史研究』である①。これに対し、佐藤秀夫は、海後の研究を「教育勅語必然論」と評し、明治初年以来の教育史はすべて教育勅語成立過程史であるかのように語られている点を批判している。すなわち、佐藤は、教育勅語の成立は「一続きの教育理念一定化の必然過程」ではなく、むしろ「様々な社会諸力の抗争・妥協の試行錯誤の連続のうち、多分に「成りゆきまかせ」の傾向をもちながら、事態の推移により選択肢が限定されてくる」過程であると見ている。彼はそうした流動的な歴史を「教育の明治維新」と捉えている②。とすれば、必ずしも教育勅語につながらない複数の選択肢のあいだの葛藤そのものに着目することが重要だと考える。教育勅語の成立以前、徳育をめぐっていかなる選択肢があり、これらの選択肢がいかにして事態の推移により限定されてきたのか。その過程において、どのような抗争や妥協が生じたのか。そうした葛藤における力学関係をダイナミックに浮かび上がらせることによって始めて、「教育の明治維新」の意味を明確に捉えることができよう。その点では、1880年代後半期の森有礼文政期が着目に値する。事実、海後は勅語成立のきっかけとなる1890年2月の地方長官会議の背景に、森文政の徳育路線への強い不満があったと看取している。同じくその経緯に留意した佐藤は、森文政に「近代教育への多様な可能性」を見出し、森の暗殺によって「『教育の明治維新』の劇的な終結」がもたらされたとしている③。それでは、森文相の下において徳育の理念に関するいかなる政策や議論がなされ、その終焉がどのような意味で教育勅語の公布につながったのか。

　もちろん、そうした視点からの研究がないわけではない。教育勅語とは何であったのかという問いを根幹に据えつつ、森文政を含め、勅語制定以前の教育をめぐる多様な選択肢に目を配った研究として、森川輝紀のもう

① 海後宗臣『教育勅語成立史研究』（海後宗臣著作集・第10巻）（東京書籍、1981年）。ほかに代表的な教育勅語研究としては、稲田正次『教育勅語成立史の研究』（講談社、1971年）、山住正巳『教育勅語』（朝日選書、1980年）などが挙げられる。
② 佐藤秀夫「教育史研究の検証」、藤田英典他編『教育史像の再構築』（世織書房、1997年）、104-105頁。
③ 同上。

一つの著書『教育勅語への道』が挙げられる。森川は、かつて論敵であり
ながら、教育勅語の制定において協力した元田永孚と井上毅の思想に着目
し、「同床異夢の二人の勅語にかける期待のズレに焦点をあて」、その差異
の内実に迫った[①]。その際に、「日本の近代教育は、教育勅語と異なるもう一
つの道をある時期まで持ち続けていたのであった」と認め、「その道と教
育勅語とをどのようにかかわらせるかによって、教育勅語そのもののあり
方は異なる相を示すことになる」という考えに基づき、「田中不二麿と森
有礼を間にはさみながら、元田と井上の教育勅語への道をたどる」作業を
行った。森川の研究は今日の教育史学界における通説的理解といってよい
だろう。しかし、そこにはなお検討すべき課題が残されていると考える。

　その一つは、森文政期の教育構想が、もっぱら森個人の思想形成と言説
展開（啓蒙家から文政家へ）に即して捉えられがちな点にかかわる。それ
に対し、後述するように、文政家としての森による政策的実践は、彼個人の
理念や、それを表す言動とをそのまま直結できると考えるのではなく、む
しろ彼の意図を含めた様々なベクトルのせめぎ合いの結果と考えるべきで
ある。また、その場合、単に元田の「教学論」と森の「啓蒙的国家主義教
育論」との対比のみならず、同じく明治啓蒙思想の系譜を作った西村茂樹、
福沢諭吉や加藤弘之らと森のあいだにも、徳育構想をめぐるビジョンの齟
齬があったことに着目すべきではないだろうか。とすれば、森の死ととも
に切り捨てられたと思われる森文政によって構想された「道」は果してい
かなるもので、それがどのような「抗争・妥協」の過程を経て、教育勅語
という「道」に流れていったのか。森文政としての政策的実践をめぐって
なされた多様な議論と、それが教育勅語へと傾斜していく内的・外的要因
を検討することが重要だと考える。

1-2. 森文政期にかかわる先行研究

　次には、森文政期について考察した先行研究を確認しておきたい。これ
までの森文政期研究は、概ね森有礼という人物を中心とした思想研究（い
わば森有礼研究）と、森が文部大臣だった時期に展開された学校制度・政
策を中心とした政策史研究（いわば森文政研究）に大きく分けることがで

---

① 森川輝紀『教育勅語への道』増補版（三元社、2011 年）、27 頁。

きる。

　前者に関する研究蓄積は汗牛充棟と言えるが、前半生の自由主義、後半
生における国家主義という森の二面性の理解をめぐって議論が分かれてき
た。時期的には、1960 年代までは森の国家主義的側面が強調されてきた。
たとえば、森文政下の教育人間像について論じた武田清子は、次のように
述べたことがある。「森の文教政策が打ち出した教育は、富強な国家の形
成に役立つことで足りる国家の道具としての人間像の形成である。そこに
は、個性の尊重、自発性の育成、人格としての自己完成というような近代教
育思想の特色としての人間観の入り込む余地はなかった」[1]。そこで捉えら
れた森文政期の教育はいわゆる「器械的人間製造」にほかならない。そう
した捉え方に対して、森の青年時代のキリスト教受容に着目した林竹二の
研究以降、森の思想の「合理的」・「自由主義的」側面を評価する傾向が強
まってきた。なかでも、佐藤秀夫と園田英弘の研究が代表的なものだと思
われる。佐藤は、「森はナショナリストであるが、「国体主義者」ではなく、
啓蒙主義者ではあるが、現存の明治国家への強烈な使命感を持つ」人物と
捉えている[2]。また、園田は、森が国家と個人を結びつける者として「制度」
の水準を設定していたとし、「森の要求する国家への忠誠心の射程は『天
皇』や『国体』ではなく、『制度としての国家』に限定されたもの」だと
説明している[3]。つまり、国家を国民の福祉にかかわる機能を集約するもの
とし、林竹二の提起した森の「合理的ナショナリズム」の内実を「機能主
義的国家論」として捉えるのが、園田の見解である。佐藤と園田の論考を
相通じるものと捉える田中智子は、「森は勅語段階とは異なる国家主義者、
ある種欧米立憲君主主義的な国家主義者という落としどころに帰着してい
く議論が多い」[4] と述べている。この理解の大枠自体は本論でも踏襲する。
ただし、「ナショナリスト」にせよ、「機能主義的国家主義」にせよ、それ

---

[1]　武田清子「森有礼における教育人間像」、武田清子『人間観の相剋——近代日本思想とキリ
　　スト教』弘文堂（1959 年）。
[2]　前掲佐藤秀夫「教育史研究の検証」、101 頁。
[3]　園田英弘『西洋化の構造』（思文閣出版、1993 年）の III 第一章「森有礼研究: 西洋化の論
　　理——忠誠心の射程——」。
[4]　田中智子「森有礼文政期研究の現在と射程」、『教育史フォーラム』第 9 号、92 頁。

らの概念の内実は必ずしも明確なものとは言えない[①]。この点についてさらなる検討の余地がある。

　他方、森文政研究についていえば、森文政期の研究・評価を森という一個人の思想から解放し、1880 年代を通じて展開された諸政策と様々な制度構想を把握する視点から、考察が進められてきた。古くは、佐藤秀夫による小学校令にかかわる研究があり、その近年の成果として、例えば、荒井明夫による府県管理中学校にかかわる研究や、田中智子による高等中学校研究が挙げられる。田中は高等中学校体制の編成、とりわけ仙台にあった同志社分校の私立東華学校の設立・運営に着目することを通じて、森文政期の持つ「あいまいで柔軟で可能性に満ちた」特質を実証研究により析出しようとしている[②]。しかし、こうした制度史研究と、前述した森の思想研究とをどのように接続するかという課題が残されている。

　こうした観点からも、森文政期の中等学校の「倫理」科に向けて編纂された教科書、特に『倫理書』は着目に値する。後述する『倫理書』の編纂過程からもわかるように、これは思想家としての森の個人作品というより、むしろ文部官僚としての森による政策的実践の産物というべきである。そこには、決して個人の理念がそのまま反映されたと考えるべきではなく、森自身を含め、編纂内外にいた複数の人物による政治的思考と徳育構想による葛藤の痕跡が残っていたはずである。そのため、『倫理書』をめぐる研究は、従来の森有礼（思想）研究と森文政研究をつなぎ、統合的理解を生み出す上で不可欠だと考えられる。

---

① こうした概念の曖昧さを衝きながら、森の「自由主義」と「国家主義」はコインの裏表の関係に過ぎないと主張するのが、長谷川精一の研究である。前述の先行研究を「森惚れ」とし、「国民主体の創出」という視点から、森の思想を整合的に捉え直しながら、相対化することを、長谷川は課題としている。しかし、フーコーや酒井直樹など現代思想の理論を援用する形で森の思想を解釈しようとするかわりに、森文政と呼ばれる教育政策が具体的に展開された歴史的文脈の内側から考察する視点が欠如しているため、園田・佐藤らの示した通説的理解における概念の曖昧さの問題を、国民国家論に立脚したイデオロギー的批判を超える次元で解決することには至らなかったと考える。長谷川精一『森有礼における国民的主体の創出』（思文閣出版、2007 年）。

② 田中智子『近代日本高等教育体制の黎明：交錯する地域と国とキリスト教界』（思文閣出版、2012 年）。

2. 分析の対象：「倫理」科の教科書編纂事業

2-1. 徳育論争史研究

　この『倫理書』出版の意味を理解するために、本論文では、出版の背景となる、徳育をめぐる多様な議論が飛び交った状況に着目する。

　1880年代の徳育論に関しては、多様な選択肢のあり方に目を配りながら概観したものとして、久木幸男の研究が挙げられる。久木は、加藤弘之の宗教利用論をはじめ、それへの反論を含めた当時の多くの論者による徳育論を紹介しながら、「徳育論争」の経緯を整理している[①]。

　この久木による「徳育論争」という用語と把握の仕方については、やはり佐藤秀夫が疑問を提示している。佐藤によれば、1880年代には「論者が互いに共時的共通的な課題を意識して、集中した論争を展開していた訳では全然なく、当時の知識人たちはそれぞれ独自に上述の根本的な課題（「欧米化」を意味する「文明」化に、日本の伝統社会と文化が如何に対処すべきなのかという課題——引用者注）に関説するかたちで、徳育を論じていた」に過ぎなかったという[②]。

　確かに、1880年代に一貫して当事者が「論争」と意識するような形で集中的な議論が展開されていたといえるか否かはにわかには判断しにくい。もっとも、時期を1880年代後期、とりわけ1887年前後に限定する場合、論争としてのリアリティーを有する言説状況は、確かに存在していたとする見解も提起されている。たとえば、田中智子は「論争」の定義について、「『論争』とは、具体的な論説（論者）があり、その論破を目的とした反論が出され、さらに再反論あるいは第三者の見解が継続する状況だ」と記したうえで、1887年の加藤弘之の議論によって、数多くの反論が引き起こさ

---

① 前掲久木（1980年）。また、加藤弘之の思想研究の立場から、「徳育論争」の引き金とされた加藤弘之の演説稿『徳育方法案』を中心に、論争の経緯をより詳細に跡付け、議論の分類と整理を行った研究として、西谷成憲「加藤弘之『徳育方法案』に関する一考察」（『東京学芸大学紀要・第1部門・教育科学』33号、1982年）がある。

② 佐藤秀夫「解説」、『続・現代史資料8　教育　御真影と教育勅語』（みすず書房、1994年）、27頁。

れ、まさに「徳育論争」と言える状況が生じていたと指摘している[①]。また、明治期における教化政策と宗教の関係を論じた谷川穣は、「徳育論争」について、「森の指示による能勢の『倫理書』編纂のような政策的実践を除けば、この百家争鳴の論争は大体において互いの理念の開陳に傾いていた」と述べている[②]。すなわち、『倫理書』編纂事業をめぐって、単に互いに理念の開陳を行っていたのとは異なる状況が現出したという理解が示されている。

　ここで改めて佐藤秀夫の指摘に従って、「論者が互いに共時的共通的な課題を意識して」集中した論を展開していた状況を「論争空間」の現出と定義した上で、『倫理書』にかかわる様々な論の展開を「論争空間」が現出した事態と見做せるのではないかという仮説を提起しておきたい。その上で、すでに田中智子が研究レビューで指摘したように、森文政研究についても教育勅語研究についても第一人者と言える佐藤秀夫が、自らの編纂した資料集『続・現代史資料8 教育　御真影と教育勅語』において『倫理書』の全文を掲載しながら、解説ではその成立経緯やこのテキストをめぐる論争についてはほとんど言及していないことを確認しておきたい。おそらく『倫理書』研究は、佐藤においても重要な未完の課題だったのであり、明治期の徳育史研究や教育勅語研究を踏まえ、再度これを俎上に載せるべき状況が生じているといえよう。

2-2.『倫理書』研究

　教育勅語や森文政に関わる研究が枚挙にいとまがないのに対し、『倫理書』に関わる研究は極めて少ない。『倫理書』に関する通説的な理解を提供したのはた『新修森有礼全集』における林竹二の解説である。林は、森の側近にあった木場貞長と『倫理書』の起草にあたった能勢栄の証言、『倫理書』冒頭の凡例と殆ど同一内容をもつ森の草稿があることから、本書の基本方針は森自身の立てたものであると見ている[③]。そうした観点は、長谷川精一の森有礼研究においても踏襲されている。長谷川は、森の道徳教育

---

① 田中智子「森有礼文政期研究の現在と射程」(『教育史フォーラム』第9号、2014年)。
② 谷川穣「教育・教化政策と宗教」(大津透ほか編『岩波講座・日本歴史』第15巻近現代1、岩波書店、2013年)。
③ 前掲大久保利謙監修・犬塚孝明ほか編『新修森有礼全集』別巻2、284頁。

論を分析する素材として『倫理書』を取り上げ、青年期の森とスペンサーとの交流という森の思想形成から、同書における「自他並立」概念の由来と意味を理解しようとしている①。しかし、『倫理書』は森個人の思想的作品よりも、むしろ集団的著作とみるべきであろう。とすれば、『倫理書』に反映されているはずの森の意思は具体的にいかなるものであり、どのような形で介在しているのかという問題も、その集団的著作という特徴を踏まえてはじめて解けるのではないか。そのためには、『倫理書』の起草過程に着目する必要がある。

『倫理書』の編纂過程をはじめて検討したのは稲田正次である。稲田は編纂当初の状況に関する次の嘉納治五郎による回顧談②を紹介している。

　　その委員は西村茂樹、菅了法、嘉納治五郎、能勢栄及びデニングの五名であって、何回も会合を重ね協議を凝らしたが、各々信ずる所考へる所を異にし、帰一する所がなかった。その上森に彼自身の固執せる意見があって、各委員をしてその意見の協賛者たり説明者たらしめようとしたので、終に委員全体としてはまとまらないでしまった。ただ、能勢が文部の役人として信任せられていたので、森の意を受けて兎に角作り上げたのが文部省から出版した「倫理書」と題する教科書である。③

この稲田の着眼は重要である。稲田の着目した嘉納の回想からわかるように、森は、能勢栄、菅了法（1857 ～ 1936）、西村茂樹、嘉納治五郎（1860 ～ 1938）そしてデニング（Walter Dening, 1846 ～ 1913）という 5 名に『倫理書』の編纂委員を嘱託した。編纂委員の中、能勢はアメリカでの留学経験を持ち、教育学に精通している文部省書記官、菅はオックスフォード大学で西洋哲学を学んだ本願寺系僧侶、西村（当時宮中顧問官）は森文政期までに文部省編輯局長として教科書編纂事業を率いた官僚、嘉納は帝国大学哲学科出身の学習院教頭（柔道家として著名）、デニングは英国国教会伝道協会（Church Missionary Society）の宣教師という経歴を持った人

① 前掲長谷川精一『森有礼における国民的主体の創出』第五章「森有礼の道徳教育論―『倫理書』における「自他並立」の原理」。
② 「嘉納先生談」、亘理章三郎『詔勅の聖訓と道徳教育』（明治図書、1934 年）、382 頁。
③ 稲田正次『教育勅語成立過程の研究』（講談社、1971 年）第六章五「森の倫理書編集と元田らの批判」、134 頁。

物である。上記の嘉納の回想からは、その五人の編纂委員のあいだに意見対立があっただけではなく、その上に森文相自身にも固執なる主張があり、結局それによって編纂委員陣がばらばらになってしまったことが窺える。そして、能勢栄が終始一貫編纂過程に残っていたこともわかる。また、後述するように、1888年3月に本書のパイロット版①（本論文ではこれを「3月版」と記すことにする）が仕上がってから、森はこれを福沢諭吉、加藤弘之、中村正直、高嶺秀夫、井上毅など当時の代表的な識者に内示し、批評を求めていた。本書の完成稿の公刊②は、これらの識者の議論を受け修正を経て、同年10月に実現した（本論文では、これを「10月版」と記すことにする）。

　近年になって、田中智子の研究は『倫理書』の編纂過程に関する多様な事実関係を浮き彫りにしながら、それを、「『倫理書』そのものの構造や内容の考察へと結びつける」試みを展開している。ここにおいて『倫理書』にかかわる本格的な研究がようやく登場したといえる。とりわけ、森における「宗教」と「宗門」という言葉をめぐる独特な用法に着眼することで、『倫理書』では特定の教派としての「宗門」に関わる議論が意図的に除外されたことを動態的に解明した点は重要である③。その上で、田中は『倫理書』の特質と歴史的意義について、二つの論点を提示している。

　その一つは、『倫理書』がいわば「キメラ」的性格を持つことである。田中によれば、「『倫理書』は、宗教に依らない一点を除き、単一の強い主張をもたない。「宗教」の排除さえ担保されるのであれば、できるだけ多くの立場を包摂することを目指した」書物であり、「あいまいさ」「とりまとめのなさ」を有した点こそがその真骨頂であるという④。田中が提示したもう一つの論点は、教育勅語とのかかわりにおける『倫理書』編纂の意義に関わる。田中は、次のように論じる。「『倫理書』なる書物を文部省が編纂してしまったこと、文部省が「道徳の標準」議論の土俵に乗り、一種のヘゲモニーを有してしまったこと自体が（近年の「心のノート」作成経緯が想起される）勅語制定の前史を成してしまったと言わざるを得ないのではな

---

① 文部省『中学校師範学校倫理教科書』（文部省、1888年3月）。
② 文部省『倫理書: 中学校・師範学校教科用書』（文部省、1888年10月）。
③ 前掲田中「『倫理書』編纂事業の再検討—森有礼文政期理解への一助として—」。
④ 田中智子「森有礼文政期研究の現在と射程—『倫理書』をめぐる林子博氏の近業によせて—」、『教育史フォーラム』第9号（2014年）。

かろうか」①。

　いずれも『倫理書』の歴史的評価にかかわる重要な論点である。二点目の論点についていえば、確かに、「自他並立」という用語を「行為ノ標準」として提示した『倫理書』は、ある意味では「道徳の標準」を定めるという意味で、編纂者の意図にかかわりなく、教育勅語の「前史」を構成することになったとみることもできる。しかし、ここで重要なのは、徳育の「標準」とは何か、そして各論者それぞれによっていかに捉えられているかを問うことだと考える。森らが『倫理書』を通じて目指した「徳育」とはいかなるものであり、それと世間がイメージした「徳育」とはどのような異同が存在したのか。また、『倫理書』における「行為ノ標準」は、世間の論者が求めた「道徳の標準」とはいかに関係しているのか。これらの問題をさらに掘り下げることは、おのずから田中の提示した一番目の論点、すなわち、「できるだけ多くの立場を包摂する」「あいまいさ」を備えていたという論点の考察にもつながるであろう。この点に関して、筆者は、森文政における徳育構想の特徴は、従来の「修身」科に象徴されるような徳育と一線を画すような、いわば知育的性格を備えていたのではないか、また「標準」という言葉もそうした観点から理解されるべきではないかということを仮説的に提起しておきたい。

3. 本書のアプローチと構成

　上記の仮説を検証するために、本論文は稲田や田中の研究に多くを負いつつ、以下のようなアプローチを取る。第一は、編纂に関わった人々の同時代の徳育にかかわる言論を幅広く渉猟する。それにより、編纂委員のあいだに存在した緊張関係を把握することを目指す。例えば、本論で述べるように、前述した五人の編纂委員のうち、西村茂樹はやがて編纂作業から実質的に離れ、修身教科書の勅撰化（文部省編纂から皇室による管理へ）を図り、森と衝突することになった。『倫理書』の特質を理解する上で、両者の協力と対立に関する詳細な検討が不可欠だと考える。

　第二に、史料面での制約を突破していくために、能勢や菅が『倫理書』編

---

① 田中智子「森有礼文政期研究の現在と射程―『倫理書』をめぐる林子博氏の近業によせて―」、『教育史フォーラム』第9号（2014年）。

纂の傍ら深くコミットした雑誌『国民之教育』（1887年5月から1888年6月にかけて刊行された）に着目する。同誌はこれまでほとんど注目されてこなかった。管見の限り、その内容まで立ち入って言及した論考は一つしかない。それは教育ジャーナリズム研究の観点から、同誌の主筆格について触れた木戸若雄である。木戸は、当時文部書記官だった能勢が編集作業に関わっていたことを指摘した。ただし、同誌と『倫理書』編纂との関係については論及していない[①]。

　第三に、「倫理」科の最高学年用教科書として編纂された『倫理書』の内容を、同学科の初学年用教科書として森文相によって指定された翻訳教科書『布氏道徳学』（牧野書房、1887年）とあわせて分析する。『布氏道徳学』とはドイツ人教育者フリッケ（Wilhelm Fricke, 1810〜1891）が1872年に出版した著書 Sittenlehre für konfessionslose Schulen[②] から翻訳されたものである。「幼童ノ道徳」と「成人ノ道徳」を別々に取り上げ、それぞれにかかわる社会関係について「義務」という枠組みで論じている。

　本論文では、雑誌『国民之教育』誌上の論説や翻訳教科書『布氏道徳学』が森文政の徳育にかかわる方針を一定程度反映していると見做した上で、これらとかかわらせながら『倫理書』というテキストを読み解いていくこととする。すでに雑誌『国民之教育』に関しても、『布氏道徳学』に関しても、やはり田中智子がその存在に着目しているものの、内容に立ち入った分析はほとんど展開していない。本論文では、これらの資料を活用することにより、『倫理書』の編纂経緯や、編纂意図をいっそうクリアな形で浮かび上がらせることを目指したい。

　本論文は、以下のように構成される。

　第1章は1880年〜1887年を対象とし、『倫理書』編纂事業が始まる以前の徳育教科書にかかわる時代状況について考察する。いわゆる儒教主義的徳育期とされた1880年代前半期から森文政が登場した初期（1886年）までの、徳育にかかわる学科課程の変化、教科書の出版傾向など同時代の徳育をめぐる状況の推移とその輪郭を描く。なかでも、『倫理書』の出版

---

① 木戸若雄『明治の教育ジャーナリズム』（大空社、1990年）。
② 原タイトルは、「非宗派的学校のための道徳学」という意味のものである。どの宗派にも例外なく通用するような道徳上の規則を説く教科書としてドイツで出版された。

（1888 年）に先立って登場し、後に森文相に「倫理」科初学年向けの教科書
として指定された『布氏道徳学』（及びその前身である『小学道徳論』）を、
『倫理書』編纂の前史として位置づける。

　　第 2 章では、概ね 1887 年から 1888 年 3 月までの時期を対象とし、『倫
理書』の編纂過程にかかわる事実関係を炙り出す。具体的には、『倫理書』
編纂主体の変化（人員の異動）、とりわけ能勢栄・菅了法・デニング・西
村茂樹・嘉納治五郎という五人の編纂委員の活動、編纂事業に加えられた
経緯と主張の傾向について詳細に描き込む。そのことを通じて、『倫理書』
編纂の段階を区切るとともに、『倫理書』というテキストの成立・修正経
緯を明確化する。その上で、中心的起草者の能勢や菅が深くかかわった雑
誌『国民之教育』に着目し、同誌が『倫理書』編纂事業の宣伝媒体として
の性格を有したことを論証する。

　　第 3 章では、『倫理書』編纂とほぼ同時期に生じた「徳育論争」の火付
け役であった加藤弘之の宗教利用論に着目し、それに対する『倫理書』編
纂関係者の反応を検討する。学校の徳育において「尊信」の感情を喚起す
ることが必要であり可能でもあると考えるのか、それはすべきではないと
考えるのかという視点から、加藤・西村・『国民之教育』の主筆陣による議
論に分析を加える。具体的に、『倫理書』編纂が取り組まれる最中、「道理」
を説く徳育教科書を批判し、宗教の「本尊様」による「尊信」の感情喚起
を唱える加藤に対し、西村と『国民之教育』を言論拠点としたデニングら
がそれぞれ違う角度から批判を行った。加藤と西村の論理がいかなる意味
で食い違いを孕みつつ、共通する地平を持つのかを論証すると同時に、『国
民之教育』の主筆陣が構想した徳育の原則を明らかにする。そのことに
よって、森文政期の徳育における宗教の位置づけを明確化する。

　　第 4 章では、『倫理書』の初版が出た 1888 年 3 月から、再版が出た同年
10 月のあいだの時期に焦点をあてる。その改訂経緯について、3 月版に批
評が求められた識者（福沢諭吉や井上毅など）の議論を踏まえつつ、『倫
理書』のテキスト分析を行い、その論理構成の特徴と意味合いを浮き彫り
にすることが眼目である。とりわけ、『倫理書』の 3 月版と 10 月版の異同
を整理したうえで、この二つのバージョンのあいだの変更／不変更と識者
による意見の関係、さらにそこに浮かび上がった『倫理書』編纂事業の統
括者である森文相の意思について論じる。

　第5章では、森文政期の徳育構想の射程を見届けるために、教育勅語以後の徳育論に着目する。ここで、勅語発布以降も教育現場で使われ続けた『布氏道徳学』の議論に着目する。その際に、西村茂樹が立ち上げた日本弘道会誌に掲載された、小学校教員の根津音七の『布氏道徳学』批判を取り上げる。師範学校における「倫理」科が廃止され、森文政期以前の「修身」科が復活した前後に現れた根津による批判の根拠には、教育勅語とそれにかかわる井上哲次郎の解釈また西村の主張が据えられていた。そうした根津の批判を通じて、森文政期の徳育構想の一端を担うともいえる『布氏道徳学』にはいかなる論理主張が盛り込まれており、またそれが教育勅語の登場によってどのように否定されていたのかについて検討する。

第 1 章 『倫理書』編纂の前提―
「修身」から「倫理」へ―

はじめに

　『倫理書』編纂事業が始められた背景とは何なのか。そのことは、森文政下の徳育改革が打ち出された経緯にもかかわる。本章では、それを明らかにするために、『倫理書』出版以前、さらに森文政が登場する前の時期に遡って、1880 年代全体の徳育史全体のなかで、その前史を描くことにしたい。森文政の登場する前には、広義の徳育にかかわる教科書としていかなるものがあったのか。

　明治初年以来の小学校教科書の整理を行った海後宗臣によれば、1879 年の「教学聖旨」発布に伴って、明治初期の文明開化の翻訳教科書に代って儒教を中枢とする皇国思想に基づく、復古的傾向をもった教科書が多数出版されるに至ったという[1]。つまり、1880 年代前半期の徳育路線をいわば「儒教主義の復活」と捉える視点が示されている。その視点を踏襲した倉沢剛は、その路線をもっともよく示す文書として「小学修身書編纂方大意」に着目し、その起草者は当時文部省で教科書編纂を管理する責任者であった西村茂樹と推定し、この西村が元田永孚と並んで「儒教主義の復活」を推進していたと見ている[2]。そうした捉え方は、以後の稲田正次による研究においても概ね踏襲されているといえる[3]。そうした見解に従えば、この時期はもっぱら宮内省の元田と、文部省で教科書編纂を統領したと思われる

---

① 海後宗臣編『日本教科書大系・近代編』第 1 巻・修身（1961 年）。
② 倉沢剛『小学校の歴史』Ⅱ（ジャパン・ライブラリー・ビューロー、1963 年）。
③ 稲田も倉沢の説を受けて、『小学修身書編纂方大意』を西村の執筆と断定している。稲田正次『教育勅語成立過程の研究』（1971 年）。

西村らの勢力により儒教主義一色の徳育路線が全面展開された時期ということになる。この立場からは、その後に登場した森文政期も専らそれへの対抗として理解される傾向があった[1]。

しかし、近年、西村茂樹研究の視点から、上記の図式を再考した論考が現れてきた。文部省勤務時代の西村の徳育思想と当時の教育政策との関係について考察した真辺将之は、西村自身が編纂した「修身」科教科書の『小学修身訓』に着目し、同書の内容構成（西洋の修身書からの大量引用）と刊行経緯（1881年の文部省によって教科書として不適当と検定された事実）の検討を通じて、同時期の「儒教主義の復活」の推進者とされた西村の徳育論の異色さを指摘した[2]。結果として、従来しばしば儒教主義的徳育の推進者の一人として見做されがちな西村の徳育思想の捉え直しが促されていると同時に、1880年代前半期に出版された徳育教科書の中で、必ずしも「儒教を中枢とする皇国思想」という枠組みに収まり切れないものの存在も示唆されている。

もっとも、真辺の関心は西村の思想分析に集中しているため、同時期の徳育にかかわる全体的な状況の把握には及んでいない。その課題に真正面から取り組んだのが高橋文博による近年の論考である。高橋は、真辺に指摘された西村の『小学修身訓』の異色さに触れながら、同時期の修身教科書に見られる画期的な転換として、「それまで必ずしも定まっていなかった忠の概念が、第一義的に天皇を対象とするものとなった」ということを析出している[3]。その指摘自体必ずしも間違っていないが、前述した海後以来の枠組み（「儒教を中枢とする皇国思想」）内部に止まる分析であり、そこからはみ出る流れへの着目は不十分と思われる。筆者は、当時そうした枠組みに収まらない教科書も少数ながら存在しており、それが後の森文政期の徳育教科書につながっていったのではないかと考える。本章では、真辺の着目した西村の動きを手がかりにしながら、非儒教・非皇国思想という意味で異色といえる修身教科書に目を配ることによって、1880年代前半

[1] 久木幸男『徳育論争 解説編』、久木幸男ほか編『日本教育論争史録』（第一法規社、1980年）第一巻・近代編（上）。

[2] 真辺将之『西村茂樹研究：明治啓蒙思想と国民道徳論』（思文閣出版、2009年）第3章「文部省時代の教育思想」。

[3] 高橋文博『近代日本の倫理思想：主従道徳と国家』（思文閣出版、2012年）第1章「明治10年代の道徳教育—修身教科書を中心に—」115頁。

期と森文政期に通底する地下水脈を浮上させることを目標とする。

　そこで以下では、第一に、1880 年代前半における「修身」科（初等学校及び中等学校）教科書の出版傾向を確認する。1882 年 4 月に発布された「小学校修身書編纂方大意」は、「修身」教科書の編纂方針が儒教に基づくことと規定した。その方針を最も反映した教科書として、同年 12 月に天皇「下賜」の形で頒布された元田永孚『幼学綱要』と、翌年 6 月から発行された文部省編輯局編『小学修身書』について触れておく。それから、そうしたいわば典型的な儒教主義的教科書の流れに回収されないものとして、西村茂樹『小学修身訓』（1880 年出版）と、当時に珍しく出版された翻訳教科書——フリッケ原著・松田正久訳『小学道徳論』（1880 年〜 1881 年出版）とフランク原著・文部省編輯局訳『修身原論』（1884 年出版）——に着目する。第二に、森文政登場の直後の中等学校における「倫理」科設置という変革と、それに伴った徳育関係の教科書の出版状況の変化を跡付ける。その変革期に出版された「倫理」教科書として、井上円了『倫理通論』（1887 年出版）などに触れる。第三に、「倫理」科初学年の教科書として文相森有礼により選定された教科書『布氏道徳学』（1887 年出版、翌年再版）に注目し、同書とその前身である『小学道徳論』との関係について考察する。

　上記の検討を通じて、1880 年代全体の徳育史の脈絡の中で、『倫理書』編纂事業が始められた意味を明らかにしたいと考える。

1.1880 年代前半期の徳育教科書—「修身」のあり方—

1-1. 徳育の路線転換と儒教主義的教科書の登場

　1879 年夏に出された「教学大旨」は、学制以来の小学校修身教授に路線転換を強く要請するものであった。そこでは、「祖宗」以来の訓典によって、仁義忠孝の教を明らかにすること、修身の学は孔子を主とすることが求められている。1880 年 3 月 25 日に、文部省は新たに「編輯局」を設置し、同聖旨で示された教育方針に基づき教科書の編集事業を行うことにし

た①。一方で、同年6月に地方学務局に「取調掛」を設け、各府県の小学校教則に記載されている教科書について、その適否を調査することを命じた。その結果、西洋の倫理道徳を説いた、明治初年の翻訳教科書類は、日本の伝統思想や良風美俗に反するものとして多数問題視され、小学校教科書としての使用が禁止される始末となった②。そこには、民間出版の教科書のみならず、文部省から翻訳刊行されたもの、たとえばウエーランド著・阿部泰蔵訳『修身論』(1874年)や、ウエーランド著・大井鎌吉訳『威氏修身学』上・下冊(1878-1879年)なども含まれていた。これらに関しては、政体や政治にかかわる部分がアメリカあるいは欧州の民権思想によっているからであると指摘されている③。海後宗臣によれば、それまでは教科書の出版ばかりでなく、教科書の採用も各小学校によって決定されていたため、1880年の取調掛設置は文部省が「修身」科教授の内容について統制する発端を作った画期的な事件であった④。

　このように、取調の実施と編輯局の設置を通じて、文部省はいわば西洋風の教科書を排除しながら、「教学大旨」の精神に則った教科書を積極的に作ろうとした。事実、1880年以後に翻訳類の「修身」科教科書が出版された例は少なく、多くはいわば東洋道徳の教材をもって編集されたものである⑤。その中で特に広く用いられたものとして、亀谷省軒『修身児訓』(1881年)や木戸麟『小学修身書』(1880年)などが挙げられる⑥。

　『日本近代教育百年史』における堀松武一の記述によれば、当時の「修身科の内容構成の原理と教授法が最もよく示されている」のは、1882年4月に発布された「小学校修身書編纂方大意」という文書である⑦。この文書では、「今小学修身科中道徳ノ主義ヲ定ムルニハ首トシテ父兄ノ最モ信用

---

① 「文部省達」(1880〈明治13〉年3月25日、学務課・会計課・報告課・内記所宛)『法規分類大全』第一編16、111-112頁。編輯局が設置されると西村茂樹が初代の編輯長となった。その就任の経緯については前掲真辺『西村茂樹研究: 明治啓蒙思想と国民道徳論』が詳しい。

② 前掲海後宗臣編『日本教科書大系・近代編』第1巻・修身に参照。

③ そのほか、箕作麟祥訳の『泰西勧善訓蒙』は明治10年前後において著しく普及した教科書であったが、その後篇及び続編が政治的に問題のある教科書として禁止令にかかった。前掲海後宗臣・仲新編『近代日本教科書総説・解説篇』、68頁。

④ 同上、67頁。

⑤ 同上。

⑥ 久木幸男「明治儒教と教育」、『横浜国立大学教育紀要』28号(1988年)。

⑦ 国立教育研究所編『学校教育』教育研究振興会、(『日本近代教育百年史』巻3、1974年)、1027頁。

スル所子弟ノ最モ敬重スル所ニ着眼セザル可カラズ、我国中世以還上下ニ通ジテ一般ニ其勢力ヲ得タルハ即チ儒教ナリ」として、儒教に基づく「修身」科教科書の編纂が主張されている。その一方で「我国ノ欧米各国ニ於ケル土地風習固ヨリ夐異ニシテ邦制事情亦自カラ同ジカラザレバ彼ノ修身学科ヲ踏襲シテ之ヲ我普通小学ノ教育ニ専用スルハ方柄円鑿相入レザルノミナラズ到底弊害ノ多キヲ免カレザル可キナリ」として、西洋の翻訳教科書を否定するスタンスも明確に出されている[①]。また、「初学ヲシテ我万世一系ノ天胤ヲ尊崇シ、金甌無欠ノ帝国ヲ愛重」させるべきことも鼓吹されている。この文書に続いて登場したのは、同年 12 月に天皇「下賜」という形で頒布された、元田永孚の編纂した『幼学綱要』である。

　この書物は、侍講元田が 1879 年に天皇から修身書編纂の命を受けてまとめたものであり、全 20 章に分かれている。各章の冒頭に本章のテーマとなる徳目の解説があり、ついでそれらの徳目に合致する漢文が列挙され、さらにその徳目を具現化する和漢の歴史的事蹟（西洋の事蹟が一切なし）が記されるという構成である。この書物の最大の特色は、天皇を中心とする日本の国体を強く意識し、その国体を維持するために、儒教道徳における「忠孝」を何よりも重視する形で組み立てられた点にあった[②]。第一章に「孝行」、その次に「忠節」が置かれるように、「忠孝」の徳目が全書の筆頭に掲げられている。

　1883 年 6 月に巻一が発行された文部省編輯局編『小学修身書』は、ここまで述べてきた 1880 年以来の文部省による徳育路線転換の、一つの到達点と見做すことができよう。同書は「初等科之部」と「中等科之部」に分かれる[③]。「初等科之部」は全六冊で、首巻と巻一より巻五までに分かれており、小学校初等科三ヶ年、毎学年二冊宛使用する教科書として著わされた。「中等科之部」は全六冊で、1884 年 11 月に刊行された。小学校中等科即ち第四学年より第六学年までの三ヶ年、毎学年二冊宛使用する教科書として著わされた。このシリーズの教科書は、西洋の事例や翻訳書からの引用を

① 『小学修身書編纂方大意』、東書文庫所蔵、請求記号 108-3.
② 前掲真辺将之『西村茂樹研究：明治啓蒙思想と国民道徳論』、92-93 頁。
③ 1881 年 5 月に制定された『小学校教則綱領』において、小学校の課程及び教科内容、教授
　　要旨が定められた。これによると小学校八箇年の課程が初等科三年、中等科三年、高等科二
　　年の三・三・二制となった。海後宗臣『修身』第 1（前掲海後宗臣編『日本教科書大系・
　　近代編』）参照。

一切省き、江戸時代の教訓書及び中国古典からの引用句のみとし、特に水戸学や国学者の書からの引用を格段に増やした。また、忠孝の徳目や、外国とは異なる日本の国体の特殊性を強調する内容が前面に出ている[①]。

1-2. 異色の修身教科書——西村茂樹の動きを手がかりに——

1880年代の修身教科書のなかで、上記の『幼学綱要』や『小学修身書』と並び、代表的な儒教主義的教科書として捉えられてきたのは、西村茂樹選録、文部省編輯局印行の『小学修身訓』（全二冊、1880年4月）である。同書刊行当時、西村は文部省編輯局長であった。この『小学修身訓』は、学問、生業、立志、修徳、養智、処事、家倫、交際という八つの徳目から構成され、これらの下に東西の格言や名句を書き下し文で集めてある。本書は、いわゆる「儒教主義の復活」を推進する一環として位置づけられ、「儒教を中枢とする皇国思想」を唱えるテキストとして位置づけられることが多かった。しかし、かつて久木幸男によって指摘されたように、そもそも同書において、君臣関係に触れているところは僅か二箇所に過ぎず、天皇への言及も全くない[②]。そればかりではない。西洋の徳育教科書からの引用も少なくない。例えば、「第一　学問」の部においては、「才ハ天ヨリ受クル者ナレドモ、是ヲ成全スルハ自修ノ功ニ頼ルコトナレバ、天才ヲ恃マズシテ、人力ヲ尽スベキコトナリ。西国立志編」というように『西国立志編』からの引用も見られる。また、「第七　家倫」の部においては、「主人ハ僕婢ニ対シ、己ノ権ヲ擅ニセザルニ注意シ、其庸弱貧困ナルヲ憐ミテ之ヲ恕シ、若シ其身人ノ僕婢トナルトキハ、自ラ其主人ニ遇セラルルヲ欲スルガ如ク、亦其僕婢ヲ遇スベシ。殷氏ノ修身学」というアメリカ人哲学者殷斯婁（ウィンスロー）(Winslow Hubbard, 1799-1864)の著書[③]からの引用などが随所見られる。

さらに、前述した元田の『幼学綱要』や文部省編の『小学修身書』における「忠孝」の全面展開とは異なり、『小学修身訓』において「忠孝」と

---

① 海後宗臣『修身』第2（前掲海後宗臣編『日本教科書大系・近代編』）の＜所収教科書解題＞参照。

② 前掲久木「明治儒教と教育」、256頁。

③ 西村は後に殷斯婁（ウィンスロー）の著書 (Hubbard Winslow, *Elements of moral philosophy: analytical, synthetical, and practical*, New York: D.appleton and Company, 1856) を、『道徳学（殷斯婁氏）』（1882年5月）として抄訳した。

いう語の登場回数はわずか一箇所のみである。しかも、それは、「凡そ人
衰老の年。安楽を享けんが為め。自主自立を失はざらんが為に金銭を貯
へ。及び他人を存恤するが為めに倹省を務むるは。端正忠孝の事なり」と
いう、『西国立志編』から引用された一節である。真辺将之が主張してい
るように、ここの「忠」は君主への忠ではなく、誠実・まごころというよ
うな意味であり、元田の強調している「忠孝」とは異なる用法である[①]。ま
た、君主への「忠孝」の鼓吹のかわりに、「愛国ノ精神」——「西洋諸国ニ
言フ所ノ「パトリオチズム」ヲ訳シタル者」と説明されている——を国民
に喚起すべきという内容が説かれている。

　このような文部省編輯局長であった西村自身の手による教科書は、福岡
孝弟が文部卿となった直後の1881年4月、教科書として不適当と検定され、
翌月6日、巻の一の中の二章の削除まで命じられた[②]。明治期の『文部省報
告』について調査した佐藤秀夫の考察によれば、削除されたのは、波号巻
一、「第二　生業」中の『六諭衍義大意』から引用した次の二章である。

　　○富貴の家に生るる人は。曾て艱難を経ず。常に多くの所従にかしづ
かれ。美服身にまとひ。厚味口にあきいつまでも替るまじとこそ思ふらめ
ど。一旦時移り勢去ねれば。過ぎにし富貴は一宵の夢となりぬ。是まで飽
暖にくらして。何の材芸もなく世話にさへ疎ければ。漸々に落ちぶれて。
庶民に下るも。昔より其例なきにあらず。

　　○又身もと軽き人の遊楽を好むこそ一しほうたてけれ。或は遊女に戯ぶ
れ。或は博奕を好み。酒にひたり。色に溺れ。昼夜家業を棄てて浮かれ遊
ぶほどに。果は家財も尽きて。朝夕の営みもすべきやうなければ。思の外
に悪事を巧み出して。災難に逢ふもあるぞかし。

　上記の部分の削除について、佐藤は、「貧富の差異を前提にし、また人
間の否定面を強調する文脈が、徳育教材としてふさわしくないと判断され

---

① 前掲真辺『西村茂樹研究：明治啓蒙思想と国民道徳論』、95頁。
② 前掲真辺『西村茂樹研究：明治啓蒙思想と国民道徳論』、92頁参照。「明治14年文部省処
　務概旨」(『文部省第九年報』〔第二冊〕)36頁に次のような記述が見られる。「六日文部省
　編輯局印行西村茂樹選録小学修身訓巻ノ一中ノ二章ヲ削除セル旨ヲ報告ス」。ただし、削除
　が命じられた理由については記されていない。

たのであろう」と指摘している①。その間の経緯の詳細は不明であるが、その一年後に儒教主義的徳育を提唱する「小学校修身書編纂方大意」が出されたこと、さらに翌1883年に西洋的な要素を徹底的に排除する教科書『小学修身書』が文部省編輯局編という形で出版されたという事実からしても、西村の『小学修身訓』が、必ずしも当時の文部省全体の徳育路線に合致しないものと見做された側面があったと推定される。

　このような折衷的色の強い『小学修身訓』と比べ、よりラジカルな教科書もあった。鳥居美和子が行った国立教育研究所附属教育図書館・東京学芸大学の望月文庫や東書文庫などの所蔵教科書目録に基づいた統計調査の結果（以下、『教科書総合目録』と称する）によれば、1880年1月から1885年12月（森が文部大臣に就任した時点）までのあいだに新たに出版された「修身」科向けの翻訳教科書は、わずか二冊しか確認できない②。その一つは、1880年3月から翌年4月にかけて出版された翻訳教科書『小学道徳論』（松田正久訳・西周閲、全四巻）で、もう一つは1884年に出版された、フランク原著・文部省編輯局訳『修身原論』である。鳥居の調査は、国立教育研究所に所蔵されたものを中心に行ったのであるため、ほかにも出版された可能性は否定できない。ただ、国立教育研究所所蔵の教科書が非常に多数で約52000冊にのぼることを考えるならば、同時期に「修身」教科書の刊行が少なかったことは確かであり、上記の『小学道徳論』・『修身原論』はその中で珍しい存在ということになる。

　ここでは前者の『小学道徳論』の存在に着目したい。既に指摘したように、同書は、森文政期の「倫理」科教科書の前身としての意味を持つからである。同書には二つのバージョンが確認されている。一つは「牟田知足」により刊行されたもので、その第一巻は1880年3月25日に、第二巻は同年11月15日、第三巻は翌年4月15日に出版された（第四巻もあるらしい

---

① 佐藤秀夫『教育の文化史3・史実の検証』（阿吽社、2005年）Ⅴ「明治初期の文部省刊行雑誌等に関する研究」、199頁。

② 鳥居美和子編『明治以降教科書総合目録Ⅰ初等学校篇』（国立教育研究所編『教育文献総合目録』第3集、小宮山書店、1967年）参照。この総合目録の基本となっているのは、1952年国立教育研究所に移管された旧蔵上野図書館の教科書（約52000冊）の目録であるという。その「例言」によれば、この総合目録は上記国立教育研究所の蔵書（国民精神文化研究所旧蔵本を含む）と東京学芸大学の望月文庫の目録を基本とし、これに東書文庫・国会図書館及び海後文庫（海後宗臣氏の蔵書）などを加えて編集したものである。

が、それは現在確認できない)。もう一つは「野口能毅」により刊行され
たものである。いずれの巻の奥付にも「明治15年2月14日版権譲請」と
いう記載があり、1882年に出版されたと思われる。後者(全四巻)は現在
東京大学総合図書館に所蔵されている。

　前者の場合、第一巻が出版されたのは、前述した文部省編輯局の設置と
同じ3月25日である。また、間もなく初代編輯局長となる西村茂樹が就任
の直前にわざわざ推薦文を寄せたという興味深い事実が確認できる。西村
による序文の最後には「明治十三年三月泊翁道人西村茂樹選」というよう
に、署名と日付が記されている。

　『小学道徳論』とは、ドイツ人教育学者フリッケの著書Sittenlehre für
konfessionslose Schulen (1872) を松田正久 (1845-1914) が和訳したもの
である。フリッケは、ゲッティンゲン大学にてヘルバルト (J. F. Herbart,
1776-1841) の下で教育学を学んだ人物である。1837年、ヘルバルトの協力
でゲッテインゲンに私立の教育機関を創立し、1841年から1852年までグ
ラードバッハにある中学校の校長を務めたという[1]。原題を直訳すれば、「非
宗派的学校のための道徳論」となる。この題目が示したとおり、この書物は、
キリスト教の宗派により解釈が分かれる聖書の解釈を扱わず、どの宗派に
も通用する道徳の規則を説くことを目指して作られたものである。

　訳者の松田正久は明治・大正時代の政治家で、肥前国小城藩(佐賀藩の
支藩)の下級藩士の次男として生まれる。東京昌平黌や西周の家塾で学ん
だ後、西周の推薦で陸軍省に入り、1872年より1875年まで陸軍省の派遣で
フランスに留学した。留学中、法律、経済学や哲学などを学び、西園寺公望
や中江兆民らと交流した。帰国後、ルソーらの自由民権論を展開しつつ、
西園寺と共に『東洋自由新聞』を創刊し、その後は政友会系の官僚として
活躍し、大蔵大臣・文部大臣・司法大臣などを歴任した[2]。

　この『小学道徳論』の翻訳・出版経緯について不明な点が多い。訳者松
田の経歴に即していえば、1875年にフランスから帰国してからは、陸軍省
の職位を退き、長崎県会議員を務める傍ら、生計を助ける副業として、しば

---

[1]　フリッケの経歴については、『布氏道徳学』のドイツ語原版と同じ年にイギリスで出版された英
　　語訳版 *"Ethics for Undenominational Schools"* (Translated by Alex. V. W. Bikkers, Joseph
　　Hatton) の著者伝記 (Memoir of the Author) によるものである。
[2]　松田正久の経歴については、笹川多門著『松田正久稿』(江村会、1938年) を参照。

らく西周の斡旋や紹介を受ける形で洋書の翻訳に携わっていた時期があるらしい①。恐らくその間、松田は西の依頼に基づいてフリッケの著書を『小学道徳論』として訳出したと思われる。1880 年 4 月 19 日の「東京日日新聞」に、「西周先生閲、松田正久訳、小学道徳論、第一冊既刊、定価三十銭、後三冊追刻」という広告も出ている②。松田の留学の経緯から考えても、この翻訳事業を実質的に主導したのは、西周と思われる。そして、明六社時代から西周と交友のあった西村茂樹もその試みに賛同していたということになろう。

その点は、同書の題目に充てられる語彙の選択にも反映されているように思われる。というのは、そもそも「道徳」という漢語が明治期に登場し、使われるようになった経緯においては、西と西村の役割を看過してはならないからである。『明六雑誌』を素材にして ethics 概念の受容について調査した西悠哉の指摘によれば、『明六雑誌』において、「道徳」という言葉が使われたのは、全部で 27 例あり、うち西村茂樹の 3 例を除けば、残る 24 例はすべて西周によるものである③。『明六雑誌』で「道徳」が初めて登場したのは、西による連載論説「教門論の五」（第 8 号—5）においてである。「ただそれいわゆる教門なるものに至ては、その門派によりて道徳・礼儀の則を異にし、崇神・拝神の儀を同うせず」という一文で、いわば風俗慣習という意味で使われている。その意味から、西は moral の訳語として「道徳」を用いた。その最初の用例は、同誌第 19 号に掲載された「秘密説」で確認できる。そこで西は、「曰く、道徳＜モラル＞上の秘密、いわゆる中莠の言、道うべからざるものなり」とし、初めて moral に「道徳」の訳をあて、以後は積極的に「道徳」という言葉を使うようになった。一方で、西村による「道徳」の使用例は、やはり『明六雑誌』上の論説「権理解　西語十二解の三」（第 42 号—1）で見られる。「権理の字はまた第二の用法あり。すなわち道徳学にて言うところの権理なり」というように、西洋の ethics という学問の訳語として使われていると思われる。その後、モラルの訳語として明治初年代に登場した「道徳」が、西や西村の議論のなかで定着しつつあった。『小学道徳論』の出版と同じく 1880 年 3 月に行われた「修身学社発会の演説」では、西村は「王政維新以来百事皆挙り、日に開化の城

① 前掲書『松田正久稿』。
② ただし、ここで「後三冊追刻」と掲げられながらも、その後はあと二冊の刊行しか確認できない。
③ 西悠哉「『ethics』概念の受容と展開—倫理教科書を中心として—」、『佛教大学大学院紀要・文学研究科篇』第 38 号（2010 年）、41 頁。

に進む、独り道徳の一事に至りては、之を封建の時代に比ぶるに一歩を譲るに似たり」とし、また「苟も道徳の教を盛んにして之を鎮制せざる時は、民の風俗日に益々汚下に趣き其禍言ふべからざる者あるべし」[①]と述べている。こうして「道徳」がより広い意味での風俗・慣習・価値・規範として用いられるようになった。

　とはいえ、学科名には使われなかったためなのかもしれないが、「道徳」が「修身」科（後の「倫理」科も同じ）の教科書のネーミングとして定着することはなかった。前述した鳥居美和子編『明治以降教科書総合目録』を確認する限り、教育勅語発布以前に出版された「修身」／「倫理」科（初等学校・中等学校を合せて）の教科書のうち、書名に「道徳」が入っているものは、上記の『小学道徳論』とその改訂版ともいえる『布氏道徳学』（後述）のみである。勅語以後も、能勢栄『実践道徳学』（金港堂、1891年）という一冊だけが確認できる。すなわち、勅語発布前後を問わず、ほとんどの徳育にかかわる教科書は、中身が西洋倫理学であるかどうかと関係なく、「修身」もしくは「倫理」を含むタイトルで出版されていたのである。

　話を『小学道徳論』に戻す。同書の目次は以下の通りである。

表1-1.『小学道徳論』目次

小学道徳論第一巻
第一篇　幼童ノ道徳
第一章　幼童ノ其父母ニ対スル義務／第一節　巽順；第二節　認恩；第三節　敬礼○鄭重；第四節　愛情
第二章　幼童ノ其兄弟姉妹及ビ朋友ニ対スル義務／第一節　正義；第二節　含忍；第三節　服勤
第三章　幼童ノ其教師ニ対スル義務
第四章　善童及ビ頑童○福利及ビ禍害
小学道徳論第二巻
第一篇　幼童ノ道徳
第五章　道徳ノ誡則／正義ノ誡則；含忍ノ誡則；慈恵ノ誡則
第二篇　成人ノ道徳
第一章　経済及ビ職業ノ義務／第一節　公私ノ分別；　第二節　作業ノ権理、義務及ビ職業ノ選択（誡則・例蹟）；　第三節　職業ノ義務（誡則・例蹟）；　第四節　経済ノ美徳（活動・遵則・節倹・浄潔・誡則・格言・例蹟）
第二章　家庭ノ義務／第一節　結婚；第二節　家庭ノ美徳；第三節　夫妻互相ノ義務（忠実・誡則・敬礼・誡則・仁善・誡則）

---

① 西村茂樹「修身学社発会の演説」（1880年3月）、日本弘道会編『泊翁叢書』第2輯（日本弘道会、1912年）、65頁。

小学道徳論第三巻
　第二篇　成人ノ道徳
　　第二章　家庭ノ義務／第四節　父母ノ其児子ニ対スル義務〇保育（体軀ノ保育・精神ノ保育・心術ノ保育・誡則）；　第五節　僕婢〇雇主ト僕婢トノ互相ノ義務（誡則）；　第六節　隣人〇隣人ニ対スル義務（誡則）
　　第三章　学芸ノ会社
　　第四章　公域ノ義務／第一節　町村ノ経済；　第二節　国家ノ経済（誡則）；　第三節　人民ノ国家ニ対スル義務（誡則）

　　見返しでは、「佛圀性理学講究誌印刷局印行」と記載される同書の冒頭に、校閲を務めた西周による序文のほか、前述したように、西村茂樹による序文（漢文）も掲げられている。西による序文では、同書が翻訳された時代背景について次のように記されている。

　　　　然るに昭代に至り開化の漸する所、風潮の激する所、欧州の法律にて天下を把持するの精神一度我国に入り来りてより孔夫子の道漫衰へぬるは得も謂はれぬ有様也かし……されと是には故有る事にて、欧州とても法律のみにて社会を維持するには非らず、道徳と法律とは鳥の翼の如くなる可きは何處も同し事なるに、何如に為む彼の道徳は多くは耶蘇教門と相関するか故に、此国人には其教門の昔より禁制也之故と、猶其外彼此の故とに因て、得も弘まらぬ者から、併せて道徳の学も伝へさる事とは成れり、然れとも彼にも元来哲家（ヒロソフキカル）の道徳とて、教門に拘はらぬも有て、其は夫の先天学（アプライオリ）、帰納学（インダクシオン）、感覚学（センシウシアリズム）、利学（ユリタニアリズム）なと云ふ学派になんあなる。今此書ハ其感覚学と云ふに淵源したる者と見えて、人心自然快楽痛苦を覚ゆるの感覚に本き、是非を辨するの良智を主とし、正義公道を立論の旨趣とすれは、孔孟の論する所と殆一軌同轍とも謂ふ可く。[1]

　　西によれば、維新以来、ヨーロッパの文明を受容した際に、社会秩序を維持する上で法律を重視する精神が入ってきた一方で、儒教の地位がますます失墜した結果、道徳自体が軽視され、「甚しきは礼儀廉恥辞譲謙遜の風一掃」した現象も起こっているという。しかし、西洋といっても、法律のみで社会を維持するわけではなく、道徳も重視されているのであり、日本での西洋の道徳学の導入が立ち遅れたのは「彼の道徳は多くは耶蘇教門と

---

[1]　西周「小学道徳論序」、前掲『小学道徳論』、1-2 頁。

相関する」ためだと彼は見ている。もっとも、キリスト教の教義に頼らず、哲学に基づく道徳もあり、フリケの原著によるこの書はまさにそれにあたるものであるという。続いて、原著がドイツで登場した背景と本書の特色について次のように紹介している。

> 彼国々にも舊くより道徳の学有る事は前に云ひし如くなれと、多くは哲学家の講究に属して、高尚なる論のみにて、宋学にて言はば性理大全を読むにも易々劣らしと思はる、さるからに彼国々にても、小学にてかかる書のあらま欲しき事は人々の願には有りつれと、的に斯くに、教門の勢に圧されて、小学には道徳の訓戒の缺けたるを、独逸人アリケと云ひし人、斯々書き述べて幼童の資と為せしは、蓋此事の蒿矢なる可し、我か国にても小学に道徳の訓戒の欠けたるは、同じ病なるを、吾カ友松田世龍之を補はむとて、繙きて此書を訳せられたるは、最と称す可き美事にて（後略）。[①]

このように、高度な哲学理論を避けつつも、「教門の勢」から距離を取ったところにフリッケの著書が生まれたという。そして、訓戒も取り入れたところに小学生の学習にも向いているとして西は薦めている。一方で西村も、「西国道学之教。其有利而無害。亦興孔孟之教相等」という認識から、「世之任教育之責者。宜以此書験諸授業之上」と述べ、同書を薦めている[②]。

西と西村による序文の後に続いたのは、松田が原書の序文から抜粋した文章と思われる「原序ノ大意」である。それによると、「此書分チテ三篇ト為シ、其第一篇ニハ単ニ幼童ノ道徳ヲ論ジ、第二篇ニハ成人ノ道徳ヲ論ジ、第三篇ニハ普通ノ道徳ヲ論ズ。抑普通ノ道徳ハ其事頗ル高尚ニ属スルガ如シト雖モ、所謂道徳上ノ教育ハ高尚ト云ヒ卑近ト云フモ、畢竟唯考理上ノ意旨ニ止リテ、実際ノ施用ニ至リテハ毫モ其区別ヲ為ス可キ者ニ非ズ」という。また、「凡ソ初等教育ノ為ニ具備セル道徳学ノ書籍ハ大抵幼年生徒ノ精神ノ尚ホ孱弱ナルニ籍ロシテ甚ダ卑近浅陋ナル教科ヲ伝授セリ。而シテ其稍高尚ナル訓誡ニ至リテハ、教法上ノ誡命ニ係ル者ニ非サレバ、其解釈ノ如キハ全ク之ヲ幼童ノ感覚心ニ委付セザルコトナシ。然レドモ夫ノ正義ノ原旨ヲ融会スルニハ復タ何ゾ幼ト長トヲ問ハンヤ」という。この記

---

① 西周「小学道徳論序」、前掲『小学道徳論』、2 頁。
② 西村茂樹「小学道徳論序」、前掲松田正久訳『小学道徳論』。

述から、従来の幼童向けの徳育における「卑近浅陋」の傾向に対抗し、道徳の理解に関しては長幼を問うべきではないという認識から、高尚な議論もあえて避けないというスタンスを同書が取っていることがわかる。同書全体の内容面についていえば、様々な社会関係における「義務」のあり方を論じているところが特徴である。また、多くの節の後に「誡則」が付されている点からは、児童向けの教訓書としての要素も意図的に盛り込まれていると考えられる。

　このような西洋の道徳学に基づいて記述された翻訳教科書は当時いかに受け止められたのか。この点については不明なところが多いが、翻訳教科書の出版自体が大いに縮減し、儒教の徳目を説くような修身教科書が幅を利かせている風潮のなかでは相当異色な存在であったことは想像に難くない。とはいえ、それが存在したという事実は一方で、儒教一辺倒と捉えられがちであった 1880 年代前期の徳育にも、多様な広がりがあったことを示唆している。

　後述する森有礼文政下の徳育との連続性という観点から着目されるのは、同書を推薦した西村の当時の動きである。真辺将之も指摘した通り、この時期の西村は西洋哲学に強く関心を抱いており、その立場から、儒教の有する欠点を認識し、東西道徳の折衷のあり方を模索していた[1]。そうした彼による模索の一つの到達点は、それまで自ら会長を務めていた東京修身学社の改組であったと考えられる。1884 年、西村は東京修身学社を日本講道会という組織に改組し、「理学」（哲学）に基づき、「形而上形而下を併せて之を包合する」「真理」に基づく道徳学を構築しようと決意するに至った。中江兆民などの洋学者たちを講師として招き、西洋哲学に基づいた道徳を講究していた。ここで重要なのは、その改組の背後には、当時の道徳教育（「修身」科教育）に対する西村の強い不満があったという点である。日本講道会開会の演説（1884 年 4 月）において、彼は次のように述べている。

　　　今日に至りては修身の教は朝廷の最も意を用ふる所にして、教育の官に在る者皆朝廷の盛意を奉じ孜々として勉めて怠ることなければ、修身の事は復た私学社

---

[1]　前掲真辺将之『西村茂樹研究』、98 頁。

の心を労するに及ばざることとなれり。唯惜しむべき所の者は、海内の修身を説く者或は浅薄の学力を以て傲然自ら大とし、或は僻陋の見を立て他の教学を詆り、或は其身の品行修らずして口にのみ聖賢の教を説くが如き、往々愚老が之を見る所なり。[①]

　この発言について、葛睿が西村茂樹研究の立場から指摘したように、「教育の官」という言葉で示唆されているのは、おそらく 1882 年に『幼学綱要』を発布した元田永孚と、もっぱら儒教の徳目をもって徳育の方針を定めた文部省あたりの動きを指していると捉えてよいだろう[②]。西村はそれらの動きがいずれも「真理」に至らない誤りだと否定し、単なる儒教の徳目に基づく「修身」を放棄し、「真理」につながる「道」を追求するという意思を込め「講道」に変えたと思われる。

　文部省編輯局に責任者として身を置きながらなされたこうした西村の動きは、彼が推奨した翻訳教科書『小学道徳論』とともに、1880 年代前半期の徳育における異色な地下水脈の存在を示唆している。

1-3. 中等学校の「修身」科

　次に、1880 年代前半期における中等学校（中学校と師範学校）における「修身」科の教科書について確認する。『日本近代教育百年史』の山内太郎の記述によれば、この頃の中学校における「修身」科の授業は、もっぱら儒学の経書を用いて授けるのが一般的であった[③]。それは、例えば、当時地方中学校の模範とされた官立大阪中学校の教則（1882 年 7 月文部省認可）に、「修身」科の授業で「其理ヲ説クハ専ラ儒教ニ基カンコトヲ要ス」[④] と定められていたという事実にも象徴されている。また、師範学校の場合も、1881 年 8 月に「師範学校教則大綱」が公布され、「修身」が首位の学科とされたことにともない、儒教の経書が「修身」科の教科書として採用され

---

① 日本弘道会編『泊翁叢書』第二輯（日本弘道会、1912 年）、112 頁。
② 葛睿『西村茂樹の思想的研究：学問・宗教そして道徳』（東北大学大学院文学研究科、博士学位論文、2012 年）112 頁。
③ 国立教育研究所編『日本近代教育百年史 3・学校教育 (1)』（教育研究振興会、1974 年）、1135 頁。以下、1880 年代前半期の中学校・師範学校における「修身」科で使用された教科書については、基本的に同書の第三編「模索期」の当該項目を参照した。
④ 佐藤秀夫編『文部省日記』（歴史文献、1981 年）1882（明治 15）年第 44 号、1 ～ 2 頁。

るようになった。例えば、東京師範学校が 1882 年 3 月に同教則大綱に準拠して改定した教則においては、「修身」科の教科書が『小学』・『論語』・『大学』・『中庸』・『近思録』などの儒書に限定された[①]。儒教主義と評される当時の小学校の「修身」科の延長線上にある教育内容といえよう。

前述した『教科書総合目録』においては、中等学校の「修身」科教科書として 1885 年 12 月の時点までに出版されたものは、わずか一冊しか確認できない[②]。それは、フランスの哲学者フランク（Adolphe Franck、1810 ～ 1893 年）の著書 Elements de Morale（1868 年出版）を、河津祐介が翻訳したもので、1884 年 6 月に文部省編輯局から刊行されたテキストである[③]。原著者フランクはユダヤ哲学と法哲学を専攻していた人物である。『修身原論』の原書 Elements de Morale は道徳哲学の領域における彼の代表作の一つである。

『修身原論』の目次は以下の通りである。

表 1-2.『修身原論』（ 1884 年 ）目次

総論　修身学ノ注解及ビ区分
前編　修身ニ属スル霊魂学
正編　修身学本部
　第一目　各自修身学
　第二目　社会修身学
　　第一類　家族
　　第二類　一般社会　即チ家族ノ関係ヲ外ニシテ人ノ他人ニ対スル所ノ義務
　　第三類　国　即チ国ト国民トガ互ニ相対シテ有スル所ノ義務
　　第四類　各国相互ノ義務　即チ万国公法
　第三目　万物ニ対スルノ義務

本全体のなかで、紙幅のほぼ三分の二を占めるのは、正編の「第二目社会修身学」という部分である。本全体の 415 頁のうち、255 頁分（161 ～ 415 頁）を占めている。そこにおいては、家族・一般社会（の人々）・本国・外国など様々社会関係における義務のあり方が説かれている。そうした構成は、前述の『小学道徳論』を彷彿させる。すなわち、修身・道徳のことを、「卑近浅陋」な徳目の教授ではなく、義務という範疇において、比較的

---

① 前掲書『日本近代教育百年史 3・学校教育 (1)』、1331 頁。
② 鳥居美和子編『明治以降教科書総合目録 II 中等学校篇』（国立教育研究所編『教育文献総合目録』第 3 集、小宮山書店、1985 年）参照。
③ 前掲田中智子論文「『倫理書』編纂事業の再検討」、25 頁。

に抽象的で高尚な議論をもって説明している。この点での両者のスタンスは基本的に一致している。それとの関連で留意すべき点は、『小学道徳論』が『教科書総合目録』においても初等学校の「修身」科教科書のカテゴリー下に分類されたのに対し、『修身原論』の場合は、初等学校及び中等学校両方のカテゴリーに見られるということである[①]。そのことをどう考えるべきか。『小学道徳論』については、原序に「初等学校ノ道徳教育ニ供スル」書と記されたために、このように分類された可能性が強い。ただし、この二つの書物の記述内容とその構成に改めて目を向けると、難易度的に、小学校「中等科」以下の幼童向けの本とは考えにくい。事実、後述するように、森文政期になると、『修身原論』は 1886 年 7 月に文部省令によって尋常師範学校の教科書として指定された。『小学道徳論』も部分的な訂正を経て『布氏道徳学』という題目で中等学校の教科書として再登場することになった。そうした展開が示唆するように、森文政登場以前の 1880 年代前半期においては、そもそも「修身」科教科書は、最初から厳密に初等学校用と中等学校用に区分され、それぞれのレベルにあわせて編纂されたわけではなかったと考えられる。言い換えれば、この時期には、そもそも中等学校をめぐる制度の骨格が定まっていなかったこともあり、もっぱら中等学校を対象として編纂された「修身」科教科書の出版がきわめて少なく、初等学校向けと中等学校向けの区別も必ずしも分明ではなかったと考えられる。

2. 森文政下の徳育改革— 「倫理」科の設置と教科書の出版—

　1885 年 12 月に内閣制度の発足によって、森有礼が初代文部大臣に就任した。それにともなって、諸学校令の制定をはじめ、従来の教育への改革が続々と打ち出された。とりわけ、徳育にかかわる諸学校の「修身」科に関わって、次のような一連の措置が取られた。

　まず、1886 年 5 月 25 日に制定された文部省令第 8 号「小学校ノ学科及其程度」においては、「修身」科の「程度」について、「内外古今人士ノ善

[①] ただし、仮にその分類自体にミスがないとしても、出版当初（1884 年）から既に初等学校と中等学校両方に使われていたのか、それとも最初は初等学校で用いられ、ある時期（例えば森文政期）から中等学校にシフトしたのかについては現在まだ不明である。

良ノ言行ニ就キ児童ニ適切ニシテ且理会シ易キ簡易ナル事柄ヲ談話シ日常ノ作法ヲ教ヘ教員身自ラ言行ノ模範トナリ児童ヲシテ善ク之ニ習ハシムルヲ以テ専要トス」[1] と記される。つまり、小学校の「修身」科は基本的に教師の談話と言行によると規定された。さらに、翌1887年5月14日、小学校における「修身」科教科書の採用を禁止する旨を各府県に通知した[2]。一方で、「尋常師範学校ノ学科及其程度」(1886年5月26日制定)、「尋常中学校ノ学科及其程度」(同年6月22日制定)と「高等師範学校ノ学科及其程度」(同年10月14日制定)の発布により、尋常・高等師範学校及び尋常中学校における従来の「修身」科が「倫理」科へと改称された。これら新設された「倫理」科の「程度」については、いずれも「人倫道徳ノ要旨」と記されているのみである。

「修身」科に代わり、「倫理」科が設置されるにともない、いかなる教科書が用いられたのか。1886年7月7日付で北海道庁・府県に発された、文部省訓令第7号において、「勅令第十三号師範学校令第十二条尋常師範学校ノ教科書ハ当分左ノ図書中ヨリ撰用スヘシ」とあり、尋常師範学校の「倫理」科の場合について、次のような図書が教科書として指定された[3]。

図書名	著・訳者名
修身原論(フランク)	河津祐之訳
道義学　刊行中	ベイン著・福富孝季訳
論語	朱熹集注
中庸	朱熹章句
大学	朱熹章句
小学	朱熹編
孝経	孔安国傳

---

[1] 1887年文部省令第8号「小学校ノ学科及其程度」、内閣官報局編『法令全書』第19巻ノ三(原書房、1977年)、317頁。

[2] 「十四日　小学校ノ修身、作文、体操、裁縫科並ニ中学校ノ体操科ニハ教科用図書ヲ用ヒサルコトニ内定シタルヲ以テ該図書ハ之ヲ採定スヘカラス若シ尚ホ之ヲ採定シタル向ハ訂正ヲ命スヘキ旨ヲ視学官ヨリ府県ニ通知セシム」という。『文部省第十五年報』(1887年分)、16頁。

[3] 前掲『法令全書』第19巻ノ四、77頁。

　フランクの『修身原論』については前述したとおりである。『道義学』
という本は、スコットランドの心理学者ベイン（Alexander Bain, 1818 〜
1903 年）の著作である。これは福富孝季の翻訳により「刊行中」と記され
ている。田中智子の考察によれば、まだ手つかずの moral science の部分
を、当時文部省に東京高等師範学校の教員であった福富に翻訳させよう と
いう企図があったものの、福富が訓令制定直後の 8 月にイギリスへ留学す
ることで、翻訳作業は中断されてしまったという [1]。そのため、その書物が
当時刊行された事実は確認できない。他方で、『論語』など以前の「修身」
科で使われた経書類もそこに挙げられたことについては、新設の「倫理」
科を目当てに出版された教科書がない状況下の、過渡的措置という意味を
持っていたと考えられる。

　ところが、そのことは、教育現場に一種の戸惑いをもたらした。森文政
下に文部省書記官に就任した能勢栄は、次にように回顧している。「当時未
タ倫理ノ何事ナルカヲ知ラザル者多ク、或ル地方庁ヨリ文部省へ其ノ意義
ヲ聞キ合セタルコトアリ、予曾テ地方ニ在リシトキ倫理ノ意義ヲ質問セラ
タルコト屢アリシ、其ノ頃通信講学会ニ於テ三宅雄次郎君ニ依頼シ、通信
教授倫理学ナル者ヲ出版セシトキ、倫理トハ何ヲ教フル学ナリヤト手紙ヲ
以テ普及舎へ聞キ合セタル者アリシ」という [2]。すなわち、そもそも「倫理」
とは何か、「倫理」科で何が教えられるのかといった疑問が噴出していた
のである。すなわち、そうした戸惑いは「倫理」科に対応する教科書の欠
落にも由来していると考えられる。また、「倫理」科教科書をめぐる当時
の事情を物語るものとして、雑誌『教育時論』第 66 号（1887 年 2 月 15 日）
に掲載された、井上円了の著書『倫理通論』（普及舎、1887 年 4 月）の広告
記事がある。そこには次の記述が見られる。

　　殊に倫理学の如きは従来学術の基礎確固ならずして諸家論ずる所甚区々たり
　　しより、世の学者皆不備を責め、敢て深く之を研究する者なきに至る。当路も亦深
　　く之を憂へて、完全なる倫理学の基礎を立て百家の説を綜該し、一理を以て之を
　　貫き、偏らず頗ならず最も正確なる書を作り之を師範学校中学校等の教科書に供

① 田中智子「『倫理書』編纂事業の再検討：森有礼文政期理解への一助として」（『教育史フォーラム』8 号、2013 年）。
② 能勢栄「道徳ト倫理トノ間ニ何程ノ差異アルヤ」、『教育評論』第 1 号（1888 年 9 月）。

し、全国の人をして之を読ましめんことを切望するに似たり。然れども世上未だ能く
此目的に協へる書を作りたる者あるを聞かず。

　この広告だけからは断定できないものの、「倫理」という新奇な言葉に
対応する教科書として、広く知られたものが少なかったらしいことがわか
る。再び鳥居美和子が編纂した『教科書総合目録』によれば、1887 年 4 月
の時点までに刊行された中学校と師範学校の「修身・倫理」科教科書は、
前述のフランク『修身原論』、上記の井上円了の著書、そして、松田正久訳
『布氏道徳学』（前述の『小学道徳論』の訂正版）しかなかった[①]。そうした
状況のなか、「倫理」科に相応しい教科書の編纂が文部省によって推進され
ることになる。それと並行して、民間における「倫理」関係の書物の著述
や編纂もその頃から目立つようになっていた。1888 年になると、文部省編
纂『倫理書』の正式出版（10 月）に先立ち、菅了法の『倫理要論』（金港堂、
1888 年 6 月）、嘉納治五郎・棚橋一郎が哲学館で行った講義の講義録とし
て出版された『倫理学』（哲学館、刊行月不明）[②]、吉見経綸の『倫理学』（徳
育書屋、1888 年 6 月）など西洋倫理学に基づき記述されたテキストが登場
した。これらの書物の共通する特徴は、当時にまだ世間にとって馴染みの
薄い「倫理」という用語（「倫理」科という学科目に使われた言葉）を用い
ながら、西洋倫理学を「輸入」しようとした点にある。前述の井上円了『倫
理通論』の延長線上にあるとも言えよう。

3.「倫理」科における「道徳」──
『小学道徳論』から『布氏道徳学』へ──

　『布氏道徳学』（1887 年 4 月）についてまず指摘しておくべきことは、
その書の内容自体が以前に既に公刊されていた点である。すなわち、同書
は 1881 年に小学校の「修身」科教科書として出版された『小学道徳論』
のリメイク版にあたる。前述したフリッケ原著・松田正久訳の『小学道徳

---

① 前掲鳥居美和子編『明治以降教科書総合目録 II 中等学校篇』を参照。
② 嘉納治五郎・棚橋一郎の『倫理学』が何月に出版されたのかについては、現在国立国会図
　　書館に所蔵される原本には奥付が欠けるため、確認できない。

論』をベースに、そこで用いられた訳語に修正を加えた上で、改めて出版したのが、『布氏道徳学』である。この二つのバージョンを比べてみよう。

　まず、『小学道徳論』の冒頭に掲げられた西周と西村茂樹の序文及び「原序ノ大意」が消え、それにかわって、松田自身による「例言」が冒頭に加えられている。それによれば、同書の和訳に際して、「旁ラ英佛ノ両訳書ニ参照シテ竊ニ取捨スル所アリ此レ国制及ヒ風俗ノ殊ナル有リテ已ムヲ得サルニ出ツルナリ。故ニ本書ヲ布氏道徳学ト題スルモ訳述ノ名義ヲ以テス」という。英語版とフランス語版という二つの翻訳版を参照しながら作られた『布氏道徳学』であるが、「国制及ヒ風俗ノ殊ナル」がゆえに内容の取捨が施されたという。管見のかぎり、フランス語版が現存している事実は確認できないが、英語版については、ドイツ語原版と同じく 1872 年にロンドンで出版されたものが確認できる。"Ethics for Undenominational Schools" (Translated by Alex. V. W. Bikkers, Joseph Hatton, 1872) というテキストである。

　これらの翻訳版を参照した松田のいう「国制」と「風俗」に基づいた内容的取捨とは、何を指しているのか。「非宗派的学校のための道徳論」として刊行されたフリッケの原著は、キリスト教への言及が極めて少ない。そのなかで、神や教会に対する義務は、宗派上の相違を越えて最小限の共通事項と位置付けられている[①]。原書におけるそうしたキリスト教関連のわずかな言及——幼童の「神ニ対スル義務」(「Pflichten gegen Gott」) と、成人の「教会: 宗教上ノ義務」(「Die Kirche: religiöse Pflichten」) との二節 (いずれも数行程度) ——は、『小学道徳論』として刊行された際にすでに訳者松田によって削除され、『布氏道徳学』出版の際にも訳出されていなかった。これはおそらく、キリスト教信仰にかかわる義務への言及が明治日本の「国制及ヒ風俗」と合わないとされたためであろう。そうした取捨の上で出版された『布氏道徳学』の目次は次の通りとなる。

---

① 同書における宗教関連記述の少なさは、著者フリッケ自身のスタンスに由来するものと考えられる。フリッケは、宗教による徳育の意義を認めつつも、信仰の次元に属する事項は学校ではなく、教会で教えるべきだと考えていたという。前掲書 ''Ethics for Undenominational Schools'' の訳者による序文 (Introduction) で紹介されたフリッケ自身の語りによる。

表 1-3.『布氏道徳学』(1887 年 4 月・初版)目次

『布氏道徳学』目次

　第一篇　幼童ノ道徳

　　第一章　父母ニ対スル義務／第一節　巽順；　第二節　認恩；　第三節　敬礼；　第四節　愛情

　　第二章　兄弟、姉妹及ビ朋友ニ対スル義務／第一節　正義；　第二節　含忍；　第三節　服勤

　　第三章　教師ニ対スル義務

　　第四章　善童及ビ頑童○福利及ビ禍害

　　第五章　道徳ノ誠則／正義ノ誠則；　含忍ノ誠則；　慈恵ノ誠則

　第二篇　成人ノ道徳

　　第一章　経済及ビ職業ノ義務／第一節　公私ノ分別；　第二節　作業ノ義務及ビ職業ノ選択（誠則・例蹟）；　第三節　職業ノ義務（誠則・例蹟）；　第四節　経済ノ善徳（勤行・遵則・節倹・浄潔・誠則・格言・例蹟）

　　第二章　家庭ノ義務／第一節　結婚；　第二節　家庭ノ善徳；　第三節　夫妻互相ノ義務（忠実・誠則・敬礼・誠則・仁善・誠則）；　第四節　父母ノ其児子ニ対スル義務○保育（体育・智育・徳育・誠則）；　第五節　僕婢○雇主ト僕婢トノ相互ノ義務（誠則）；第六節　隣人○隣人ニ対スル義務（誠則）

　　第三章　学芸ノ会社

　　第四章　公域ノ義務／第一節　町村ノ義務；　第二節　国民ノ義務（誠則）；　第三節　人民ノ国家ニ対スル義務（誠則）

　第三篇　普通ノ道徳

　　第一章　善悪ノ分別（誠則）

　　第二章　道徳学用語ノ義解（誠則）

　　第三章　善悪ノ本源／第一節　無道徳ノ人物（誠則）；　第二節　有教育ノ人物（誠則）；第三節　悪ノ本源（誠則）；　第四節　悪ノ結果（格言・誠則）；　第五節　法律上ノ善行（誠則）；　第六節　道徳上ノ善行（誠則）；　第七節　善ノ極旨（誠則）；　第八節　善ノ結果（誠則・格言）

　　第四章　徳ト否徳トノ分別／第一節　徳及ヒ否徳ノ種類（誠則・格言）；　第二節　勇徳；　第三節　智徳；　第四節　義徳；　第五節　仁徳；　第六節　美徳

　　『小学道徳論』と比べると、全体構成において変化は見られない。一部の訳語の調整が確認できるが、基本的に前者を踏襲しているように見える。このフリッケの著書が『布氏道徳学』という形で再登場したことのきっかけはまだ不明なところが多い。いずれにせよ、この『布氏道徳学』の再登場には、当時『倫理書』の編纂に腐心していた森文相の意が介在していたらしい。田中智子が発掘した寺島宗則宛の森書簡では、森は「倫理科之教方ハ最初道徳義務ヲ手近ク講述シタル書（例ヘハ松田正久訳布氏道徳学）

ヲ用ヒ之ニ習熟シタル後今回取選倫理学教科書ヲ課スル見込ニ候」①と述べている。同書簡は、森が『倫理書』の未定稿を、講評を依頼する識者たちに送付した際に付されたものである。ここでの「倫理学教科書」は『倫理書』のことを指していると思われる。つまり森は、『倫理書』とセットで『布氏道徳学』を教科書として「倫理」科に導入しようと考えたことがわかる。そのことは、当時『倫理書』の起草を担当した文部書記官能勢栄の回想とも整合する。能勢は1889年に出版された『倫理学初歩』の訳者序において、森による教科書選定について次のように回顧している。

> 曾テ故森文部大臣ガ倫理ノ教科書ヲ撰定セントシテ広ク欧米ノ諸書ヲ蒐集シ其良否ヲ検閲セシニ、多クハ宗教ニ偏シ或ハ哲学ニ傾キ一モ適当ナル者ナカリシ、遂ニ松田正久氏ノ翻訳セル独乙人ふりっけ氏ノ書へ臣民ノ義務ト云フ一節ヲ加へ、之ヲ倫理科初年ノ教科書ト為シ、最末ノ学年ニ於テ文部省出版ノ倫理書ヲ用イル事ニ定メ、将ニ其ノ令ヲ発セントシテ遽ニ薨ゼリ、其ノ後諸学校ニ於テハ漸次布氏道徳学ヲ用イルニ至レリ②。

　森の意による「臣民ノ義務」という一節の追加については後の第4章で検討することにする。ここでは『布氏道徳学』が森自身により「倫理」の教科書として指定されたこと、その前身は西周・西村茂樹の序文を得て1880年に刊行された『小学道徳論』であったことを確認しておきたい。

おわりに—「修身」の時代から「倫理」の時代へ—

　森文政が登場する以前の1880年代前半期においては、「儒教主義の復活」と呼ばれる徳育路線の下で、明治初年の「修身」科に広く使われた翻訳教科書への取締りが厳しくなった。その一方で、忠孝の徳目や、日本の国体

---

① 3月23日付森有礼より寺島宗則宛書簡（国立国会図書館憲政資料室所蔵「寺島宗則関係文書」148-1）。『倫理書』の編纂過程からして、1888年のものと推定されている。前掲田中論文「『倫理書』編纂事業の再検討：森有礼文政期理解への一助として」参照。
② ヂャネー著・能勢栄訳『倫理学初歩』（金港堂、1889年11月）。

の特殊性を鼓吹する教科書が大量に出版され、徳育関係教科書の主流を占めるようになった。しかし、そうした「儒教主義」の枠からはみ出る教科書の系譜もたしかに存在していた。それを象徴するのは、従来「儒教主義」的徳育の中心的推進者の一人と見做されてきた西村茂樹の動きである。文部省編輯局長を務めた西村は、儒教一辺倒ともいうべき政府による徳育路線とは距離を取りながら、徳育に対する独自のビジョンを持っていた。彼は、自らが編纂した「修身」科の教科書『小学修身訓』に西洋的要素を注入しただけでなく、『小学道徳論』のような翻訳教科書を薦める序文を執筆した。日本講道会において発表した言論なども考えると、西洋哲学に基づきながら、普遍的な「真理」につながる道徳を講究していたといえる。そうした彼の動きは、実は1880年代前半期の徳育と、後に倫理学を導入する森文政期の徳育改革に通底する地下水脈を示唆しているといえる。言い換えれば、森文政の徳育路線は、突如に出現したわけではないといえる。

　そのことをさらに象徴するのは、上記の『小学道徳論』という書物の森文政期における再登場である。本来初等学校の「修身」科向けの教科書として翻訳出版された本書は、師範学校・中学校における「倫理」科設置を受けて、題目や章タイトルの改訳を経た上で、中等学校の「倫理」科教科書として、『布氏道徳学』という題名で再登場した。そうした改訂出版の経緯は、1880年代前半における「修身」科教科書の出版傾向をも示唆している。すなわち、初等学校向けの教科書の中に、中等学校にも通用しうるようなレベルのものが存在したように、両者の区別自体はきわめて曖昧だったと言ってよい。

　実際、1880年代前半期に出版された徳育関係の教科書はほとんど初等学校の「修身」科向けのものであり、中等学校を目当てに編纂されたものは極めて少なかった。ところが、森文政期になると、初等学校の「修身」科教科書禁止と中等学校における「倫理」科の設置にともなって、それまでの教科書出版傾向に大きな変化がもたらされた。すなわち、初等学校の「修身」科に向けての教科書刊行・使用を凍結すると同時に、中等学校に「倫理」科を新設することで、従来重んじられてこなかった中等学校向けの徳育関係教科書の出版を活性化させた。『小学道徳論』から『布氏道徳学』への変化で「小学」という言葉が表題から落ちていることも、その転換を物語っている。

　では、森文政は、「倫理」科を通じていかなる徳育構想を実現しようとしたのか。次章以降では、新設した「倫理」科のための教科書編纂事業がいかなる経緯を辿り、それをめぐって議論がいかに展開されたのかを検討する。そのことを通じて、森文政が構想した「倫理」科教育の内実と特質を探っていく。

第2章 『倫理書』の編纂体制―
編纂委員の群像と雑誌『国民之教育』―

はじめに

　前章では、『倫理書』編纂が始められる前提について、1880 年代初頭から、森文政登場直後までの徳育教科書の出版状況とその方向性を考察した。森文政下の改革により中等学校の「倫理」科が設置されるまでは、初等学校の「修身」科向けの教科書が大量に出版された一方で、それとは別に中等学校の生徒を対象として編纂された「修身」科教科書は非常に少なく、儒学の経書がそのまま教科書として採用されたほか、ごく少数の翻訳教科書が出版されたことを明らかにしてきた。森文政期に、中等学校の「倫理」科設置にともない、新たな「倫理」科教科書の編纂が求められた。そのなかで、文部省編『倫理書』が刊行されることになった。本章では、この『倫理書』の編纂体制、とりわけ編纂委員の人選及びその人たちの動向に関する基礎的な考察を行う。

　序章で触れたように、『倫理書』編纂には複数の人物がかかわりを持った。当初の編纂委員会は、文部書記官の能勢栄、宮中顧問官の西村茂樹、本願寺僧侶の菅了法、元宣教師の英人ウォルター＝デニング（Walter Denning）や学習院教頭の嘉納治五郎など、思想的立場を異にする人たちによって構成された。だが、彼らは討議を重ねるうち、合意に達することができなかった。さらに、編纂の最高指導者の森文相自身にも独自の意見があったゆえに、最終的には、森の意を受けた能勢が中心となり『倫理書』を作り上げたことが知られている。

　とすれば、そもそもなぜ森は上記の 5 人を委嘱したのか。彼らによる議論はどういった点において合意が達せず、その後の編纂過程はいかに展開

されていたのか。これらの問いに答えるために、まずこの 5 人の出自や当時の動向、特に森との関わりについて把握しておく必要がある。5 人の編纂委員のうち、明六社以来、啓蒙思想家として活躍した西村や、のちに柔道家・教育者として知られる嘉納治五郎を取り上げる研究は一定の蓄積がなされてきた。しかし、彼らと森文政の徳育政策とのかかわりについてはほとんど考察されてこなかった。能勢、菅やデニングに関しては、研究自体がまだ少ない。そこで本章では、この 5 人の人物にかかわる基本的情報を整理すると同時に、とりわけ、『倫理書』編纂との関わりという視点から、1887 年前後における彼らの動きを捉え直したい。

　管見の限り、その 5 人の間に、『倫理書』編纂をめぐる議論がいかに行われたかを示す史料はない。しかし、能勢、菅とデニングの 3 人の動向をめぐって、一つの接点が確認できる。すなわち、3 人とも、1887 年 5 月 25 日創刊の『国民之教育』[①] という雑誌に深く関わっていた事実である。同誌の創刊号にデニングが祝辞を寄せ、能勢が基調論説というべき「国民ノ教育トハ何事ソ」を執筆し、菅も 2 本の論説を寄稿した。更に特筆すべき点は、口絵に森有礼文部大臣の肖像が掲載されたことである。口絵に登場した人物は、森以外はスペンサー（Herbert Spencer, 1820-1903）や、チンダル（John Tyndall, 1820-1893）など、ほとんど英米系の科学者や教育家であるだけに着目に値する。

　この雑誌はいかなる性格を持ち、なぜその時期に登場したのだろうか。明治期の教育関係雑誌を考察した久木幸男は、『国民之教育』が刊行された時期を、純民間教育雑誌の刊行をはじめ、「教育雑誌盛行の時代」と呼んでいる[②]。また、槇松かほるや小熊伸一が組織した、教育ジャーナリズム史研究会による近代日本教育雑誌史の研究によれば、1888 年に 42 点の教育雑誌が創刊され、明治期における同種類の雑誌創刊数のピークを迎えるこ

---

① 本稿で扱う雑誌『国民之教育』の史料は、現在北海道大学附属図書館に所蔵されている同誌のマイクロフィルム版である。
② 久木幸男「『教育報知』と日下部三之介」、復刻版『教育報知』別巻（ゆまに書房、1986 年）所収。

ととなったという ①。その背景には、1886 年の諸学校令の発布に伴い、小学
校教員数が急増することで、「小学校教師社会」という読者市場が形成さ
れたと指摘されている ②。

　そうした時代背景のなかで登場した『国民之教育』については、刊行期
間がわずか一年間程度であったということもあり、従来の研究ではほとん
ど注目されてこなかった ③。だが、『倫理書』編纂関係者とのかかわりとい
う点に着目するならば、同誌は当時創刊された数多くの教育雑誌とは異な
る独自性と重大性を持っていたと考える。

　以下では、まず能勢・菅・デニング・西村・嘉納の出自、当時の彼ら
の動向およびその議論の傾向性を確認しつつ、『倫理書』の成立過程を浮
き彫りにする。その上で、中心的な起草メンバーであった能勢や菅が雑誌
『国民之教育』にどのようにコミットしていたのかを検討することで、同誌
が『倫理書』編纂において果たした役割を位置づける。上記のような検討
を通じて、『倫理書』編纂の背後にあった言論の舞台を浮き彫りにしていき
たい。

① 榑松かほる・菅原亮芳・小熊伸一「近代日本教育雑誌史研究——明治期刊行教育雑誌の
　諸類型とその変容（1）」（『桜美林論集　一般教育篇』17 号、1990 年）、同「近代日本教育
　雑誌史研究——明治期刊行教育雑誌の諸類型とその変容（2）」（『桜美林論集　一般教育
　篇』18 号、1991 年）、同「大正・昭和期前期における教育雑誌の変容過程——その類型化
　を中心として」（『立教大学教育学科研究年報』36 号、1992 年）。また、榑松たちによる『教
　育関係雑誌目次集成』（全 101 巻、日本図書センター、1986 ～ 1994 年）の各シリーズの別
　巻としてまとめられた「解題」も重要な先行研究である。
② 前掲久木幸男「『教育報知』と日下部三之介」。
③ 管見の限り、『国民之教育』の基本情報を紹介したものとしては、教育ジャーナリズム史研究
　会編『教育関係雑誌目次集成』第 1 期・教育一般・第 20 巻（日本図書センター、1987
　年）で教育ジャーナリズム史研究会の執筆した「解題」や、前掲木戸『明治の教育ジャーナ
　リズム』に収録されている「『国民之教育』と能勢栄」がある。その他、榑松らによる前掲論
　文（1990,1991）や前掲久木論文（1986）にも若干の言及があるが、いずれも極めて簡略な
　紹介に止まっている。

1.『倫理書』の編纂委員と起草段階

1-1. 多彩な編纂委員たちとその結集時期

五人の編纂委員の出自と森文政期の動向を辿ってみる。

①能勢栄

能勢栄は旧幕臣能勢泰助の二男として 1852（嘉永 5）年 7 月に東京本郷弓町で生まれ、12 歳の時、漢学者杉原心斎の門下生となり、二十一史などを渉猟し、漢学を修めた。明治維新後、横浜の一商店二十四番ダラス商館に雇われ、業務の間に英学を修めた。ハワイの領事ワハンリドと知り合いになり、同氏の帰国する際に随行を乞って許された。1870（明治 3）年、所有品を売り尽くして得た資金で大阪から渡米した[①]。米国オレゴン州のパシフィック大学理学科を 1876 年に卒業し、学士号を得た。同年に帰国した後は、25 歳で岡山県師範学校教頭に迎えられ、1882 年に長野県師範学校長となり、翌年に長野県松本中学校長を兼任した。その間、担当校の教育課程や県下の学校教育の改革に取り組み、その一環として、唱歌教育を普及させるための講習会開催やバイオリンによる唱歌教育及び英語教育の実施に取り組んでいた[②]。1885 年 10 月に、福島県令赤司欽一の懇請により、福島師範学校長兼福島県福島中学校長に転任した。そうした地方の学校教育改革を行うと同時に、教育雑誌での文筆活動も展開した。1886 年より自らの教育理念を体系的に紹介した『通信教授教育学』の刊行を始め、同年 12 月に文部書記官に任命された。この『通信教授教育学』という書は、「教育の意義」、「教育の目的」、「教育の方便」、「徳育の方便」、「国民ノ教育」や婦女教育などのトピックをめぐる論述から構成されている。田中智子の研究

---

① 市川虎雄『信濃教育史概説』（1933 年）、319-320 頁。

② その取り組みを支えた理念は、能勢がかかわったと思われる「長野県師範学科通則」の改正から窺える。1882 年 10 月に改正された同教則において、唱歌の授業実施の目的と内容について次のように示されている。「唱歌ハ心情ヲ感発シ高雅優美ノ性ヲ喚起シ大ニ修身道徳上ニ神益アル者ナリ」。すなわち唱歌の実施による「修身道徳上」の有用性が強調されているのである。『信州大学教育学部九十年史』、76 頁。中山裕一郎「地方における唱歌教育の黎明—能勢栄と明治 10 年代の長野県の唱歌教育について—」、『信州大学教育学部紀要』119 号（2007 年）参照。

によれば、この著作が森文相の目に留まったため、能勢が文部書記官に登用されたという[1]。

②菅了法

菅了法は1857（安政4）年に石見国銀山（現・島根県）の浄土真宗本願寺派寿国山光永寺に住職・菅了雲の長男として生まれる[2]。1877年6月、本願寺からの補助を受け、慶應義塾に入学し、福沢諭吉と在塾中もその後も交流があったという[3]。1881年、菅は、慶應義塾出身者を中心に組織された交詢社の機関誌『交詢雑誌』の編集人を務め（同年1月5日発行の34号から同年7月5日発行の52号まで）[4]、その後京都に移り、西本願寺で学ぶことになった[5]。1882年10月、菅は「散斯克〔サンスクリット〕学修学且つは欧米諸国の宗教の景況目撃」[6]という目的で浄土真宗本願寺派から派遣され、英国のオックスフォード大学に留学し、哲学と倫理学を勉強した。その間、当時イギリス公使を務めた森有礼と出会ったと思われる。

菅と森が出会った経緯の詳細は不詳であるが、二人がイギリス滞在中に何らかのつながりを持つようになったことを示唆する事実は二点挙げられる。一つは菅の留学先の友人南條文雄（東本願寺からの留学生）の回想によるものである。南條は、イギリス滞在中の1883年、在英日本人30名余りが参列した公使館での天長節祝賀会の際に、森公使の坦懐と学生愛護の真情に感服したと述べる[7]。もう一つは、南條が師事したオックスフォード大教授マックス・ミューラー（Friedrich Max Muller, 1823-1900）から南條宛の書簡によるものである。そこに、一時体調を崩した菅のために、

---

① 前掲田中論文「『倫理書』編纂事業の再検討」、27頁。
② 菅の生涯について石飛貞典「菅了法——二つのフロンティアに生きた男」、『大法輪』77(11)号（2010年）を参照されたい。本節の菅の出自にかかわる記述も、石飛の考察に負うところが多い。
③ 石河幹明『福沢諭吉伝』第四巻（岩波書店、1932年）、667頁。福沢の了法宛の書簡も残っている。「光永寺了法」宛年未詳3月21日書簡などがある。慶応義塾大学編『福沢諭吉全集』第18巻（岩波書店）、849-850頁。
④ 『交詢雑誌』第53号（1881年7月15日、20頁）「雑記」に「本誌編輯菅桐南君〔桐南は菅の号である——引用者注〕西京へ移居せし」とある。
⑤ 宮本外骨・西田長寿『明治新聞雑誌関係者略伝』（みすず書房、1985年）、105頁。
⑥ 『交詢雑誌』第98号（1882年10月15日発行）、20頁参照。
⑦ 『南條文雄自叙伝』沈石山房、1924年。前掲田中論文「『倫理書』編纂事業の再検討」の注18では、上記の南条による回想から、「在英中の森と留学生の関係を推察することができる」とし、また「留学経験者の積極的登用は森の人事の一特徴であろう」と記している。

当時にイギリス公使を務めた森有礼にいい医者を紹介してもらおうとした記述が見られる[1]。

　イギリスからの帰国後、菅は、西本願寺関連の教育施設で教育に従事したが、財政と海外布教に関する改革案が受け入れられなかったため、再び上京することになった。留学中の研鑽の成果として、グリム童話の翻訳である『西洋古事　神仙叢話』と、ギリシャ哲学の各流派を紹介し、中江兆民執筆の序文を得た『哲学論綱』がそれぞれ1887年4月と同年6月に出版された。それらに加え、同年4月に脱稿されたと思われるもう一冊の自著『倫理要論』(1888年)では、ギリシャに淵源するソクラテスらによる「古代倫理学」から説き始め、ホッブスの「自愛説」／アダム・スミスの「愛他説」／ヒュームの「利益説」／カントの「道理説」などに代表される「近世倫理学」までおさえている。菅の帰国そして上京の具体的な時期は不詳であるが、1886年説が有力と考えられる[2]。田中智子の考察によれば、おそらくその頃、菅は倫理学を修めた専門家として文相となった森によって登用され、文部省より「倫理調査会委員」に任命されたという[3]。この委員は、『倫理書』編纂事業にかかわる職務の附託を意味するものと考えられる。

　③デニング

　菅以外にも、宗教的背景を持つ編纂委員はもう一人いた。元宣教師のデニングがそれである[4]。デニングは1846年イギリスに生まれ、ロンドン基督教大学に学び、1873年12月英国聖公会系のC・M・S伝道協会から宣教

[1] 佐々木教悟ほか監修・編集『南條文雄著作集』第10巻（うしお書店、2002年）、17-19頁参照。この点について石飛貞典から教示を得ている。

[2] 菅は自著『倫理要論』(1887年4月脱稿)の序において、シジウイックの倫理学史を読んだと書いているが、それに相当する著作としては、1886年にイギリスで出版された *Outline of the History of Ethics for English Readers* がある。石飛貞典はその事実から、菅が同書の出版されるまでイギリスに滞在していた可能性があるとしながら、菅の父了雲が1885年12月になくなったことから、長男である菅了法がそれをきっかけに1886年の比較的早い時期に帰国したと推測している。上記の情報は石飛貞典の運営しているウエブサイトhttp://tombi.style.coocan.jp/ryouhou/suga_abroad.html に掲載された菅関係の記事を参照（最終アクセス日：2015年2月11日）。

[3] 明如上人伝記編纂所『明如上人伝』（内外出版、1927年）。前掲田中論文「『倫理書』編纂事業の再検討」、27頁と注17参照。

[4] デニングの生涯については、昭和女子大学近代文学研究室著『近代文学研究叢書』第14巻（昭和女子大学近代文化研究所、1956年）における「ウォルター・デニング」（布施明子執筆）参照。

師として派遣され長崎に上陸、翌年から北海道に渡り、伝道活動を展開していた。ヘレン・ボールハチェットの研究によれば、北海道での日本人との接触を通じて、当時西洋で論争の中心となっていたキリスト教と科学との関係について考えるようになり、同時に、長い文化的伝統への自負を持つ日本人に対し、どのようにキリスト教の教えを説明すればよいのかという点について、苦悩していたという[1]。後に、C・M・S伝道協会が教理上の異端と見做した「条件付霊魂不滅説」を支持するスタンスを堅持したために、遂に1883年1月にC・M・Sとの関係を絶ち、宣教師の役職を退いた。その後は東京を拠点に、馬場辰猪らが組織した国友会に客員としてかかわり、1885年半ばまで頻繁に演説を行った事実が確認できる。読売新聞社のデータベースに基づく筆者の調査によれば、デニングは1883年10月から1885年6月まで、少なくとも11回にわたって国友会で演説を開いた。取り上げられたトピックには、「ソクラチースノ伝並ニ哲学」（1883年11月28日）・「古今哲学の総論」（1884年5月9日）・「各国の宗教道徳は如何なる者ぞや」（1884年5月24日）・「謂ふ所の常例風俗其根拠果して何處に有る」（1885年3月1日）など、哲学や道徳に関するものが多く見られる[2]。

　1884年2月、福沢諭吉の知遇を得て慶應義塾で英語を教えることになった。その間、日本の英字新聞 Japan Weekly Mail（16 August, 20 September 1884）に Religion and Yamato-Damashii と題する論説を寄稿し、キリスト教をはじめ、伝統的宗教のなかの超自然的要素を相対化する立場を忌憚なく表明している。上記のヘレン・ボールハチェットの指摘によれば、デニングは次のようなことを主張している。すなわち、儒教的合理主義の精神を持つ、教養のある日本人（デニングは「日本魂」と呼んでいる）にキリスト教を受容させようとすれば、伝統的宗教における超自然的・非合理的要素ではなく、その教義の道徳的優越性を強調しなければならないと唱えている。したがって、「キリスト教は宗教体系としてよりも、むしろ道徳体系にまで引き下げられるべきである」という[3]。そうした問題提起は、掲載以降、数週間にわたって、同新聞の紙上で論争的な事態を引き起こ

① ヘレン・ボールハチェット「ウォルター・デニング——明治初期における宣教師の活動」、『アジア文化研究』16号（1987年）参照。
② 読売新聞社メディア企画局データベース部編『明治の読売新聞』（読売新聞社メディア企画局データベース部出版、1999年）。
③ 前掲ヘレン・ボールハチェット論文「ウォルター・デニング——明治初期における宣教師の活動」。

したらしい。同年秋、デニングは中村正直の序論を付した『生死論』とい
う著作を出版し、日本語で条件付霊魂不滅説を紹介した。しかし、やがて
そうした宗教に関する著述活動もやめて、翌1885年1月に文部省に入り、
1888年6月まで勤務した。

　デニングの文部省入りについて、中外英字新聞（20巻24号）は次のよ
うに記している。「嘗て帝国教育会の総会に於て教育の終局の目的は個人
性を十分に発揮し之を養ふに在りとの趣意にて演説を試みたるに、時の文
部大臣森有礼氏の注意を惹き、同氏の信用を得て、文部省にて出版せらる
る英語読本の編輯を委託せらるるに至れり」という[1]。そこで触れられた演
説は、デニングが1885年1月11日に大日本教育会常集会で行った、「教
育ノ至極ハ人類ノ特性ヲ開発培養スルニ在リ」と題する演説だと思われ
る[2]。すなわち、この演説が森の関心を呼び、信用を得たため、デニングは
森の抜擢によって、文部省に入ったのであろう。文部省での勤務内容は、
英語読本の編纂であった。その成果は、1887年から翌年にかけて'English
Readers: The High School Series となって、文部省から出版された。読
本編纂の傍ら、1885年10月より1886年6月まで、東京高等師範学校で倫
理学の講義も担当していた。また、1886年6月、デニングが過去数年に教
育会などの場で行った演説の一部をまとめた本が、雨倉千城の編集を得て
『傳仁演説集』と題する形で博聞社より出版された。本の冒頭には「錦心
繍口、明治十九年七月」と書いた「正四位西周」の題字を載せてある。そ
の収録内容は以下の通りである（演説の日付の記載なし）。

表 2-1. デニング著・雨倉千城編『傳仁演説集』(博聞社、1886 年)目次

・教育ノ至極ハ人類ノ特性ヲ開発培養スルニ在リ（大日本教育会常集会ニ於テ演説）
・記性ノ培養（東京府教育談会ニ於テ演説）
・仮名ノ会総会ニ於テ演説
・近世性理学ト教育学トノ関係（北埼玉部会第二回総集会ニテ演説）
・道徳ノ教育（東京府教育談会ニ於テ演説）
・労佚ノ関係（大日本私立衛生会ニ於テ演説）
・東洋ノ体ト西洋ノ理（豊浦生ノ訳カ）
・霊魂ト肉体ノ緻密ナル関係ヲ論ス（第一回、第二回）

[1] 『中外英字新聞』第 20 巻 24 号（国民英学会出版局、1913 年）。昭和女子大学近代文学研
　究室著『近代文学研究叢書』第 14 巻（昭和女子大学近代文化研究所、1959 年）における
　ウォルター・デニングに関する章節（布施明子執筆）を参照。
[2] 同演説稿は『教育報知』第 10 号（1885 年 9 月 30 日）に掲載された。

④嘉納治五郎

嘉納治五郎は1860年に神戸に生まれ、1870年に東京に移り、箕作秋坪の塾で勉学した後、東京大学文学部政治学科・理財学科に進み、1881年に卒業し、翌年さらに哲学科選科を卒えた。1883年に学習院の講師となり、院長谷干城の信任を得て、1887年には教授兼教頭を命ぜられた。他方で、1882年に講道館を設立し、柔道家として知られた。

⑤西村茂樹

西村茂樹は1828年に千葉県佐倉藩士の家に生まれ、藩校で儒学を修めた後、佐久間象山らに師事して洋学を学んだ。廃藩置県後上京し、1873年、森の勧めに応じて明六社の啓蒙活動に加わったが、1875年5月に文部省に出仕し、宮中侍講を兼ねた。前章でも触れたように、1880年代前半期には、主に文部省編集局長として教科書編纂に携わった。1886年1月に文部省勤務を免ぜられ、翌月に宮中顧問官に任じられた。

では、この5人による編纂会議はいつ行われたのか。嘉納の回想では明言されていないが、1887年の嘉納と西村の動きから、それは推定可能である。同年、嘉納が井上円了の創立した哲学館で倫理学の講義を担当すると同時に、6月に創刊された月刊雑誌『教師之友』に「倫理学トハ如何ナルモノゾ」(同誌第1号) と「倫理学ガ諸学科中ニ占ムル所ノ地位ヲ論ズ」(同誌第2号) といった倫理学関係の論説を寄稿した。事実、この時期の嘉納が、哲学・倫理学に大いに関心を持っていたことは、彼の文筆活動からも窺える。

表2-2. 嘉納治五郎の著述目録 (1887 年～1889 年 2 月) [①]

年	月	論説	掲載雑誌・図書	巻号
1887	4	「ユーチリタリアニズム」(功利教) を論ず (1)	哲学会雑誌	1(3)
同	5	「ユーチリタリアニズム」(功利教) を論ず (2)	同上	1(4)
同	6	倫理学トハ如何ナルモノゾ	教師之友	1
同	7	倫理学ガ諸学科中ニ占ムル所ノ地位ヲ論ズ	教師之友	2

[①] この表は、小谷澄之ほか編『嘉納治五郎大系』(本の友社、1988 年) また田中洋平・石川美久「嘉納治五郎の言説に関する史料目録 (1):『嘉納治五郎大系』未収録史料 (明治期) を中心に」(『武道学研究』42(2) 号、2009 年) を参照して作成したものである。

續表

年	月	論説	掲載雑誌・図書	巻号
同	11	性質変換論（1）	哲学会雑誌	1(10)
同	12	倫理学ノ地位ヲ論ズ（承前）	教師之友	7
同	12	性質変換論（2）	哲学会雑誌	1(12)
1888	4	倫理学は中学生徒に教ふべきものにあらず ★	教師之友	12
同	?	批評〔哲学館講義録――筆者注〕	棚橋一郎と共著『倫理学』所収 ★★	
同	10	柔術およびその起原（1）	日本文学	1
1889	2	柔術およびその起原（2）	同上	

　★　同論説は学習院教頭としての嘉納による講話を、『教師之友』編輯人が筆記したものである。ただし、管見の限り、『教師之友』第 12 号に掲載されたのはその一部でしかなく、最後に「未完」と記してあるが、その続きの掲載が見当たらない。他方で、その全文は、1890 年 6 月に刊行された『教育報知』221 号において確認できる。

　★★　国立国会図書館の請求記号：特 52-646。

　この一覧表から分かるように、『倫理書』編纂事業が始まったとされる 1887 年から、森文政期が終結する（1889 年 2 月）までのあいだ、嘉納は哲学・倫理学関係の著述を数多く発表していた。この時期、嘉納は文部省関係の仕事も引き受けた。彼の受けた二つの辞令に着目したい。その一つ目は 1887 年 5 月 17 日の文部省辞令で、「臨時編纂事務ヲ嘱託ス」という旨が記載されている①。もう一つは、翌年 3 月 26 日付の辞令で「文部省臨時編纂事務嘱託として勤勉の功が認められる」という内容である。後述するように、『倫理書』の初版ができたのは 3 月 22 日である。辞令における「臨時編纂事務」の内実についての記載がないものの、その辞令のタイミングと前述の彼の動きを合せて考えると、彼は 1887 年 5 月から 1888 年 3 月までの間、『倫理書』の編纂事務を委嘱されたと考えて相違ないであろう。

---

① この辞令は 1887（明治 20）年 5 月 21 日の官報 1166 号により確認できるほか、小谷澄之ほか編『嘉納治五郎大系』第 13 巻・年譜（本の友社、1988 年）にも言及がある。同辞令の原本は現在、財団法人講道館に所蔵されている。史料原本の閲覧は、講道館図書資料部の村田直樹氏のご配慮による。

　『倫理書』編纂委員の結集時期を推定する上で、もう一人の人物の動きも看過できない。明六社以来森とつながりを持っていた西村茂樹である。文部大臣に就任した直後の森は、西村を帝国大学の総理に抜擢することも考えたものの、西村の側では森と大学改革をめぐるビジョンにおいて齟齬が生じかねないと感じ、それを断ったらしい[1]。同 1886 年 12 月、西村は聴衆を集め、三日間にわたって、帝国大学の講義室で「日本道徳」に関する講演を開いた。西村の回想によれば、翌 1887 年 4 月、その演説稿をベースにまとめた『日本道徳論』を、森をはじめとする大臣以下の知人に送ったところ、森はそれを「文部省に出し検定を受けて、中学以上の教科参考書と為すべし」と称賛したという[2]。この回想は、嘉納の回想と整合する上に、後述のように『日本道徳論』に確かに森が共感したであろう内容が含まれていることから、信憑性があるものと考えられる。

　上記の動きから、この 5 人の編纂委員を交えての協議は嘉納が嘱託の辞令を受けた時期、すなわち 1887 年 5 月前後に始められたと推定できる。次節で述べる通り、『倫理書』編纂と密接にかかわる雑誌『国民之教育』が刊行されたのも同年 5 月であり、この時期に『倫理書』編纂作業が新たなステージに入ったと考えられる。

1-2. テキストの成立—「3 月版」から「10 月版」へ—

　『倫理書』の起草経過を直接に示した唯一の史料として知られるのは、能勢による「倫理草按編纂手続」（以下、「手続」と略す）である。この史料の記載内容は次の通りである[3]。

---

[1]　そのことについて西村は回想『往事録』において次のように語っている。「2 月 19 日（1886 年——引用者注）文部大臣森有礼氏、余を招きて大学総理に任せんとするの内意を達す。蓋し森氏は大に大学を改革するの意ある故に、現今の大学総理を罷めて、余を以て是に代らしめんとするにあるなり……余は是に付きて少しく腹案なきに非ざれども、若し文部大臣にして其二三を聴きて其五六を聴かざるときは、改革の詮なし、却て紛擾を増すに止まるのみ、文部大臣の決意何程の場合に達し居るや料り難し、中途にして事を敗るよりは、初めに是を辞するに如かずと、依て事務に迂闊にして其任に堪へずといひて是を辞す、文部大臣も亦是を強ひず、談候補者の事に及ぶ。余因て森氏の撰ぶ所の一人に賛成を表す、其後余が賛成せし所の候補者は用ひられず、他の一人是に任ざる、余は頗る文部の為に遺憾に思へり」という。西村茂樹『往事録』、日本弘道会編『増補改訂　西村茂樹全集』第 4 巻（思文閣出版、2006 年）所収、471-472 頁。

[2]　前掲西村『往事録』、前掲書『増補改訂　西村茂樹全集』第 4 巻、472 頁。

[3]　大久保利謙監修・犬塚孝明ほか編『新修森有礼全集』第 2 巻（文泉堂書店、1997 年）、182 頁。

　　一　最初ノ原按ハ能勢一人ニテ起稿セリ

　　一　右ノ原按ハ高嶺、国府寺ノ批評ヲ受ケ、之レヲ菅ニ渡シ、菅之レヲ本トシテ
構造修正シ、第二ノ草按ヲ認タリ

　　一　能勢此ノ草按中、第三章意志ト第四章諸説ノ異同ヲ除クノ外ハ盡ク修正シ
テ取リ揃ヘ、之レヲ大臣ノ内見ニ備ヘタリ

　　一　右第二ノ草按ヲ再ビ高嶺、国府寺批評ヲ加ヘタリ、菅之ヲ服セスシテ直チニ
両人ニ戻セリ、両人ヨリ之レヲ能勢ニ戻セリ、其後菅ハ一切手ヲ出サズ

　　一　夫ヨリ能勢ハ高嶺、国府寺両人ノ批評ヲ取捨シ、大臣ノ御心附ヲ加エテ此
第三修正草按ヲ認メリ

　　一　然レトモ第四章ハ大臣ヨリ菅ヘ御命令ノ事アルナレハ、未タ修正ニ着手セス

　この史料から、能勢が最初の草案を作り、高嶺秀夫[1]と国府寺新作[2]がそ
れに批評を加え、菅もその修正に深くかかわったことが分かる。その時点
では、「第三修正草按」までできたが、「第四章ハ大臣ヨリ菅ヘ御命令ノ事
アルナレハ、未タ修正ニ着手セス」とあるように、草案がまだ完成されてい
ないことが判明できる。史料の末尾に「二月二十八日」という日付が記さ
れているが、年情報がない。それを収録した『新修森有礼全集』第 2 巻は
同史料を 1887 年のものとしているが、稲田正次は『教育勅語成立過程の研
究』において 1888 年のものとして、説が分かれている。しかし、筆者は次
のような理由から、それが 1887 年のものである可能性が高いと考えてい
る。

　まず、編纂にかかわった人員をみると、そこには、嘉納の回想で言及さ
れた 5 人の編纂委員のうちの西村、デニングおよび嘉納自身の名前が見
られない。西村とデニングの場合、編纂嘱託の辞令が残らないため、どの
ような形でどの時点まで編纂にかかわっていたのかが必ずしもはっきりせ
ず、この二人の不在だけを以て上記の「手続」の作成時期を断定すること
には無理がある。だが、もしそれを 1888 年 2 月 28 日のものとすれば、前

----

① 高嶺は当時に東京高等師範学校の教員で、1875 年より師範学校教育取調のために渡米し、3
　年間留学した経験を持っていた人物である。1885 年に翻訳書『教育新論』（James Johonot
　著）を出版していた。
② 国府寺も高嶺と同じく、東京高等師範学校の教員で、1881 年よりドイツとイギリスに留学した経
　験がある。

述したとおり、1887年5月17日から1888年3月26日までの間、『倫理書』の編纂を委嘱されたと断定できる嘉納の名前がそこに全く上がらなかったのは、いささか不思議である。

　第二に、「手続」において示された『倫理書』草案の章構成である。そこでは、第三章が「意志」、第四章が「諸説ノ異同」ということになっている。それに対し、『倫理書』3月版の目次は次のとおりである。

表2-3.『倫理書』(1888年3月)目次

```
目次
第一章　概論
第二章　目的
第三章　行為ノ起原
　体慾／欲望／情緒／聯想／習慣
第四章　意志
　意志ノ解／無意ノ作用／意志ノ他ノ能力ニ対スル関係／意志ノ正用／意志ノ自由
第五章　行為ノ標準
　標準ノ解／自他ノ併立／社会的見解／道理的見解／感情的見解
```

　すなわち、第三章だった「意志」が第四章にずれ込み、「諸説ノ異同」という題名の章が消え、第四章「意志」に続き、第五章「行為ノ標準」が登場する流れになったことがわかる。ただし、第五章における「標準ノ解」という一節の内容はまさに倫理の標準をめぐる諸流派の学説の異同を扱うことに着目すると、本来第四章だった「諸説ノ異同」自体が消えるのではなく、第五章の一部「標準ノ解」として含まれたとみるべきであろう。とすれば、「手続」において触れられなかったのは、第五章の後半部にあたる「自他ノ併立」という主張とそれを三つの見地から説明する「社会的見解／道理的見解／感情的見解」、および3月版における第一章〜第三章の中の一章分であることになる。事実、「第四章ハ大臣ヨリ菅ヘ御命令ノ事アルナレハ、未タ修正ニ着手セス」という文言からも、「諸説ノ標準」を説く章は、「手続」が作成された時点では未完成だったことがわかる。また、田中智子も指摘した通り、完成版の第一章「概略」が、自他並立の「社会的見解」とほぼ同じ内容を柱としており、これは修正段階で付け加え、「社会的見解」の中で説かれた社会有機体説が前面に押し出されたものと考えられる[1]。これらの点からすれば、「手続」の時点では、「諸説ノ標準」の後に

———————————

[1]　前掲田中智子論文「『倫理書』編纂事業の再検討」の注43参照。

続くはずの「自他ノ併立」とそれを説明する諸「見解」も、それを抜粋してまとめた第一章「概略」も、まだ形作られた段階には至っていない可能性が高いのではないかと推察されよう。

　上記の二点の理由より、本論文では、能勢筆の「手続」が 1887 年のものであり、嘉納らが編纂に関わる前のものと推定する。

　また、編纂段階の検討にかかわって、1888 年に出版された『倫理書』には二つのバージョンが存在したことにも注意を要する。『森有礼全集』所収の『倫理書』は 1888 年 10 月 23 日刊行となっている。ただ、その奥付を確認すると、それが「再版」であること、また、それに先だって同年 3 月 22 日に同書の「初版」が出されていたことが分かる。この 3 月版は現在、国立国会図書館に所蔵されている①。10 月版と比べてみると、同資料には「倫理書」という書名が記された表紙も「凡例」も奥付もなく、ただ「中学校師範学校倫理教科書」、「文部省撰定」という文字が冒頭に記載されているだけである。目次も本文の内容構成が 10 月版と概ね一致し、最初のページに「明治二十一・三・二八」という蔵書印がある。1888（明治 21）年 3 月 26 日には、嘉納に対して編纂事務嘱託を解くという辞令が出されていることから、ここでは『倫理書』編纂は一区切りを迎えたと考えられる。同年 5 月 13 日に『読売新聞』が『倫理書』編纂について次のように報道している。「文部省編輯局にては今度倫理教科書と編纂して中学校等の教科書に充んとて、加藤弘之、中村正直、福沢諭吉氏等を始め朝野の博学者へ該草稿を示して其意見を問はれたるに、修正を加へて然るべしと云ふもあり、或は全く反対するもあれど、到底修正の上不日出版さるるなるべしと云ふ」。また、5 月 19 日発行の雑誌『教育報知』第 119 号も『倫理書』編纂の進捗状況について「先頃脱稿」とし、次のように報道している。「文部省にて中学校師範学校の教科書に充んとて倫理教科書が編纂せられしが、先頃既に脱稿せしかば、之を加藤弘之、中村正直、福沢諭吉等の諸氏を始め朝野の博学者に示して其意見を問はれたる」②。さらに、やはり同日に刊行された『読売新聞』には、『倫理書』の編纂状況に関する次のような記事が見られる。「文部省にて新に編纂せられたる倫理書と諸学士大家に廻して意見を問はれしとの事は前号へ出せしが、此書は森文部大臣が自から大意

① 国立国会図書館における請求記号は YDM10928 である。
② 『教育報知』第 119 号。

を授けて起草せしめ傍ら諸大家の意見を尋ねて修正を加へられさるものに由なるが、同大臣は自から文章を起草又は修正せられさる所多きのみならず、校正等も一応自分にて検閲せられさるよしなれば、定めて完全なるものなるべし」という。これらの報道の内容から、3月版は正式に刊行されたものというよりも、むしろ加藤弘之、中村正直、福沢諭吉らによる意見聴取のために作成された草案であり、いわばパイロット版としての意味を備えていたと考えられる。その上、森文相自身が編纂及び修正過程において自らの意思を注ごうとしていたことも窺える。そのことは、前述した嘉納治五郎の回想における、「森に彼自身の固執せる意見があって、各委員をしてその意見の協賛者たり説明者たらしめようとした」という記述とも整合している。

　すなわち、『倫理書』の編纂過程は、能勢と菅を中心に、高嶺秀夫や国府寺新作も加わって最初の草案が形成された第1段階（1887年5月以前）、高嶺や国府寺が退く一方で、西村・嘉納・デニングが加わった第2段階（1887年5月〜1888年3月）、パイロット版を出して、加藤弘之、中村正直、福沢諭吉ら広く識者の意見を仰ぎつつ手直しを加えた第3段階（1888年3月〜1888年10月）に分けられるといえる。

　前述したように、この第2段階の始まりと同じ月、雑誌『国民之教育』が創刊された。以下では、第2段階とともに発足した同誌に着目し、能勢や菅といった『倫理書』編纂関係者がそれと具体的にいかなるかかわりを持っていたのかを明らかにしたい。第2段階で5人の編纂委員と森文相とのあいだでいかなる論議がなされたのかを直接的に明らかにする史料が欠落している状況のもとで、同誌は間接的ながらも編纂委員それぞれの見解や、委員会の内外に存在した緊張関係を把握する手がかりとなると考えられるからである。もとより、『国民之教育』は雑誌である以上、多様な著者が多様な論題で文章を寄稿しており、『倫理書』の編纂にかかわる記事だけが存在するわけではない。だが、以下に示す通り、同誌の刊行状況などからも、その誌面には当時の文部省の意向が強く働いていたと考えられるのであり、『倫理書』編纂事業を森有礼文政の動向の中に位置付ける上で不可欠の史料と考えられる。

2. 編纂委員の言論拠点—
雑誌『国民之教育』というメディア—

2-1.『国民之教育』の刊行状況と誌面構成

　『国民之教育』は 1887 年 5 月から 1888 年 6 月まで月刊誌として刊行され、第 13 冊 [1]（1888 年 6 月刊）が現在確認できる最後の冊であり、それ以降は現存していない。ただし、終刊という告知がなされているわけではないので、単に史料上の欠落によるものなのか、それとも同冊をもって事実上終刊となったのかは断定できない。

　毎冊は 100 頁程度の分量である。1887 年 6 月 11 日の『信濃毎日新聞』（2515 号）によると、同誌は「印刷鮮明誤謬なく、料紙の善種を選びたるが上に製本の丈夫を極めたる」ものと評されている。奥付の情報によれば、同誌の「持主兼印刷人」は池部活三であり、第 1 冊から第 9 冊（1888 年 2 月）までの編集人は鹿島長次郎、第 10 冊から第 13 冊までの編集人は河田鱗也である。第 9 冊の社告によると、池部は当時石川家（東京日本橋区馬喰町二丁目一番地の石川教育書房）を相続することで、石川活三と改姓したが、興文社の社務や『国民之教育』発行を第 9 冊以降も担当し続けていたという。鹿島長次郎については不詳であるが、河田鱗也の生涯は下記のところまで判明している [2]。

　河田は 1863 年、旧石見浜田藩士の家に生まれ、岡山中学に入学した。1882 年 9 月から 1884 年 2 月まで、函館にあった上磯高等小学校の教師を務めた。その後、湯川尋常高等小学校に、1884 年 2 月より、9 カ月間教師として勤務した。1885 年、東京帝国大学に政治学選科生として入学し、1888 年夏に卒業した。帝国大学在学中に、後述の通り、『国民之教育』にしばし

---

[1]　この雑誌は号数の代わりに「冊」と称している。よって、本論文の表記もそれに従う。

[2]　河田鱗也（1863—1890）の生涯と著作については、松本康博「河田鱗也の著作について」（『日本歯科医史学会々誌』第 25 巻、2004 年）と「明治 18 年 8 月刊行の『歯科全書初篇』と訳者河田鱗也について」（『日本歯科医史学会会誌』第 21 巻、1997 年）において紹介がなされている。本章の河田の履歴に関する記述はこの二つの論考を参照したものである。

ば寄稿している。その間、1886年に、前述したデニングが英字新聞Japan Weekly Mailに投稿した論説"Religion and Yamato-Damashii"を和訳した。その訳版が『宗教と大和魂』と題する書物として博文館より出版された。そのほかにも、日本最初の歯科全書と言われるカァレットソン著・河田鱗也・大月亀太郎合訳『歯科全書』(1885年)、『北海道殖民論』(1888年)、『日本女子進化論』(1889年)や遺稿『日本周遊記』(1892年)などの著作を残している。1890年11月、肺患により28歳で没した。

表2-4. 河田鱗也の著作一覧 [1]

表題	掲載誌	巻号	年（月）
歯科全書	単行本	-	1885 (8)
宗教と日本魂	単行本	-	1886 (7)
男女心意ノ差異ヲ論ス	教師之友	5, 8, 9, 12	1887 (10)、1888 (1、2、4)
日本ノ教育	教育報知	61	1887 (4)
普通教育論	国民之教育	2	1887 (6)
儒教放逐論	同上	3	1887 (7)
小学校ニ附属地ノ制度ヲ設クルノ必要	同上	4	1887 (8)
社会学	同上	6, 8 ～ 13	1887 (10)、1888 (1 ～ 6)
服制論	教育報知	93, 94	1887 (11)
学問ノ解	国民之教育	7	1887 (11)
日本神代史論	教師之友	6, 7, 10	1887 (11, 12)、1888 (3)
教師ノ位置ヲ高ムル法	教育報知	97, 98	1887 (12)
少年立志ノ方向	国民之教育	8	1888 (1)
女子教育論	教育報知	102	1888 (1)
加藤弘之先生ノ徳育ノ方案ヲ読ム	国民之教育	9	1888 (2)
北海道殖民論	単行本	-	1888 (3)

[1] この著作一覧は、前掲松本康博「河田鱗也の著作について」に掲載された河田鱗也の著作一覧をもとに作成したものである。

續表

表題	掲載誌	巻号	年（月）
地方分学論	国民之教育	10	1888 (3)
日本文学史論	同上	12	1888 (5)
日本ノ教育ヲ如何スベキヤ	同上	13	1888 (6)
日本女子進化論	単行本	-	1889 (4)
日本周遊記〔遺稿〕	同上	-	1892 (2)

　話を『国民之教育』に戻す。その表紙に横文字でNATIONAL EDUCATION
と記され、誌名・目次などはすべて左からの横書きである。誌面は原則的
に「像／図」、「論」、「学」、「雑」という四欄から構成されている。このよ
うな欄の構成は、第13冊まで基本的に変化していない。
　「像／図」欄は雑誌の口絵に相当する部分である（第1冊の口絵を図2-1
として示した）。すでに指摘したとおり、第1冊は森有礼の登場で、それ以
降は欧米人の発明家や教育者である。

表2-5.『国民之教育』の「像／図」一覧 [1]

	掲載内容	備考
第1冊	森有礼君	
第2冊	米国紐克職工学校ニ於テ開化ノ七ツ道具ヲ使用スルノ図	
第3冊	英国内閣総理大臣オックスフオールド大学総長ソールスペリー候	Robert Arthur Talbot Gascoyne-Cecil, 3rd Marquess of Salisbury (1830-1903)。イギリスの政治家。1853年に保守党下院議員となり、議員生活を送るかたわら、雑誌に健筆を振るった。1885 〜 1892 年、1895 〜 1902 年首相を務めた。1887 年の第1回植民地会議の開催、中国における威海衛の租借などの積極的な帝国主義外交政策を展開。
第4冊	米国職工学校創立者理学法学博士ヂヨンデーランクル氏肖像	不詳

[1]　第13冊には口絵がない。それについて社告には次の説明がある。「本号ニモ有名ナル学者
ノ肖像ト其小伝トヲ掲載致ス可キ筈ノ處、石版ノ彫刻間ニ合ヒ兼候ニ付今回ニ限リ掲載見合セ
申候間此旨愛読諸彦ヘ御断申上候何レ次号ヨリハ舊ノ如ク掲載可致候」

續表

	掲載内容	備考
第5冊	維新前江戸市中ノ真図	
第6冊	米国紐育州ウアツサル女子大学ノ図	
第7冊	博士ハックスレー氏肖像	Thomas Henry Huxley（1825—1895）．イギリスの動物学者。C・R・ダーウィンの進化論の普及者。
第8冊	博士チンダル氏肖像	John Tyndall（1820-1893）．イギリスの物理学者。「チンダル」現象と呼ばれる微粒子による散乱光研究で知られる。
第9冊	博士スペンサル氏肖像並略傳	Herbert Spencer（1820—1903）．イギリスの思想家。
第10冊	博士カーペンター氏肖像並略傳	イギリスの生理学者、医学博士。
第11冊	詩伯テニソン氏肖像	Alfred Tennyson（1809-1892）．ビクトリア朝のイギリス詩を代表する詩人。
第12冊	もるす氏肖像並ニ小傳	Samuel Finley Breese Morse（1791-1872）．アメリカの画家、電信の発明者。

　以上から分かるように、口絵に登場した人物には、英米系の自然科学者や教育家が多く、創刊号に登場した森はその中で唯一の日本人である。また、第7冊「博士ハックスレー氏」（Thomas. H. Huxley）と第8冊「博士チンダル氏」（John Tyndall）の肖像に使われた写真は、当時の文部省学務局長濱尾新がイギリス巡視中（1887年8月）得た撮影写真を描写したものである①。

　英米系の自然科学者や教育家が重視された理由を推測する手がかりとして留意に値するの

図2-1.『国民之教育』創刊冊に掲載された森有礼の肖像

① 『国民之教育』第7冊（1887年11月）の冒頭に掲載された「博士はっくすれー氏小伝」の末尾には次の説明がある。「巻首ニ掲ケタル氏ノ肖像ハ本年八月文部省学務局長濱尾新君ノ英国巡視中ニ得ラレタル撮影ヲ描写セル者ナレハ、即チ氏ガ本年六十二歳ノ真像ナリ」。また、次冊（1888年1月）の冒頭に掲載された「博士ちんだる氏小伝」の末尾にも類似の説明がある。「巻首ニ掲ケタル氏ノ肖像ハ客歳八月文部省学務局長濱尾新君ノ英国巡視中ニ前号ニ掲ケタル博士はっくすれー氏ノ肖像ト共ニ得ラレタル撮影ヲ描写セル者ナリ」。

は、第 8 冊の口絵の後に綴られている「博士ちんだる氏小傳」の記述である。この文章は「目今英国ニ於テ雷若ヲ宇内ニ轟カシ学者ニモ俗人ニモ共ニ欽慕セラルル大学者三人アリ曰クはっくすれー氏、曰クちんだる氏、曰クすぺんさる氏是ナリ」①と述べた後、口絵に登場する対象の人選とそれらを選んだ理由について次のように説明している。「蓋シ我邦ノ学問ガ支那ノ邪風ヲ受ケ文学ノ一偏ニ傾キ、政治経済法律詩文等無形ノ学問ニノミ流レテ万有ノ実物ヲ研究英国理学ヲ知ラザルニ因ルコトナラン。我邦人ノ理学ノ思想ニ乏シキコトハ一朝一夕ニ治癒スベキニモ至ヌ。英国ノ今ノ開化ハ理学進歩ノ結果ナレバ、吾人ハ夙夜勉強シテ一日モ早ク我邦人ヲシテ理学ノ思想ヲ富□□□□□□〔引用者注: 6 文字判読不能〕ヲ施サザルベカラザルナリ。是本雑誌ノ精神ノアル所ニシテはっくすれー氏ちんだる氏ノ小伝ヲ掲ゲタル微意ナリ」という。つまり、これら英米の有名な科学者を紹介する意図は、同誌自体の趣旨が「理学」（自然科学）の提唱にあると述べられている。

　次に、「論」の欄に掲載された論説について、繰り返し取り上げられたトピックを大まかに分類していくと、「国民教育」（「ナショナル・エヂュケーション」）（1, 2, 3, 6, 10 冊）、小学校教育（4, 5, 6, 9, 12 冊）、実業教育（2, 3, 8 冊）、倫理学・道徳教育（2, 3, 4, 6, 7, 9, 12, 13 冊）などが挙げられる。

　「学」の欄の特徴は、時論的性格の強い「論」の欄よりもアカデミックな色彩が濃く、連載ものが多いことである。そのうち、4 回以上にわたって連載されたのは次の通りである。

```
河田鑯也「社会学」（7 回）
北村三郎「支那古文新学」（7 回）
堤駒二「教育学」（6 回）
能勢栄「虞氏応用教育論」（5 回）
渡辺政吉「小学理科教授論及例」（5 回）
菅了法「歴史 / 国史談」（4 回）
```

　ここで「小学理科教授論及例」を別とすれば、小学校における教授法にかかわるような主題が少なく、むしろアカデミックな性格の強い中等教育の内容を意識していることが窺える。というのは、「社会学」にしても「教

① 「博士ちんだる氏小傳」（『国民之教育』第 8 冊、1888 年 1 月）。

育学」にしても、小学校の教科目としては存在しないからである。そのこ
とは、『国民之教育』の想定する読者が、主として中等学校の教員であった
ことを示唆していると考えられよう。

「雑」欄は、日本国内外の教育動向にかかわる情報を両方紹介している。
たとえば、次のような例が見られる。「勅令第五十号」「文部省告示第九号」
「彼得堡府公立日曜学校ノ設立」（いずれも第6冊）、「滋賀県私立教育会」
「高知県尋常中学校女子部」「兵事教育ノ拡張」「米国師範学校長ノ演舌」（い
ずれも第7冊）などがある。

次には同誌の刊行状況を見てみよう。久木幸男は『東京府統計書』を素
材に、『教育報知』、『教育時論』、『大日本教育会雑誌』の1886 − 1888 年
までの総部数と各誌一号あたりの平均部数を算出している[1]。それをベース
にして、さらに『国民之教育』のデータを加えた統計結果は下記の表である。

表 2-6. 主要教育雑誌の発行部数（1887—1888 年）

雑誌名	1887 年			1888 年		
	総部数	号数	平均部数	総部数	号数	平均部数
教育報知（週刊）	101,864	51	1,997	109,423	52	2,104
教育時論（旬刊）	71,096	36	1,975	不明	36	不明
大日本教育会雑誌（隔週刊→月刊）*	84,237	24	3,510	51,039	11	4,640
国民之教育（月刊）	8,843	7	1,263	3,977	6	663

注）各年総部数のみが『統計書』にみえる数字であり、平均部数は号数でそれを除したも
のである。
　★　同誌は 1887 年に月二回刊行したが、1888 年 1 月以降月刊に変更された。

創刊の年（1887 年）には、『国民之教育』は月刊であった。そのために
総発行部数こそ多くないものの、一号あたりの平均発行部数では、大手教
育雑誌の『教育時論』と『教育報知』にもそれほど見劣りするものではな
かった。しかし、翌年になると、総発行部数も一号あたりの平均発行部数
も半減することとなった。

『国民之教育』では、発行部数の増加をはかるために、二つの措置を取っ
た。その一つは、定価を切り下げることである。創刊時の同誌は毎号一冊

[1] 前掲久木「『教育報知』と日下部三之介」参照。

15 銭、第 6 冊（1887 年 10 月）以降は一冊 10 銭に下げた。この定価変更について、第 6 冊冒頭の「社告」では、次のように説明している。「今般非常ノ奮発ヲ以テ従来毎号一冊十五銭ニテ発売シ而シテ十銭雑誌三倍ノ価値アルベシト豫言セシニモ拘ハラズ、第六号以下更ニ一冊十銭ト改メ以テ益々読者ノ便ヲ謀ラント欲ス。是レ亦日本教育事業ニ就キテ夙ニ熱心篤志ナル本社ノ微意ヲ表スル所以ナリ。愛読諸賢乞フ之ヲ諒セヨ」[1]。同時期の『教育報知』は週刊で定価 5 銭であることを考えると、毎冊百頁程度のボリュームもある月刊の『国民之教育』の定価はさほど高いとはいえない。この問題に関連して特筆すべきは、『国民之教育』の発行部数のうち、実際の有料頒布は部数全体の半分程度であり、残りの半分近くは無料配布されていた事実である。『東京府統計書』の記載に基づいて、1887 年の状況について無料での「配布」と有料での「発売」の部数を示すと次のようになる。

表 2-7. 主要教育雑誌の発行部数の内訳（1887 年）[2]

雑誌名	発行総数	配布	発売	売捌代価
教育時論（旬刊）	71,096	8,637	62,459	2,991,178
教育報知（週刊）	101,864	17,457	84,407	4,220,350
大日本教育会雑誌（隔週刊）	84,237	84,237	—	—
国民之教育（月刊）	8,843	4,196	4,647	613,400

＊発行総数＝配布 + 発売

　この表 2 － 7 から分かるように、『大日本教育会雑誌』は、会員に「配布」されるものであった。他方、『教育時論』や『教育報知』という民間商業雑誌の場合では、「配布」の割合は多くても二割程度である。これと比べ、『国民之教育』の発行総数に占める無料配布数の割合は、五割程度と圧倒的に高い。そのために、当然ながら、販売による収入（売捌代価）も少なくなっている。

　定価の切り下げのほか、発行部数の増加を図るために取られたもう一つの措置は、全国各地に売捌所を増やすことである。創刊にあたって、『国民之教育』の売捌所は合計 10 箇所であった。第 2 冊になると 15 箇所に増え、

①「社告」（『国民之教育』第 6 冊、1887 年 10 月 25 日）
② 東京府編『東京府統計書』第 5 冊（1888 年）掲載のデータに基づいて作成したもの。

その数は少なくとも第8冊まで変っていなかった①。しかし、第10冊（1888年3月）の奥付を確認すると、売捌所は従来の15箇所に加えて、さらに54箇所も増やされたことがわかる。

　同誌の発行にどれだけの経費を要したのかは不明であるが、財政的には採算が取れていたとは考えにくい。同誌の発行経費の出所がどこだったのかが不明であるが、以下に記す通り、寄稿者と雑誌自体の性格から、政府（文部省）と深く関わりがあったと推定できる。

2-2. 誌面の論調と主要なトピック

　創刊にあたって、興文社主池部活三による「はしがき」では、同誌刊行の目的は、「国民の教育こそ肝要」②であるため、「欧米各国に遊ばれて彼れと我れとを兼ね知られたる有機具眼の君たちをはじめ内外の名ある君たちのものせられたる言論」を掲載したいという旨が述べられている。

　創刊号では、また「祝」という欄を冒頭に設けて、デニングの「国民の教育発刊ニ付テ」を掲載している。創刊号の「論」欄と「学」欄に寄稿した5名は、文部書記官能勢栄と文部省の「倫理調査会委員」菅了法のほか、堤駒二と庵地保である。堤駒二は当時文部大臣官房属官③であり、庵地保は1887年4月に東京府学務課から転出し、後に文部省普通学務局主席属となった人物である④。いずれも文部省や森と何らかの形でつながっている人物であった。

　では、そうした顔ぶれが執筆した創刊号に対して、世間はどのような反応を示したのか。創刊にあたって、『東京日日新聞』、『やまと新聞』、『郵便報知新聞』、『教育時論』⑤などの大手の新聞雑誌のみならず、『日出新聞』、『信濃毎日新聞』、『福嶋新聞』、『熊本新聞』などの地方紙も『国民之教育』創刊に着目し、論評を寄せている。同誌の第3冊では、創刊冊に対するほか

① 第9冊の史料には奥付が現存しなかったため、確認ができなかった。

② 「国民の教育といふ雑誌を刷出すに就きてのはしがき」（『国民之教育』第1冊、1887年5月25日）。

③ 堤は当時（1887年）文部大臣官房の四等属官であった。内閣官報局編『職員録・明19－45年現在』第3冊（国立国会図書館請求記号: YDM5514）、239頁。

④ 武田晃二「庵地保の生涯と年譜」、『岩手大学教育学部附属教育工学センター教育工学研究』第12号（1990年）、137頁参照。

⑤ 『国民之教育』のほぼ毎冊の刊行（目次情報）が『教育時論』の広告欄で紹介されていた。そのほか、『教育報知』の広告欄にも登場していた。

の新聞雑誌による報道記事をまとめて掲載している。これによれば、1887年6月12日の『やまと新聞』（204号）では、「此雑誌独り大日本教育雑誌と頡頏して教育雑誌の圧巻たるのみならず、現時我邦万有の雑誌を通じても亦最上等に位ゐすべしと思はる」と称賛したという。また、『海南新聞』（1887年6月11日、2905号）は、「其巻首に森文部大臣の肖像あるは亦た以て一層此の雑誌に勢力を與ふるの想ひあり」と述べ、森文相の肖像の掲載に着目している。この点については、「郵便報知新聞」のほか、『秋田日日新聞』、『岩手日日新聞』や『芸備日報』など多数の地方メディアも同様であった。

　では、どのような人たちが同誌の誌面の論調を構成していたのか。

　表2−8は、『国民之教育』の執筆者のうち、寄稿回数が4回以上のものを示したものである。同一題目（あるいはそれに準ずる）のものを連載した場合、連載回数を含めて寄稿回数をカウントしている。

表2-8.『国民之教育』執筆者の寄稿回数（4回以上の執筆者）

氏名	肩書	回数	寄稿の文章（掲載号）
能勢栄	文部省書記官	21	国民ノ教育トハ何事ゾ（1）、開化ノ七ツ道具（2）、手ノ力（3）、小学校費ノ出途（4）、ひぽこんでろ（5）、国民教育ノ方法第一（家母教育論）（6）、東洋ノ歴史（7）、東京師範学校卒業生諸君ニ告グ（8）、我日本国ノ教育ノ三原力ニ対スル関係（9、10）、虞氏応用教育論（9、10、11、12、13）、東京師範学校卒業生諸君ニ一言ス（9）、徳育新論概評（9）、女子教育ノ目的ト方法（11）、道徳ノ標準ヲ論ス（12、13）
河田鱗也		17	普通教育論（2）、儒教放逐論（3）、小学校ニ附属地ノ制度ヲ設クルノ必要（4）、社会学（6、8、9、10、11、12、13）、学問ノ解（7）、少年立志ノ方向（8）、加藤弘之先生ノ徳育ノ方案ヲ読ム（9）、地方分学論（10、11）、日本文学史論（12）、日本ノ教育ヲ如何スベキヤ（13）
菅了法		15	日本語（1）、ソフィスト（1）、ソクラチース行状及教育ノ手段（2）、倫理論綱（2、3）、歴史（4）、世変論（5）、国史談（承前）（5、6、7）、倫理学の必要を論ず（6）、道徳の批准を論ず（7）、倫理美談（7）、教育原論（10）、児童ノ心志ヲ誘起スルニ付テ父兄ノ注意ヲ促ス（11）、ありすとーつるノ道徳論並図（12）、
渡辺政吉		8	教授ノ得失（5、6、7）、小学理科教授論及例（8、10、11、12、13）、
北村三郎		7	支那古文新学（2、3、5、6、7、8、13）

續表

氏名	肩書	回数	寄稿の文章（掲載号）
堤駒二		6	教育学（1、2、4、5、6、9）
河野於菟麿		5	日本弘道会と日本道徳論（4）、日本ノ教育雑誌（8）、大日本教育会ニ望ム（10）、哲学的教育ノ要旨（11）、教育者ノ定見（12）
谷本富		4	国民教育論（10）、学術品位論（11）、学理ト実験説ノ調和（12）、小説ト児童（13）
木下邦昌		4	小学校等位ノ撰定（6）、小学校ノ経済ヲ論ス（9）、諸学科教授上ノ注意（11、12）、

　上の表から、能勢、河田と菅の寄稿回数が圧倒的に多く、この三人が同誌の主筆格ともいうべき地位にあったことがわかる。この三人の人物に関して、次の事実に注目したい。

　第一に、能勢は欠かさずに毎冊に投稿していた。しかも、『国民之教育』が刊行された1887年5月から1888年6月までの間、表2－9から分かるように、同時期の他雑誌と比べ、能勢は同誌に最も頻繁に寄稿していた[①]。

表2-9　教育関係雑誌への能勢の寄稿（1887年4月～1888年6月）

年	月	論説	掲載雑誌	号
1887	5	国民ノ教育トハ何ゾ	国民之教育	1
	6	開化ノ七ツ道具	同上	2
	7	手の力	同上	3
	7	文明世界ノ困難	教育報知	76
	8	小学校費ノ出途	国民之教育	4
	8	倫理学	同上	4
	9	ヒポコンデル	同上	5
	10	国民教育ノ方法第一（家母教育論）	同上	6
	11	東洋の歴史	同上	7

---

① 　この場合の「教育関係雑誌」とは、前掲樽松らによる『教育関係雑誌目次集成』に収録したものを指す。表2－9は、同目次集成の「索引」に記された雑誌を網羅的に調査した上で作成したものである。

續表

年	月	論説	掲載雑誌	号
1888	1	東京師範学校卒業生諸君ニ告グ	同上	8
	2	徳育ノ方便	大日本教育会雑誌	72
	2	我日本国ノ教育ノ三原力ニ対スル関係	国民之教育	9
	2	虞氏応用教育論	同上	9
	2	東京師範学校卒業生諸君ニ一言ス	同上	9
	2	徳育新論概評	同上	9
	2	世界一家の説	教師之友	9
	3	我日本国ノ教育ノ三原力ニ対スル関係	国民之教育	10
	3	虞氏応用教育論（承前）	同上	10
	3	動物盛衰年代の略説	教師之友	10
	4	女子教育ノ目的ト方法	国民之教育	11
	4	虞氏応用教育論（承前）	同上	11
	5	道徳ノ標準ヲ論ス	同上	12
	5	虞氏応用教育論（承前）	同上	12
	6	道徳ノ標準ヲ論ス（承前）	同上	13
	6	虞氏応用教育論（承前）	同上	13
	6,7	道徳ノ標準	大日本教育会雑誌	76-77
	6	諸学科ノ価値及ビ相互ノ関係	教師之友	16

　1887年4月から1888年6月の間、能勢は『国民之教育』に21回、『教師之友』に3回、『大日本教育会雑誌』に2回、『教育報知』に1回、寄稿している。『国民之教育』という雑誌において能勢が執筆者として圧倒的な重要性を占める一方で、能勢から見て『国民之教育』は最も重要な寄稿先だったことがわかる。すなわち、そこには極めて密接な結びつきが存在したといえる。

　　教育ジャーナリズムにかかわる木戸若雄の研究では、能勢自らが実際に
同誌の編集作業にも関わっていたと指摘している[1]。また、久木幸男は、同
時期に刊行された雑誌『教育報知』について、同誌の実質上の責任者であ
る日下部三之介が文部省在勤中のため、自ら表面に立たず、「持主兼印刷
人」も「編輯人」も他人に任せたことを指摘している[2]。こうした事実を考
え合せれば、当時文部書記官だった能勢が、自ら民間雑誌の「編輯人」とい
う肩書を持つことが不適切と判断して、『教育報知』における日下部と同
様、実質的な編集責任者としての役割を果たしていた可能性が高い。

　　第二に、『国民之教育』は、菅了法が森文政期にかかわった唯一の教育
関係雑誌である。つまり、菅による寄稿それ自体が、ほかの教育関係雑誌
とは異なる、『国民之教育』の特徴を示している。

　　第三に、第10冊から雑誌の「編集人」を務めた河田は、創刊冊と第5冊
を除いて毎冊に投稿している。その論調が能勢の議論を明確に支持するも
のだったことも着目される。例えば、能勢は「東洋の歴史」（第7冊）で、『日
本外史』などが専ら少年子弟の心意を政治界に誘引すると批判し、東洋の
歴史書を退け、欧米の実業家の事跡を紹介する本を作るべきだと主張して
いる。一方、第8冊掲載の河田の「少年立志ノ方向」でも、『日本外史』を
批判し、「此等ノ書ヲ読ム者ガ志ヲ立ルノ方向ノ殆ド皆政治界ニ限レル」[3]
と指摘している。さらに東洋史に代わり、「西国立志篇ノ類ヲ以テシ……
社会一般ノ気風ヲシテ種々ノ事業ニ向ハシムルコト欧米諸国ノ如クセザル
可ラザルナリ」という認識を示している[4]。河田が、能勢の思想に同調し、
追随しようとする人物だったことは、これらの論からも明らかである。そ
のことも、能勢が実質的な編集責任者であったという仮説を支持するもの

[1]　木戸若雄『明治の教育ジャーナリズム』（大空社、1990年）、35頁。
[2]　前掲久木幸男「『教育報知』と日下部三之介」、14頁。
[3]　「少年立志ノ方向」（『国民之教育』第8冊、1888年1月15日）。
[4]　そのほかの例もある。例えば、第1冊の「国民ノ教育トハ何事ゾ」では、能勢が「国家ヲ擾乱
　　スル元素」を「無智文盲ノ愚民」に帰結した上、「其騒擾ヲ未発ニ制止スル」解決策を国民
　　教育の普及に求めようと唱えた。それに対し、次冊に掲載された河田の「普通教育論」は「不
　　就学者ハ他日国家ノ良民タルヲ得ズ必ス社会ノ厄介物タル可キ……社会ノ不幸ハ人民ノ無学
　　無識ナルモノヨリ起ルトセバ、其不幸ノ本ヲ絶ツノ道ハ必ス教育ノ普及ニアリ」と述べ、能勢の
　　議論に同調している。また、「開化の七ツ道具」（第2冊）と「手の力」（第3冊）では、能
　　勢は「政治経済法律トカシキリニ無形ノ議論」を批判し、実業教育を唱えたのに対して、河田
　　も「学問の解」（第7冊）では、「日本の学者たる者は皆文字を習ひ書籍を誦読するが為め
　　に殆ど一生を空費して之を実業に施すに暇なく」と述べている。

である。『国民之教育』に「学」「論」に掲載された署名付きの文章130篇のうち、能勢、菅、河田によるものが53篇、全体の五分の二を占める[①]。そのことは、この雑誌が多様な寄稿者の多様な論を飛び交う場であるよりも、むしろ一定の思想信条を共有する人々が自らの見解を広めるための宣伝媒体としての性格を備えていたことを物語る。それでは、いかなる見解がそこで展開されたのか。

3. 宣伝媒体としての『国民之教育』— 『倫理書』編纂とのかかわり—

『国民之教育』で注目すべきトピックは、①誌名にもある「ナショナル・エデュケーション」という概念の理解、②倫理学教育の鼓吹、③儒教への否定という三つである。これらの論は、たとえ『倫理書』の編纂過程に直接的にかかわらない場合でも、『倫理書』が編纂された文脈を示すものとして重要性を持つと思われるので、以下に概要を確認しておきたい。

3-1. National Education というコンセプト

『国民之教育』誌面の主要なトピックの一つは、まさにそのタイトル通り、「国民教育」（同誌の英文タイトルでは National Education）をいかに理解するかをめぐる議論であった。「国民教育」という概念は『倫理書』編纂の文脈としても重要なため、検討しておきたい。片桐芳雄によれば、帝国議会開設を直前に控えた1887年頃から教育勅語が発布される90年頃にかけては、教育と国家との関係について様々な議論が交錯した時期であり、「国民教育」とは何かがさかんに論ぜられていた。片桐はまた、同時期の大手教育雑誌の『教育時論』における議論の前提は、国家と個人の区別、言い換えると、個人の国家からの相対的自立を認めることであると指摘している[②]。その例として挙げられたのは、『教育時論』第80号（1887年7月5日）の社説「国民教育とは如何」、第85号（同年8月25日）と第87号（同

---

① 連載の文章については、掲載回数でカウントしている。
② 片桐芳雄「近代日本における個性教育論への道—教育雑誌掲載論文の検討を通して—」、『日本女子大学大学院人間社会研究科紀要』13号（2007年）、72頁。

年 9 月 15 日）の社説「国風教育論（上）（下）」や「国立教育ヲ論ズ」で
ある。これらの社説——いずれも『国民之教育』の創刊後に出されたもの
である——では、ナショナル・エヂュケーションの概念が、「国民教育」、
「国風教育」と「国立教育」の三つに整理されている。ここで留意すべきは、
そこで挙げられた論説の時期（1887 年）に先だって、実際に森文政期が始
まった 1885 年前後から、教育と国家・国民の関係をめぐる主題について、
論争的関係が既に醸成されつつあったことである。

　例えば、『教育時論』第 23 号（1885 年 12 月）の社説「教育上にては国
家より各個の事を先にすべし」が着目される。同社説では、「吾輩世の教
育者の所論を伺ふに常に国家上の見解に偏重にして各個生徒に就て見解を
下すの偏軽なるを覚ふるなり」① と述べ、「国家上の見解」を「偏重」した
例として、森の兵式体操をあげた。このような論調に対し、能勢は、文部省
に入省する直前に「現今教育上ノ一疑問」を寄稿し、自分が森から聞いた
話を公表する形で、「学者ハイツデモ一個人ヲ教育シテ完全ナル人トナラ
シメンコトヲ希図シ国ト云フ考ヲ度外ニ置クノ風ナレドモ、教育家ハ一個
人ヲ相手ニスルヨリ社会全体ノ人即チ一国民ヲ教育スルト云フ事ニ活眼ヲ
注ガザルベカラズ」② と批判的な見解を示している。

　1887 年 5 月における『国民之教育』の創刊は、このような『教育時論』
の論調との関係を前提としながら、表題にもわかる形で「国民教育」とい
う概念の重要性を明確に打ち出している。能勢はその創刊冊に寄せた論説
「国民の教育トハ何事ゾ」において、その概念について次のように述べて
いる。

　　　去ル明治十四年中文部省ニ於テ各府県ヨリ教員ヲ選挙シ、東京師範学校ヘ出
　　シ授業法教育学等ヲ伝習セシメタル。其時我邦ノ教育ヲ総理スル或人ハ「ナショ
　　ナル・エヂュケーション」ノ事ヲ国体教育ト説明シ、我邦ノ「ナショナル・エヂュケー
　　ション」ニハ尊王愛国忠孝彝倫ヲ主張スルニアリト云ハレタリ。然レドモ今此解釈
　　ノ意ヲ考フルハ蓋シ其時世ニ適当ナル者ナリシヤ未タ詳カナケサレドモ今日ニ於
　　テハ適当ノ解釈ト思ハレザルナリ。
　　　此冊子ノ標題ニ掲ゲタル「ナショナル・エヂュケーション」ノ意ハ其国ノ国体

① 「教育上にては国家より各個の事を先にすべし」（『教育時論』第 23 号、1885 年 12 月 5 日）。
② 「現今教育上ノ一疑問」（『教育時論』第 56 号、1886 年 11 月 5 日）。

ニ基キ其国固有独殊ノ性質ヲ考ヘ其国ニ限リタル固有特殊ノ方法ヲ以テ教育ヲ施
スト云フ意ニアラス……日本国ハ万世一統ノ天子ヲ奉戴スル国ナレバ尊王ヲ以テ
我国教育ノ主意トスルト云フヨウナル訳ニアラズ。只全国ノ人民ニ普通平等ノ教化
ヲ一般ニ蒙ラシメ無学文盲ノ愚民ナカラシメントスルニアリ。[①]

　ここで、「明治十四年中」に「教育ヲ総理スル或ル人」と指すのは、1881
年 4 月に文部卿に就任した福岡孝弟と推定される。というのも、「尊王愛
国忠孝人倫」に基づく「国体教育」を主張した点は、まさに第一章で検討
した 1880 年代前半期における儒教主義的徳育路線の現れであり、それを
推進した中心的人物は文部省の福岡文部卿や宮内省の元田永孚にほかな
らないからである。それに対し、能勢はここで、日本に「固有」で「特殊」
なものを重んじる福岡・元田流の考えを明確に斥けた上で、「ナショナル・
エヂュケーション」とは「全国ノ人民ニ普通平等ノ教化」を広げることだ
と説明している。また、「教育ノ目的ハ一国民タルヘキ者ヲ造成スルニア
ラスシテ一人類タルヘキ者ヲ造成スルニアリ」というルソーの主張を斥け、
「一国ノ人民ヲ平等ニ見做シ賢愚才不才ノ別ナク盡ク普通画一ノ教育」を
施すこと（「国民教育」）を唱えている。この場合の「国民」とは「全国ノ
人民」であることがわかる。では、「一人類」を主眼とした教育とはいか
なるものであり、なぜそれでなく、「国民」を主眼とした教育でなくては
ならないのか。両者の区別と取捨については必ずしも分明ではなかった。
　これに対し、前述の『教育時論』第 80 号（同年 7 月）は社説「国民教育
とは如何」において「ナショナル・エヂュケーション」の概念を「国立教
育」（「国家の権力を以て教育を施す」[②]）と「国風教育」（「其国の風俗、習慣、
歴史、政体等を考へて其国風の宜しき所に従ひ、政府之が法を制して教育
を施す」）という二つの意味とし、「現今世人が喋喋する所の国民教育なる
者」は前者「国立教育」を指すものと捉える。そのうえで、「国民教育の
眼より見れば教育を施す者は国家の為にして一個人民の為にあらず」とい
う見解を「偏頗の見」と批判し、「学校教室内の教育と国家の施す教育と
は自別者なる」と主張している。
　その後、『時事新報』や『教育報知』もこの論争に加わり、『教育時論』

①　能勢栄「国民の教育トハ何事ゾ」（『国民之教育』第 1 冊、1887 年 5 月 25 日）、14 頁。
②　「国民教育とは如何」（『教育時論』第 80 号、1887 年 7 月 5 日）。

第80号社説に対して、『国民之教育』誌面での反論も行われた。「ナショナル・エデュケーション」（「国民教育」）をめぐる論争はさらに広がりを見せてくる。その詳細についての検討は他日に期するとして、ここでは『国民之教育』という雑誌の誌名それ自体に能勢ら主筆陣さらに森自身の意向が反映していると考えられることを指摘した上で、能勢らが構想した教育における「一国民」と「一個人」・「人類」の関係について触れておく。

まず、前述したデニングが1885年1月に大日本教育会で行った演説「教育ノ至極ハ人類ノ特性ヲ開発培養スル」を想起したい。既に指摘したとおり、森がデニングを文部省に抜擢し、教科書編纂を委嘱することになったきっかけはまさにこの演説である。とすれば、森に高く評価された同演説では、いかなる主張が展開されていたのか。デニングの教育観を明快に示した表題のもとで、彼は現今の教育についての問題提起を次のように行っている。

> 余今日ノ有様ヲ見ルニ世人此各個人ノ性質ヲ培養開発スルコトヲ軽忽ニ看過シ去ルト考フ。如何トナレバ今日ハ器械ノ世界ニシテ……器械製ノ物ハ其模型同一ノモノナレハ、其形状亦同一ニシテ新奇目ヲ驚カスカ如キコトナシ。普通教育モ亦如此同一ノ器械ヲ以テ種々ノ人ヲ教フルモノナレハ其中ニハ各個人ノ性質ヲ開発スルニ洩ルヽ所少ナカラサルナリ。①

デニングは当時における産業革命がもたらした「器械ノ世界」に通用する「普通教育」自体を必ずしも否定しない一方で、その難点として、「各個人ノ性質ヲ培養開発スルコト」への軽視を提起している。そして、「各個人固有ノ特性ナル種々ノ勢力ヲ開発培養スル」ことを「種々ノ進歩ノ大原因」として、「而シテ其進歩ノ偉大ナル障害ハ即チ風俗常例」だと指摘している。

> 人ヲ治ムルモノハ政府ニアラズシテ風俗ニアリ、政府ノ執政官ト雖モ亦此ノ風俗ニ治メラルレバナリ。一家ノ風俗一国ノ風俗社会ノ風俗又各派ノ政党又ハ宗教ノ如キモノニ至ル迄、風俗ノ存スルコト甚シキモノナリ。総テ人ノ風俗ニ背クハ余程

---

① デニング「教育ノ至極ハ人類ノ特性ヲ開発培養スル」、前掲書『傳仁演説集』。

不都合ノモノニテ又背カント欲スルモ背ク能ハザルモノアラント思考ス。①

　ここから窺えるように、デニングの言う「風俗常例」は、いわば社会全体とその局部までに存在し、人々の行為を外部から規制する慣習や掟、つまり道徳的規範ともいうべきものと思われる。そこには政党の党則や宗教の教義・教説も含まれる。そして、その性質について彼はこう述べている。「風俗ハ如何ナル者ソヤ。即チ感情ノ形ニ発シタルモノニシテ、時節ノ変遷ニ従ヒ感情モ共ニ変遷ス感情変遷セハ風俗随テ変遷セザルヲ得ス」という。では、なぜデニングはそれを「進歩ノ偉大ナル障害」と見做しているのか。彼は続いて言う。

　　　蓋シ風俗ニ従フニ其精神中最モ尊重ナル知覚、裁決、辨別力、道義的ノ選択ノ能力ノ如キヲ用ヰスシテ妄リニ之ニ従フハ不可ナリ。他人ノ為ス所ヲ見テ己レノ為ス所ヲ定ムルハ諸能力ノ運動毫モ其中ニアルコトナシ。如此ハ唯真似スルニ過キサレハ、猿猴鸚鵡ノ為ス所ニ異ナラサルナリ。②

　つまり、「他人ノ編輯シタル風俗常例」に盲目的に従うのは、自ら一個人としての知性と道徳的判断力（「知覚」・「道義的ノ選択ノ能力」）という人間「精神中最モ尊重ナル」ものを妄りに放棄することと同然だと彼は強く批判している。したがって、最後に彼はスペンサーの議論——「近頃スペンセル痛ク此ノ危険ヲ感シ……各個人ノ特性ノ自由国ヲ守リ假令文明国ノ政府ト雖モ決シテ其コレヲ侵スヲ許スヘカラストノ名論ヲ著シタリ」——を引き、「コレ高尚ナル進歩ハ盡ク各個人ノ独立ナル論弁思想ニヨルノ証拠千万中最モ尊貴ナルモノナリ」と賛意を示した。
　このような「各個人ノ性質」・「人類ノ特性」の開発培養を唱えたデニングの主張に対して森は大いに共感を覚えたはずである。では、森の考えは、その後どのように展開されたのか。『国民之教育』創刊号に寄せられた能勢の論説に戻ってみよう。確かにそこでは、教育の主眼をめぐって、「一国民」対「一人類」・「一個人」という図式が前面に出されて、「一国民」を主眼とする教育が鼓吹されている。しかし、「人類」や「個人」の視点が捨

---

① デニング「教育ノ至極ハ人類ノ特性ヲ開発培養スル」、前掲書『傳仁演説集』。
② 同上。

てられていないし、それらの価値と役割自体が一方的に否定されたわけでもない。むしろそれらと国・社会との関係が常に双務的に位置づけられているのである。能勢が同論説で教育の意義について次のように述べているところから着目しよう。

　　　教育トハ人類ヲシテ益々高尚ニ益々完全ニ進歩セシムルノ法ニシテ、今代ノ人間ガ次代ノ人間ヲシテ一日達シタル今ノ世ノ文化ヲ維持セシメ尚ホ一層モ之ヲ進歩セシメンガ為ニ次代ノ者ニ與フル練修ナレバ、人ノ身体各部ヲ出来ル丈十分ニ成長セシメ、心意諸能力ヲ出来ル丈十分ニ発達セシメ、善良ナル習慣ヲ作リ、活発ナル気質ヲ養ヒ、出来ル丈多量ノ智識ヲ受納セシメ出来ル丈善ク之ヲ応用セシメ、一国民トナリテ此文明世界ノ劇場ニ登リ一歩モ負ケズ劣ラズ働カシムルニアリ。[1]

　ここで、能勢は、教育を「人類」の完全なる進歩を達成させるための方法として位置づけながら、その目的が「一国民トナリテ此文明世界ノ劇場ニ登リ、一歩モ負ケズ劣ラズ働カシムル」ことにあると説いている。「人類」の進歩に寄与すると言われる教育はなぜ、「一国民」の文明世界進出という地点を経由しなければならないのか。それが、人類社会の仕組みにより決められたと彼は捉えている。

　　　人ハ群居接家相聚合シテ国ヲ為スモノナレバ、唯我一人類タルコトヲ主トシテ国ノ事ヲ顧ミサレバ、国ハ一日モ成リ立ツコト能ハズ。社会ハ分離シ終ニ曩キノ自ラ労シテ一人類トナリタルモノ迄モ併セテ失フニ至ルナラン。人ト国トハ互ニ相密着結合シテ成ルモノナレバ、国ヲ捨テヽ別ニ人アルニアラス、亦人ヲ捨テヽ別ニ国アルニアラズ、国ノ強弱善悪ハ直チニ一人ノ身上ニ利害休戚ヲ及ボシ、人ノ賢愚幸不幸ハ直チニ一国ノ上ニ治乱興廃ノ成績ヲ顕ス者ニシテ、苟モ通常ノ考フル者ガ通常ノ眼ヲ以テ此人間社会ノ有様ヲ一目ニ見渡セハ、吾人々類ハ唯陸地ノ上ニ散在シテ居ルモノニアラスシテ、一国ノ中ニ群居シテ居ルモノナルコトヲ覚ルベキナリ。[2]

　ここで留意すべき点は、個人と国家との相互関係の説き方である。つまり、個人の「利害休戚」に影響を及ぼす「国ノ強弱善悪」と、国の「治乱

---

[1]　前掲能勢栄「国民の教育トハ何事ゾ」、6-7頁。
[2]　同上、9頁。

興廃」を左右する個人の「賢愚幸不幸」が同時に説かれている。そこでは、国力の強弱だけでなく、国としての善悪そして個人の幸不幸という要素が持ち出されている点が興味深い。言い換えれば、国力が弱く他国から侵略される場合だけでなく、国力が強くても自ら邪悪な行為（たとえば侵略）を行う場合に、個人（「一人ノ身上」）がダメージを与えられかねないことも、想定されている。他方、愚昧な個人が国の治安・安定を脅かす場合だけでなく、個人の不幸が国の頽廃につながるという場合も想定されていたのではないか。このように、国と個人の状態と運命が相互に影響しながら、もとより一体となっていることがここで説かれているのである。そうした発想から次のような主張が導かれた。

> 故ニ全国ノ児童ヲ教育シテ一国ノ良民トナシ以テ、一国ノ富強ヲ謀リ以テ社会ノ安寧ヲ謀リサヘスレハ、国モ盛ンニナリ、社会モ栄ヘ、一個人モ安楽幸福ヲ得ルナリ。若シ然ラズシテ一人類タルコトノミヲ謀レハ、一国ハ衰頽シ、社会ハ壊乱シ、従テ一個人モ亦亡滅ヲ免ルコトアタハサルニ至ルベシ。[1]

　教育を受けて一国民となることは、国の富強と社会の安寧のためではなく、一個人としての安楽幸福にもつながるという。逆に、「一人類タルコトノミヲ謀レバ」、つまり一国民としての自意識が欠けると、国と社会が壊乱に陥るのみならず、一個人としての自分も滅亡するだろう。ここで浮かび上がっているのは、個人の安楽幸福を得るための径路としての国と、国・社会の壊乱を防ぐための個人である。こうした常に国・社会との双務関係に置かれつつも、国・社会へのコミットを経由した形で自身の安楽幸福を追求する個人こそが、能勢が強調してやまなかった「国民」の内実であろう。その意味では、「一個人」・「一人類」がそこで「国民」という概念によって否定されたというよりも、むしろ国・社会との相互関係の中で「国民」として再定義されているともいえよう。言い換えれば、「国民」・「国民教育」というのが、個人と人類をつなぐための必須な媒介項として能勢は考えていたのではないか。詳細には立ち入らないが、こうした能勢の考えは、その論説を掲載した『国民之教育』創刊号の口絵にあった森の考え

---

[1]　前掲能勢栄「国民の教育トハ何事ゾ」、9 頁。

でもあったと思われる。その上で、仮説的ではあるが、そのような国民としての個人を生み出すためには、新しい「倫理」が必要だと森や能勢は考えていたのではないか。

3-2.『倫理書』草案と思われる寄稿の掲載

『国民之教育』誌上における能勢と菅の寄稿には、古代ギリシャに淵源する西洋倫理学の紹介、徳育における倫理学導入の必要性を唱えたものが多く見られる。特筆すべき点は、その中に当時起草中の『倫理書』草案と思われる内容も含まれていることである。

具体的には、1887年6月刊行の『国民之教育』第2冊掲載の菅の論説「倫理論綱・第一 行為ノ起原」と第3冊掲載のその続編「倫理論綱（承前）・意旨（ウキル）」はそれぞれ、後述する『倫理書』の第三章「行為ノ起原」、第四章「意志（Will）」のベースとなっていることが確認できる。すなわち、段落単位の削除も見られるものの、内容的にはかなりの程度重なる上に、ほぼ同一の文章表現も少なくない。たとえば、菅による「倫理論綱（承前）・意旨（ウキル）」では「凡ソ意旨ト称スルハ必ラス之ヲ行為ニ施スノ謂ニシテ中頃其意ヲ変易スルニ非レハ遂ニ実行スルモノナリ」[1]と書いているが、『倫理書』（3月版）では「凡ソ意志トハ必ズ行為ニ発スベキモノハ謂ニシテ中途変易スルニアラザレバ遂ニ決行スルモノナリ」[2]として、若干の語句と送り仮名のほかは、同じ表現である。また、第4冊掲載の能勢「倫理学・第一章 倫理学ノ意義」にも、『倫理書』の第二章「目的」と重なる箇所が見られる。この論説の前には、「本題ハ是マデ菅氏講述セラレシガ本号ヨリハ能勢氏代リテ講述セラル」という但し書きがある。その執筆者交替については、改めて第4章で検討するが、以上の事実は、『国民之教育』が『倫理書』編纂過程と密接にかかわって刊行された雑誌であることを証するものであることを指摘したい。

3-3. 儒教への否定的論調

また、『国民之教育』では、儒教に対する否定的な論調が前面に出されている。たとえば、第3冊には河田鱗也の「儒教放逐論」が掲載された。

---

[1] 菅了法「倫理論綱」、『国民之教育』第3冊（1887年7月）、28頁。
[2] 『倫理書』（「3月版」）、45頁。

それによると、二千年前の「野蛮社会」の産物である儒教を以て、現今「文明社会」に向かいつつある明治日本を支配することが最早できないどころか、むしろ「文明開化」の事業を妨害する恐れがある。そのため、儒教は古文学として残っても構わないが、社会を支配する政治・道徳思想の地位から放逐すべきだという①。それに続き、翌月に発行された第 4 冊には、河野於菟麿の「日本弘道会と日本道徳論」という、西村茂樹を名指して批判する論説が掲載された。同論説は前冊の河田論説における儒教批判を前提にした上で、西村のことを「世間の腐儒と同一視するものにあらず」と評価しつつも、「亦全く儒道を棄てらるるにはあらざる」点を批判し、「同君が往々にして孔孟の言語を其儘引用せらるるを好まず」という不満を露骨に表している。そして河野は、道徳の真理を唱えるには、「経書風に持掛くるよりは矢張り反訳風に持掛くる方却て現に効験ある」②といい、近年社会において道徳が台頭したのは、「西洋風の言語を用ひ西洋風の議論を以て往々其必要を説くものある」からだと述べている。同論説のすぐ後に、まさに「西洋風の議論」を「反訳風」に展開した能勢の論説「倫理学・第一章　倫理学ノ意義」が掲載されている。つまり、河野の論説を借りて儒教を捨てきれなかったと見做された西村の議論を退け、その代わりに『倫理書』のベースとなる能勢の論を登場させるという構成がなされていることになる。

3-4. 菅了法による倫理学教育の鼓吹―古代ギリシャと明治日本―

菅了法は『国民の教育』への投稿とほぼ時を同じくし、倫理学関係の著書も出版していた。彼はそこにおいて徳育における倫理学の導入の必要性を鼓吹してやまなかった。前章で検討した河田も『国民之教育』の主筆格の一人であったが、後述するように、主に西村茂樹や加藤弘之など特定の論敵の徳育論を批判する役割を果たした。それに対して、菅の議論は論敵を意識しつつも、むしろ新たな徳育の拠り所をどこに求めるのかという点に即して展開されていた。

---

① 河田鱗也「儒教放逐論」、『国民之教育』第 3 冊（1887 年 7 月）。実際、『国民之教育』の誌面では、儒教の復興を鼓吹した論説が皆無であり、唯一儒教を取り上げた寄稿「支那古文新学」（北村三郎）は、まさに河田が温存してもよいと主張した、中国の儒教思想を一種の古文学として扱う議論である。

② 河野於菟麿「日本弘道会と日本道徳論」、『国民之教育』第 4 冊（1887 年 8 月）、45 頁。

　では、なぜ菅は徳育の振興を倫理学の導入に託そうとしたのか。次には、『国民之教育』に掲載された彼の一連の論説を中心に、当時に菅の刊行した倫理学・哲学関係の書物も参照しながら、この問題を考えてみたい。

　著書『哲学論綱』の出版（1887年4月）に加え、菅は『国民之教育』には、「ソフィスト」（第1冊、1887年5月）、「ソクラチース行状及教育ノ手段」（第2冊、1887年6月）、「アリストーツルノ道徳論並図」（第12冊、1888年5月）などの論説を寄稿し、それらを通じて、古代ギリシャの哲学を紹介した。

　菅が同誌に、古代ギリシャ関係の論説を寄せ続けたことの意味とは何なのか。『国民之教育』の第6冊（1887年10月）に掲載された「倫理学の必要を論ず」において、彼はこの点について自ら説明している。

　　我国民の徳義は古来儒佛二教を以て維持し、佛の訓言と孔孟の格言とを以て道徳の標準とし、名僧知識の遺澤と聖賢君子の餘澤との為に薫陶せられて以て一個人の徳義を発達し以て社会の徳義を維持したれども、世態の変遷の為に佛教の勢力地を掃ひ学術進歩の為に孔孟の教義根拠を失し、我国民は全く徳義の標準を失ひ取捨進退の模範を失して最も危殆の域に臨めるものなり。[1]

　ここから分かるように、維新以来、儒教と仏教の勢力の喪失によって、「道徳の標準」の不在という事態が生まれたという認識が色濃く認められる。そして、菅はその危機を打開する道を、古代ギリシャの哲学に求めようとしている。すなわち、「上古希臘盛時の教育法」をもって明治日本の課題に対応しようと考えていたのである。そして、古代ギリシアにおける道徳状況の構図について彼は次のように描いている。

　　所謂「ソフィスト」の名を以て天下後世に知られたるもの是れなり。然れども、此一流の教育法は専ら人の才能を研き、学術芸能を進むるに在て、徳義の一段に至りては捨てて顧みざりき、是に於て大に古学者流の憤りを惹起し、此「ソフィスト」一流が神威を蔑如し子弟を傷くと云ふを以て其の国民に訴へ遂に国民の怒を誘起して大葛藤を生ずるに至れり、此時に方りて「ソクラチース」一派の諸賢崛起して一大法門を開き専ら倫理学を講説して以て一世の道徳を奨進し合せて後世

---

① 菅了法「倫理学の必要を論ず」、『国民之教育』第6冊（1887年10月）、24-25頁。

に垂れたるは蓋教育史中の一大開節なり。「ソクラチース」諸賢の意に以為く当時「ソフィスト」流の教育専ら技能の末に走りて徳義を顧みず……終に一世の綱紀を紊乱するに至りたれども、さりとて古学流の教育は以て此活発自由の人心を繋ぐに足らずと、因て自一派の哲学を開創して以て倫理道徳の一大学を興起したり。[①]

ここで菅の描いた構図によると、古代ギリシャでは、「技能の末に走りて徳義を顧み」ない「ソフィスト」の教育が道徳の退廃や人心の軽佻浮薄をもたらした。そして、綱紀の紊乱を憂えた「古学者流」が「ソフィスト」に対抗するため、古流の教育で人心を支配しようとする。その上で、いずれの立場にも与しないソクラテスが登場し、もっぱら倫理学を唱えたと記す。

では、菅はなぜこうした古代ギリシャの状況が明治日本の参考になると考えたのだろうか。同論説において、彼は「我国維新以来学問の大勢酷だよく昔日の希臘国民に類するものあるを見て、今後大に倫理学を振起するの必要あるを感ずる」[②]と述べ、両者の類似点を次のように挙げている。

　　先ず国に完全なる宗教無きことは相似たるの一なり……人心の変遷究りなく人々思想を懐きて活発自由を尊むことは両者酷た相肖たり（三）。古流の道学者が之を嘆息することも両者酷た相肖たり（四）。而して孔孟の道に弱点多く以て活発不羈の人心と繁維するに足らざることは当時神学の世道を繁維するに足らざりしと一般なり。[③]

すなわち、菅は古代ギリシャの構図の中に明治日本における特定の論者のカウンターパートを見出そうとしていることがわかる。逆説的ではあるものの、むしろ彼は日本にいる論敵を意識しつつ、意図的にギリシャの状況を紹介したとも考えられる。とすれば、菅は「孔孟の道」を以て人心を固結しようとする「古流の道学者」を批判した時、誰のことを想定したのか。勿論、明治 10 年代における儒教主義の徳育を推進した人々、とりわけ儒教の国教化を主張した元田永孚らがそれに十分当てはまると思われる。

① 菅了法「倫理学の必要を論ず」、『国民之教育』第 6 冊（1887 年 10 月）、24-25 頁。
② 同上、29 頁。
③ 同上。

それだけでなく、おそらく『倫理書』編纂委員であった西村茂樹もそこに含まれている可能性があるが、この点について次章で論じる。ここでは、菅がいかなる意味でギリシャ哲学に倫理の学としての期待をかけていたのかという点だけを確認しておく。

菅によれば、「古学者流」の議論に対して、ソクラテスは次のように主張している。

> 蓋し古流の徳義は愚信より生じ、愚信は無智より生ず、而して無智の行は道徳と名く可らず。蓋し道徳は智見の発揮するところにして智人の行は即ち徳なり。無智の行は即ち不徳なり。（中略）人とは智識道理の意義にして智識道理に背くは是れ人に非るなり……故に智識に由て行ふもの是れ人の當さに行ふへきところなり……即ち徳なり。故に徳の渾体は即ち智識なり。無智の行為は徳となすに足らず、而して不徳濫行は総へて無智より生ず。[1]

すなわち、「古学者流」の道徳論に対するソクラテスの批判も道徳に関わる「智識」対「信仰」の構図の中で展開された。ソクラテスは、「古学者流」が唱えた道徳の本体である「信仰」を「愚信」「無智」として退けることで、後者の信仰による道徳論を無効化する。一方、「古学者流」によって否定された「智識」を道徳の本体と位置付ける。ソクラテスの倫理学は、まさにこのような「智徳一体論」に基づいて成立した学問といえる。それゆえ、彼の倫理学は、ただ人間行為の正邪善悪の標準を「智識」や道理によって提示することに止まり、人間の信仰心を喚起する効用がそもそも期待されていない。

ソクラテスに習い、明治日本でも倫理学を振起しようとした菅の主張の背景には、そのような「智徳一体論」の受容が見られよう。ソクラテスの議論を紹介した後、彼自身も「説者以為らく……智とは原因にして徳とは結果なり」[2]、と前者に同調した見解を表明している。このように、道徳が智識のある人間による行為だと考える以上、道徳教育の主眼が智識の教授に置かれるのも当然であろう。そうした道徳に関わる智識は、人間行為の

---

① 菅了法「ソクラチースの行状及教育ノ手段」、『国民の教育』第二冊（1887年6月）、65頁、67頁。
② 前掲書『哲学論綱』、158頁。

正邪善悪を弁明するための道理という意味での倫理学ほかならない。

　このように、『国民之教育』は、新たな徳育の内実がギリシャ哲学に求めるような「智徳一体論」的な立場の重要性を宣伝する媒体としての性格を備えていたと考えられる。

おわりに

　本章では、『倫理書』編纂委員として森文相に委嘱された5人の人物の来歴と1887年前後の動向を跡付けながら、『倫理書』の起草段階を確認した。

　『倫理書』の編纂過程は、能勢と菅を中心に高嶺秀夫や国府寺新作も加わって、最初の草案が形成された第1段階（1887年5月以前）、高嶺と国府寺が退く一方で、西村・嘉納・デニングが加わった第2段階（1887年5月〜1888年3月）、パイロット版を出して加藤弘之・中村正直・福沢諭吉など広く識者の意見を仰ぎつつ手直しを加えた第3段階（1888年3月〜1888年10月）に分けられたと論じた。そのうえで、この第2段階の始まりと同時に刊行された雑誌『国民之教育』に着目した。

　雑誌『国民之教育』の誌面構成・発行部数などの書誌的な事項を中心に、同誌に関わる基本的情報を整理してきた。そこから浮かび上がってきたのは、『国民之教育』が、民間で刊行された雑誌という形態をとりつつも、文部省の意向と密接にかかわっていたという事実である。

　その根拠として、次のようなことを指摘できる。第一に、雑誌の執筆者が少数の人物に偏っており、文部書記官であった能勢が主筆格の存在として、毎冊欠かさず寄稿していた。能勢に次いで寄稿回数の多い河田鱗也の論調は能勢のそれと極めて近いものであり、能勢と河田に次ぎ、多くの論説を執筆した菅は、能勢とともに文部省による『倫理書』編纂事業に携わっていた人物であった。第二に、『国民之教育』の発行部数についての考察からは、1冊あたりの価格は廉価であるにもかかわらず、半数近くが有償頒布ではなく無料配布であった。この事実は、この雑誌が「小学校教師社会」という当時形成されつつあった読者市場と必ずしもうまくかみ合っていないことを示唆している。また、「学」の欄において中等学校教員を読者として意識した連載は、小学校教員よりも中等学校教員を読者市場として開

拓していこうとする姿勢を示すものとみなすことができる。

　こうした事実を踏まえるならば、創刊冊の巻頭の「図／像」欄に森文相の肖像画が掲げられた事実も、象徴的な意義を持つといえる。というのも、森文相自らが寄稿することはないものの、この雑誌が森文相の意向に忠実であろうとする人々により発刊されたものであると最初に宣言したとも見做すことができるからである。『国民之教育』は多様な論者がそれぞれの意見を闘わせる言論空間であるよりも、文部省の政策の宣伝媒体としての性格を色濃く持っていた。そして、そこで発せられたメッセージの眼目のひとつは、「国民教育」という概念の重要性であり、もう一つはギリシャ哲学を範とする「倫理」概念の提唱であった。それは、恐らく「古学者」流のモデルとされた元田永孚のように「日本固有」「日本特殊」なものに固執する立場とも対立していた。同誌それ自体は論争的空間を構成する場ではなかったものの、当時の様々な教育構想をめぐる論争的な関係の中の、重要な構成要素の一つであったと言える。

　また、この『国民之教育』の誌面から、編纂の第2段階における編纂委員の力学関係の変化も窺える。5人の編纂委員のうち、同誌に頻繁に寄稿した菅と能勢は、第1段階に続き、第2段階においても、最も深く起草にコミットしたメンバーだと推定できる。また、創刊の祝辞と論説を寄せたデニングも、能勢・菅と近い立場にあったと考えられる。一方、前述した二通の辞令から、嘉納が文部省から臨時編纂事務嘱託を受け、3月版完成直後にその嘱託として「勤勉の功が認められる」という事実は確認できるが、編纂委員として具体的にどのように関わっていたのかが不詳である。だ、『国民之教育』には一度も寄稿しなかったこと、3月版完成の翌月に『倫理書』の趣旨と明らかに齟齬のある論説「倫理学は中学生徒に教ふべきものにあらず」を雑誌『教師之友』（第12号）[①] で公表したことには留意すべきである。それに、『教師之友』に掲載された嘉納の論説のうち、『倫理書』

---

① 表2-2を参照のこと。田中智子も嘉納が『教師之友』に寄稿したことに着目し、嘉納や能勢の寄稿を掲載した同誌が『国民之教育』と並び『倫理書』編纂をめぐる「言論空間」の一角をなしていたはずであると指摘している。前掲田中「『倫理書』編纂事業の再検討」の注28 参照。確かに、能勢は『教師之友』にも寄稿したが、本章の表9から分かるように、寄稿回数から見ても、『国民之教育』へのコミット具合とは同日に語るべきものではない。

編纂の第 2 段階の最中に寄稿されたもの [①] があるものの、それらの論説の内容は、『倫理書』と重なる部分が皆無に近い。その点では、『国民之教育』に掲載された菅・能勢の寄稿とは違い、3 月版の草案と思わせるほどのものとは言えない。推測の域を出ないが、形式上に 3 月版が仕上がるまでに編纂にかかわった彼は、恐らく能勢らとは見解の距離があるため、関与の具合がさほど高くなく、編纂作業においては比較的に周縁的な存在であったのではないかと思われる。

　他方、西村は『国民之教育』に全く寄稿しなかったどころか、むしろそこで批判の対象とされた。その事実は、『倫理書』編纂をめぐる協議の過程で、能勢らとの意見対立により、編纂過程から排斥された可能性を示唆している。河野於菟麿の論説「日本弘道会と日本道徳論」が掲載された 1887 年 8 月の段階では、編纂委員のなかで、『国民之教育』の主筆格となった能勢・菅及びデニングと、西村との対立関係が顕在化しつつあったのではないかと推察できる。次章では、『国民之教育』を宣伝媒体とした能勢・菅・デニングが誰に対抗し、何を発信していたのかについて、論争史的視点から捉えていきたい。

---

① 　嘉納が 1888 年 5 月から翌年 3 月のあいだ、『教師之友』に寄稿した論説は「倫理学トハ如何ナルモノゾ」（第 1 号）、「倫理学カ諸学科中ニ占ムル所ノ地位ヲ論ズ」（第 2 号）および「倫理学ノ地位ヲ論ズ」（第 7 号）という三本がある。本章の表 2 を参照。

第3章 『倫理書』の編纂背景における論争関係

はじめに

　前章では、『倫理書』の編纂過程における3段階を確認し、特に第2段階にかかわった、能勢栄・菅了法・西村茂樹・嘉納治五郎・デニングという五人の編纂委員の動向を跡付けながら、起草を中心的に担うことになった能勢と菅が密接にコミットした雑誌『国民之教育』が森文政の宣伝媒体としての役割を持つことを明らかにした。本章では、引き続き『倫理書』編纂の第2段階、つまり『国民之教育』が発刊された1887年5月から、『倫理書』のパイロット版が完成した1888年3月までという時期を中心に検討する。そのことを通じて、『倫理書』が何に対抗し、いかなる徳育理念を提示したのかを解明し、当時の徳育をめぐる論争軸の所在とその意味を考察する。

　そのことを考える上で重要だと考えるのは、森文政の徳育構想における宗教の位置づけである。というのも、明治日本の近代化のモデルとされていた西洋のキリスト教圏では、長い間、国民の徳育は宗教が担っていたことを、当時の知識人は強く自覚していたからである。序論でも触れた加藤弘之が大日本教育会常集会で行った宗教による徳育を唱えた演説（「徳育に付ての一案」、1887年11月）とそれがもたらした教育ジャーナリズム上の「徳育論争」と呼ばれるような事態は、そのことを端的に表わしている。とすれば、この時期に第2段階を迎えた『倫理書』編纂事業は、上記の加藤による宗教利用論の提唱といかに関わるのか、関わらないのか、両者の関係の検討は、森文政の徳育構想の特質を捉える上で欠かせない作業となろう。

　この点にかかわって、森文政研究の立場から『倫理書』編纂と宗教の関係に関する田中智子の指摘が注目に値する。田中は、『倫理書』からの宗教的要素の排除について、主に徳育が個別の「宗門」に拠らないという森の鉄則に即して把握しながら、「『徳育論争』がかまびすしき折柄」の、「森の思いつきとでも感じられた事業の結晶、そして破綻が『倫理書』であった」と述べるように、「徳育論争」が『倫理書』の出版された背景にあることを示唆している ①。そうだとすれば、『倫理書』編纂自体は「徳育論争」の諸論議とのあいだに、ある種の呼応／対抗関係があり、互いの主張言説を意識しながら、自らの議論を展開していた側面があったのではないか。その仮説を検証するために、本章では、田中が立ち入らなかった、「徳育論争」と『倫理書』編纂との関係性について、論争の火付け役であった加藤の宗教利用論とそれに対する『倫理書』起草側による反論と見られる論を中心に検討を加えたい。

　この問題を検討する上でのポイントは、『倫理書』編纂過程における西村の立場の変化にある。

　そもそもなぜ西村が『倫理書』の編纂委員に嘱託されたのか。起草過程から降りたと思われる彼と起草メンバーとの共通する土俵とは何なのか。加藤の宗教利用論に反対する立場にあった両者は、それぞれ宗教の何を批判し、またいかなる意味で宗教を徳育から排除しようとした／しなかったのか。これらが本章の問いである。

　上記の問題に答えるために、以下では『倫理書』編纂における西村の立場の変化を明らかにし、その背後に繰り広げられた論争的関係について考察する。とりわけ、当時の教育界で「徳育論争」を引き起こした加藤の宗教利用論と、それに対する西村と『倫理書』起草関係者の批判を検討することで、森文政期の徳育をめぐる多様な対立軸の存在とその意味を明確化したい。

---

① 　前掲田中論文「『倫理書』編纂事業の再検討」。

1. なぜ西村茂樹は編纂委員に嘱託 されたのか―共通の土俵―

1-1. 徳育の「標準」喪失への危機感と西洋倫理学の導入

　なぜ西村茂樹は、なぜ編纂委員を嘱託されたのか。『倫理書』編纂に関わる森自身の考えが窺える資料は限られているが、編纂事務に関わる人事の決定権を持った森が、西村の『日本道徳論』を「中学以上の教科参考書と為すべし」と称賛したという西村自身の回想は、重要な手がかりとなる。すなわち、『日本道徳論』には、『倫理書』の編纂意図と重なる認識があると考えられる。そこで、次には、『国民之教育』における菅了法の議論と比較しつつ、西村の『日本道徳論』を検討したい。同書は 1886 年 12 月の帝国大学の講義室における講演記録で、翌年 4 月に西村金治より刊行された。

　『日本道徳論』において西村は、「天下ニ道徳ヲ説クノ教」を「世教」と「世外教」と分類し、儒教と西洋哲学を前者に、仏教やキリスト教などの宗教を後者に属するとしている。彼によれば、「世界万国、既ニ国アルトキハ必ズ世教、世外教ノ一種アラザルハナシ、世教ハ道理ヲ主トシ、世外教ハ信仰ヲ主トス、皆以テ人心ヲ固結シ、又人ヲシテ悪ヲ去リテ善ニ就カシムルニ非ザル者ナシ」。つまり、世界中のどの国でも、必ず一つの「教」をもって勧善懲悪の「標準」とするという。ところが、日本の場合、維新以来、「道徳ノ標準トスル所ノ儒道ヲモ廃棄」したため、「道徳ノ根拠ヲ失ヒ……民ノ道徳漸ク退廃ノ兆ヲ萌セリ」と西村は嘆いた[1]。子安宣邦によれば、西村は、明治維新という近代化への変革を経由した日本における道徳的空白状況の現出を憂えている。また、その状況は、「前代までの日本の指導層の道徳的エートスを形成してきた儒教の廃棄とともに生じた空白である」と子安は論じている[2]。

　前章で論じた通り、菅了法も、同 1887 年 10 月刊行の雑誌『国民之教育』に寄稿した論説「倫理学の必要を論ず」においても、徳育の「標準」が不在だという認識を表していた。「凡て宗教〔菅は儒教をも宗教と見ている――引用者注〕は国民の徳義を発達せしむる最大原因」と見る菅は、次に

---

[1]　西村茂樹『日本道徳論』、前掲書『増補改訂　西村茂樹全集』第 1 巻所収、104 頁。
[2]　前掲子安宣邦『漢字論』、114 頁。

ように述べている。「支那人の儒教に於ける……西洋人の耶蘇教に於ける」ように、日本では、昔人々は儒教と仏教の教義によって、正邪善悪の区別をなし、二教の訓言を以て取捨判断の標準となしたものの、維新以来、佛教も儒教も勢力がなくなったため、国民は「徳義の標準」と取捨進退の模範を失ったという ①。西村は儒教を「世外教」（宗教）以外のものと見ていたのに対し、菅は儒教も宗教に含めている点は異なるものの、徳育の「標準」の喪失に対する危機意識は西村と菅が共有していた。それは、彼らが『倫理書』編纂委員会に集まって議論することの前提をなす認識であったと考える。では、徳育の「標準」をどこに求めるのか。森は、従来文部省が実施してきた学制的な「主知主義」路線でもなく、元田永孚流の専ら儒教に基づいた徳育でもなく、いわば「第三の道」と言える国民教育を目指したといわれている ②。『倫理書』がその一環だとすれば、それがどのような構想と論理に基づいて作られようとしたのか。

　前章で検討したとおり、菅の結論からいうと、「標準」を失った明治日本において「我教育家究竟の手段として依頼すべきはただ倫理学を振起するの一事」である。すなわち、古代ギリシャに淵源する倫理学こそが、「標準」なき明治日本の徳育の難局を打開する方法だと菅は考えていた。前章で述べたように、菅は西本願寺という宗門に属する人物であったものの、徳育の「標準」として仏教をこそ教えるべきだというような見解は全く示していない。

　一方、西村の場合はどうだろうか。ここで着目すべきは、『日本道徳論』において学制の主知主義を批判しながら、儒教をも批判の俎上に載せ、「専ラ儒道ノミヲ以テ本邦道徳ノ基礎ヲ立テントスルハ、今日ニ在リテハ亦能ハザル所ナリ」③ と断言していることである。その点において、彼は元田とは一線を画す存在といえる。さらに彼は西洋哲学について「理ヲ以テ師トシ人ヲ以テ師トセザルニ由リ、卓識ノ士出ル毎ニ、古人ノ所見ノ上ニ更ニ一層ノ発明ヲ為シ、歳月ヲ経ルニ従ヒテ、其学問漸々精微深遠トナルナリ」④ と称賛し、アリストテレスの名前を挙げながら、ギリシャ哲学の要素

---

①　菅了法「倫理学の必要を論ず」、『国民之教育』第 6 冊（1887 年 10 月）、24 頁。
②　本山幸彦『明治国家の教育思想』（思文閣、1998 年）、197 頁。
③　前掲『増補改訂　西村茂樹全集』第 1 巻、116 頁。
④　同上、118 頁。

を自らの議論に取り込んでいる。さらに、西村は、『心学講義』（1886年）という著書において、アリストテレスに淵源する西洋のメンタル・フィロソフィーとしての心理学（サイコロジー）の議論を、「情感」（アッフェクション）、「物欲」（デザイル）や「意性」（ウヰル）などのトピック（その多くは『倫理書』の構成に類似する）に即して展開してもいる。この著書は、日本講道会員を対象に西洋心理学の講義を開いた際のテキストとして出版したものである。西村の学問形成について検討した葛睿も触れたように、西洋心理学に着目したきっかけについて西村は1882年にHubbard Winslow (1799—1864) の著作 Elements of moral philosophy: analytical, synthetical, and practical (1856) を翻訳した際に語ったことがある①。「凡そ西国の学問の法則に依るときは、道徳学を学ぶの前に先づ人心学を学ぶを以て学問の順序と為す、其故は道徳は行作に顕はるる者なれども、其本は皆心より出づることなれば、心の性能体用を知らさるときは、道徳の本義を了得すること能はざる者なればなり」②という。そして、彼は、儒教にせよ、仏教にせよ、心を修養の対象として捉えるだけで、心そのものを体系的な学問研究の対象として捉えてこなかったと判断したため、心の学問を古代ギリシャの哲学者アリストテレス以来の学問伝統、すなわち西洋のメンタル・フィロソフィーとしてのサイコロジーに求めるほかはないと考え、『心学講義』を著述したと指摘されている③。

　このように、儒教を絶対視せず、西洋哲学の意味と意義をよく理解していた西村は、哲学を一つの土台にしつつ、徳育の「標準」を定めることを考えた。この点では、西村は菅と見解を共有していたと言える。すなわち、菅は仏教、西村は儒教を自らの基本的な素養としながらも、国民レベルでの徳育の「標準」の制定にあたっては、一方でこれらの自らの依って立つ基盤を相対化し、他方でギリシャ哲学に学びながら、新たな徳育を構築することを必要と考えていたのである。

1-2. 道徳における諸「教」の位置づけ—「真理」のあり方—

　もっとも、西村が当初森の信用を得られたより根本的な理由は、前述の

---

① 前掲葛睿博士学位論文『西村茂樹の思想的研究: 学問・宗教そして道徳』、80頁。
② 西村茂樹『道徳学（殷斯婁氏）』（大井鎌吉、1882年）、1－2頁。
③ 尾田幸雄「解題『心学略伝』及び『心学講義』」前掲『増補改訂　西村茂樹全集』第3巻参照。

西洋哲学理解という次元よりも深いところにあったと思われる。森に称賛されたと言われる『日本道徳論』の核となる、道徳の「標準」の所在にかかわる主張に注目したい。そこで西村は、「余ガ道徳ノ教ノ基礎トセントスル者ハ儒教ニ非ズ、哲学ニ非ズ、況シテ仏教ト耶蘇教トニ非ザルハ勿論ナリ、然レドモ亦儒道ヲ離レズ、哲学ヲ離レズ、仏教耶蘇教ノ中ヨリモ亦之ヲ採ルコトアリ」と述べたうえで、諸「教」――特に彼のいう「世教」にあたる儒教と哲学――のなかから、「真理ニ協フ者ヲ採リテ是ヲ日本道徳ノ基礎ト為スベシ」[1] と主張している。さらに、その「真理」の特質について彼は次のように説明していく。

> 真理ノ外ニハ天地間ニ一モ完全無欠ナル者ハ非ズ。真理ハ其高キヨリシテ之ヲ言ヘバ、三千年来ノ哲学モ五千余巻ノ仏経モ其上ニ出ルコト能ハズ、其卑キヨリ之ヲ言ヘバ愚夫愚婦モ皆ヨク之ヲ理解シ、之ニ遵行スルコトヲ得ベシ、宗門モナク学派モナク、世界万国何レノ地ニモ行フベカラザルノ処ナシ。[2]

つまり、西村は普遍的な「真理」を持ち出すことによって、特定の「宗門」や「学派」として表現される既存の価値体系（「道徳ノ教」）を相対化し、それらの実体としての利用を否定する。西村にすれば、特定の「教」そのものがそのまま徳育の「標準」になるわけがなく、とはいえ、徳育の「標準」がそれらの価値体系と無関係なところから作られるわけもない。それぞれの「教」には「真理」に合う要素があると見る西村は、合理性の高い儒教と哲学の一致するところから「一定ノ主義」を立て、それによって諸「教」の説を取捨することを通じて上記の「真理」を把握すべきことを唱えている。そしてその「真理」は普遍性を有するが故に、高遠でありつつも、卑近でもあり、「愚夫愚婦モ皆ヨク」理解できる、いわば常識のようなものとされる。

では、『日本道徳論』を称賛したとされる森は、『倫理書』の編纂にあたってどのように考えたのか。その点について、1890 年 10 月に出版された能勢の『徳育鎮定論』においては、次のような回顧が見られる。

---

[1]　前掲書『増補改訂　西村茂樹全集』第 1 巻、123 頁。
[2]　同上、118 頁。

　　森有礼君が文部大臣たりし時、今の世に孔孟の教を唱ふるは迂闊なり、宗教は
教育部内に入る可き者にあらず、左りとて哲学家の論を採用すれば、何人の説を
取るとも、必ず其の反対者の駁議を免るるを得ず。故に宗教にも頼らず哲学にも
倚らず、広く人間社会を通観し此の世の中は自己と他人との相ひ持ちにて自他相
共にすれば世の中は太平無事に治まり、自他相反すれば騒動が起ると云ふ有様
を見て、自他並立という説を考え出し、之を以て徳育の主義と定めんとて。①

　森は、西村と同様に、特定の「宗門」や「学派」にも依拠しない形で徳
育の「標準」を定めようとしていたことになる。森のこうした発想が、『倫
理書』編纂委員の人選に現れているともいえる。そして、後に出版された
『倫理書』のテキストでも、この点は基本的なスタンスとして貫かれている。
そこには、宗教の教義が一切入っていないばかりでなく、西洋倫理学・心
理学の議論をベースにしながらも、ソクラテス曰くというような形で特定
の学者の説の援引もない。さらにそのスタンスを示すのは、『倫理書』の
次のような叙述である。「善悪ヲ判定スルニ於テ其ノ標準トスル所ノモノ
ハ一様ナラズ……古来学者見解ノ異同アルニ係ラズ、通常ノ知覚ニ徴シ公
平ノ眼ヲ以テ人類社会ヲ通観セバ自ラ一條ノ標準常ニ存シテ社会ノ間ニ行
レ、而シテ何ノ時何ノ国ヲ問ハズ其ノ善ク行ルル所ヲ道徳ノ社会トス」②。
いつの時代にも、どこの国にも通用するような普遍的な「標準」の存在を
提起した点は、前述した西村の「真理」に関する議論と軌を一にしていよ
う。また、その「標準」を把握するための「通常ノ知覚」について、「親
切適度信実ハ善ニシテ残酷虚妄過度ハ悪ナリト謂フニ於テハ更ニ異論ス
ル者ナク亦天下ノ人心モ広ク許ス所ナリ」③との説明があるように、西村の
言う「愚夫愚婦モ皆ヨク」理解できるような常識にほかならない。道徳の
「標準」をそうした常識に相通じる「真理」に求めようとした西村のスタ
ンスは、森の共感を得たに違いない。
　しかし、実際に、『倫理書』の編纂過程で、森・能勢・菅らと西村の立場
の相違が浮かび上がっていく。その分岐点はどこにあったのか。あらかじ
め仮説的な見通しを述べておくならば、能勢の回想の文言にあるように森

①　前掲能勢栄『徳育鎮定論』、3 頁。
②　『倫理書』「3 月版」、51、55 頁。
③　同上、14 頁。

が「宗教は教育部内に入る可き者にあらず」という立場を堅持しようとしたのに対して、西村は宗教の喚起する「尊信」の機能は徳育に不可欠と見做していたことが、決定的な齟齬であったと思われる。そして、このような両者の対立軸を刺激し浮き立たせる要因となったのが、『倫理書』編纂事業の最中に出現し、教育界に大きな波紋を起こした加藤弘之の宗教利用論であったと考えられる。

2. 加藤弘之の宗教利用論をめぐる攻防──「徳育論争」における三角関係──

2-1. 加藤による宗教利用論の提唱

　第1章で述べたように、「倫理」科が設置されてしばらくのあいだ、いわば翻訳教科書と儒教の経書を併用するような曖昧な態勢が続いた。「倫理」科の教育方針とはいかなるものか、そもそも「倫理」とは何かをめぐって、教育界の疑問と不満が募る一方であったと思われる。1887年、文部省は「倫理」科向けの本格的な教科書として『倫理書』を編纂する運びになった。同年5月に創刊された雑誌『国民之教育』には、『倫理書』の中心的起草者だった菅と能勢が執筆した同書の草案と思われる寄稿や、徳育における西洋倫理学導入の必要性を唱えた論説が、6月から10月にかけて相次いで掲載された。

　こうした状況のもとで、東京学士会院会長加藤弘之は、同年11月12日に大日本教育会の常集会において、徳育における宗教利用の必要を鼓吹する演説を行った。同演説は教育ジャーナリズム上の徳育論を沸騰させ、「徳育論争」と呼ばれる状況を醸成した。これまでほとんど着目されてこなかった事実であるが、そのおよそ一ヵ月前に、加藤は既に同趣旨の講演を行っていた。加藤は10月9日、第一高等中学校内帝国大学講義室で開催された日本弘道会の集会で、「道徳の主義に就て」と題する演説をした[1]。翌月発行の雑誌『学海之指針』第5号に掲載されたその演説稿の末尾に、

---

[1] 『弘道会雑誌』初編第一冊（1887年11月）の「本会記事」欄では、加藤の演説について次のような報道が見られる。「同十月九日第一高等中学校内帝国大学講義室ニ於テ集会ヲ開キ客員加藤弘之会長西村茂樹演説ヲ為ス」。

加藤自身による次の断り書きが付している。「小生此速記法ニテ出来タル
演説ノ稿ヲ校正スルニ際シ、頗ル該演説ノ不充分ニテアリシコトヲ発見セ
リ。幸ニ来ル 12 日ニ大日本教育会ニテ、矢張此趣意ニ近キコトヲ演説スル
筈ナレバ、読者諸君ハ更ニ他日教育会雑誌ニ□（引用者注：判読不能）テ、
小生ノ主義ノアル所ヲ詳悉セラレンコトヲ希望ス」というのである①。すな
わち、よく知られている大日本教育会での演説は、同演説の延長線上にあっ
たことが分かる。

　日本弘道会は西村茂樹が立ち上げた日本講道会が、1887 年 9 月に改称し
たものである。加藤は西村の招きにより、この西村のホームグラウンドと
も呼ぶべき場で、客員として講演したのである。では、加藤はどのような
思いでこの演説をすることになったのか。彼の前置きに次のような説明が
ある。

　　　私は此の会に出たのは始めてで、まだ本当の会員というのではないが、今まで
　　講道会と云って道を講ずる会で有ったのが、今度は道を弘める会と云ふことに改
　　めて盛大にする積りだから、会員になれと云ふことを西村（茂樹）さんから言って
　　きました。規則には道徳に志しが有る者は、学派は何でも構はないと云ふことが書
　　いて有るが、私の考は諸君のお考えと大変に違ふだろうと思ふから、主義が大変に
　　違って居ながら同じ会に這入るのはどっちも不都合でありはしないかと思ひます。②

　それまで日本弘道会またその前身となる組織とかかわりを持ってこな
かった加藤は、西村による入会勧誘を受け入れなかった。というのは、彼
は自分の考えが西村と「よほど違ふ」もので、日本弘道会の会員からして
は「異端邪説」にほかならないという自己認識があったからである。加藤
からすると、「本会ノ主旨ハ邦人ノ道徳ヲ高クシ、兼テ道徳ノ真理ヲ講究ス
ルニ在リ」という日本弘道会の綱領に掲げられた主旨の順番は適切なもの
ではなく、もっぱら「道徳ノ真理ヲ講究スル」ことを目標とする、改組前
の日本講道会の綱領のほうが納得の行くものであった。具体的に、「道を
講ずると道を弘めるとは一つではなく、哲学上で道を講究したところで、

①　加藤弘之「道徳の主義に就て」『学海之指針』5 号、19-20 頁。その日付が「明治二十年
　　十一月一日」となっている。
②　同上、1 頁。

其れで日本人の道徳が高くなると云ふことは出来ない」と加藤は考えていた。

　「六ヶ敷哲学の道理を研究した」ことは「唯学者の仕事であり」、これで「道徳をよくすると云ふことは出来はしない」という認識を開陳したうえで、「道を弘める」のは「宗教の道徳より外には仕方が無い」と断言している。なぜなら、「一体の道徳を高くする為めには拠りどころの有るものがあって、極めて有難いとか、恐ろしいとか云ふものが無ければ、迚も一般の道徳を高くすると云ふことは出来ない」からである。従って、道徳を弘めるうえで、学校教育はもちろん、「学者の中でも哲学者などに関係しない人は、政治家でも、商業家でも、宗教を信ずる方が宜かろう」と加藤は主張している。宗教による教育・教化の鼓吹の向こう側にあるのは、「道理」に訴える徳育への強い否定である。西村は、先述した『日本道徳論』で「世外教」としての宗教に頼らず、普遍的な「真理」に基づいた徳育が必要と論じていたわけだが、加藤の論は、これに真っ向から対立するものであった。加藤が『日本道徳論』を読んでいたことは確証できないが、少なくとも西村との対立に自覚的だったからこそ、「私の考は諸君のお考えと大変に違ふだろうと思ふ」と述べたのであろう。

　日本弘道会における演説の延長線上で行った翌 11 月 12 日の大日本教育会常集会での講演では、加藤は、維新以来、従前「上等社会」の道徳を維持してきた儒教と武士道の失墜によって、「日本少年の依頼すべき道徳の大本たるものは、殆ど亡滅したる」と述べた後、当時の中小学校の徳育教科書の使用状況への不満を吐露している。

　　　今日迄の處にて中小学に於て教ふるところの修身学の様子を窺ふに……修身
　　教科書の中には直に論語孟子等を以て充るもあり、或は西洋の翻訳書もあり又は
　　支那主義西洋主義などをゴタマゼに致して新に編輯したものもあり。又例へは下
　　級に於てはゴタマゼの教科書によりて教へ、上級にいたれは論語とか孟子とか云
　　ふ様なる純粹の支那主義を教ふる学校もあると云ふ次第の様に見へます。①

　ここで加藤が挙げた、儒教の経書や西洋の翻訳書をそのまま徳育の教科

---

① 　加藤弘之『徳育方法案』（哲学書院、1887 年）、3 頁。

書に充てるような事態は、前述した通り、文部省の取った過渡的措置にほかならない。また、第一章で指摘したように、西村自身の編集した『小学修身訓』も、まさに和漢洋折衷主義的な性格を備えていた。加藤は、そのような教科書を「ゴタマゼ主義」とやり玉に挙げ、「学者や教育家が道徳哲学論などより抜抄して編輯したゴタマゼ主義の教科書抔では決して出来るものでない。道理づめに固めた教科書などで出来るものでない」とし、「道理」による徳育の有効性に強い不信感を吐露している。では、どうずればいいのか。加藤の結論からいうと、「中小学校の修身学には到底宗教に属したる道徳でなければ効益がない」。その理由について彼は次のように述べている。

　　　徳育は元来智識によるものではなく、重もに感情に依るものでありますから、何としても難有い畏ろしいと云ふ最も不可思議なる本尊様がなければなりません。左様な本尊様がなければ、感情といふものは起るものではありません。夫故小生は哲学主義の徳育抔とは以ての外のことと思ひます。哲学は知識を開くものであります。一般の実地道徳を開くことは哲学では出来るものではありません。道徳哲学と道徳教育とは丸で別物であります。[1]

　つまり、加藤は道徳教育を、智識ではなく、専ら感情の次元で捉えていることになる。そのため、宗教の「本尊様」を借りて人々の感情を喚起させるアプローチを徳育の方法として唱えたのである。それと同時に、こうした感情による徳育とは対極にある「哲学主義の徳育」を執拗に批判し、道徳哲学の要素を、徳育の領域から排除しようとしている。

　では、加藤に頗る反感を与えた「道徳哲学論などより抜抄して編輯した」教科書は具体的にいかなるものであり、どれくらいあったのか。第一章で指摘したとおり、加藤が演説した時点では、「倫理」科の教科書として新たに編纂・出版されたものは、井上円了の『倫理通論』（普及舎、1887 年2 月）と、フリッケ著・松田正久訳『布氏道徳学』とフランクの『修身原論』のみである。そもそも「倫理」科ではいかなる方針の教育が展開されていくのか、どのような教科書が相応しいのかについて、文部省からまだ明確

---

[1]　加藤弘之『徳育方法案』（哲学書院、1887 年）、12 頁。

な指針が打ち出されていなかったのである。

　その意味では、『倫理書』編纂に携わっていた能勢らが『国民之教育』を通じて『倫理書』の草案にあたるものを公表していた事実は、加藤の仮想した論敵を考える上で重要な意味を持つ。そこでの徳育理念は、「徳の渾体は即ち智識なり」という古代ギリシャのソクラテスの思想に淵源するものであり、前述した加藤の徳育観とは真正面から衝突するものであった。加藤は右の演説で、能勢や菅の議論に直接言及しているわけではないものの、西村が『日本道徳論』において、能勢や菅が『国民之教育』において示したスタンスが文部省による徳育方針となろうとしていることに危機意識を抱いていた可能性が強い。大日本教育会の常集会は、そうした危機意識を吐露するのに絶好の場だったとも考えられる。

　では、加藤はどのような宗教に依拠しようとしたのか。加藤の考えた宗教による徳育の実施方法は、中小学校に神儒仏耶の修身科を設け、教師は神官・儒者・僧侶・宣教師に担当させ、生徒はそのうち一教の授業を選択すればよいというものであった。かつ、各教派に経費を負担させ、生徒の在校中また退学後の品行により、徳育効果の高い宗派を定着させるという簡略な方案を提起している。もっとも、この実施案に関する部分は、演説全体において僅かな比重しか占めない。翌年の大日本教育会第五回総集会の場でも、この実施案に対する様々な疑問や批判に対し、加藤は「斯カル細密ノコトハ知ラヌノデス」といい、「只宗旨ヲ以テ其根ヲ固メタイト云フノガ私ノ精神デス」と語った。ここからも窺えるように、「宗教嫌い」を自認した加藤の論は、自身が熟考した宗教による徳育のビジョンを展開するというよりも、彼にとっての「敵」となる「哲学主義」の徳育への批判に力点を置いており、その「敵」を倒す武器をとりあえず宗教――加藤の理解では、そこには儒教も含まれる――に求めようとしたと考えて差支えないであろう。

2-2. 西村らによる加藤弘之への反撃―宗教の非合理性への批判―

　そうした加藤の宗教利用論に対し、いち早く反論したのが西村茂樹である。加藤が客員として日本弘道会で挑発的な演説を行った翌月（大日本教育会での演説の前後）に、西村は下野喜連川教育会で行った演説で、次のように批判を展開した。「近日学士社会に日本の道徳は宗教に頼るべしと言

ふ者あり、実に大なる謬見と云ふべし。……日本には完全なる道徳の教あ
りて宗教に優ること万々なれば、決して之を宗教に求むることを要せざる
なり」①。ここでは加藤の名前が直接触れられていなかったものの、当時に
東京学士会院会長である加藤が「学士社会」の代表とも言えることを考え
ると、西村が批判していたのは加藤と考えてよいだろう。また、宗教に優
る「完全なる道徳の教」というのは、『日本道徳論』における「世教」(儒
教と西洋哲学)のことであろう。つまり、徳育に、宗教の徳育への導入を断
固斥ける西村の持説がここにも貫かれている。

　とすれば、そもそもなぜ西村は儒教と哲学が「宗教に優る」と見ていた
のか。葛睿が西村の思想研究の立場から指摘したように、西村の宗教観を
支えていたのはコントによる社会発展の三段階法則であった。それによれ
ば、社会は「神跡の時代」から「形而上の時代」へ、そして「実在の時代」
へと進化していく。『日本道徳論』における、「人智益々開クルニ従ヒ、神
異ヲ信ズルノ念ハ日ニ消シ、道理ヲ信ズルノ念ハ日ニ益ス」という記述も
上記の認識によるものだと考えられる。このように、「信」から「知」へ
と向かう人類史の認識に立脚した西村は、宗教による「妄言」を乗り越え、
「愚昧」な「世の人」の「知」を開き、「真知」の道に導くことこそが教育
の本務と捉えている②。そうした西村の考えは、『国民之教育』の論調とも
重なっていた。

　加藤の演説稿は、大日本教育会常集会と同じ月に、『徳育方法案』(哲学
書院、1887 年 11 月)という冊子として出版された。その 3 ヵ月後の 1888
年 2 月、『国民之教育』にも加藤批判の声が上がった。編集者の河田鏻也
が同誌の第 9 冊(1888 年 2 月刊)に「加藤弘之先生ノ徳育ノ方案ヲ読ム」
を寄稿したのである。前章で指摘した通り、河田は、能勢の論調にぴった
り重なる論を寄せていた人物である。

　河田は、加藤の宗教利用論に対して、「たとひ宗教の本尊を借り人心を
一時に恐嚇して正善に就き邪悪を離れしむるも又以て社会の道徳を維持
増進することを得るも、吾人は更に宗教の虚妄を去て哲学の真理に入らし

① 西村茂樹「下野喜連川教育会演説」(1887 年 11 月)、日本弘道会編『泊翁叢書』第二輯 (日
　本弘道会、1912 年)、199 頁。
② 前掲葛睿博士学位申請論文『西村茂樹の思想的研究: 学問・宗教として道徳』(東北大学、
　2012 年)、99 頁。

むるの労を取らざる可らざるに非ずや」と疑問視している。ここにおける「宗教の虚妄」対「哲学の真理」という図式は、前述の西村の論理と軌を一にする。

　河田の論説が掲載された翌月（『倫理書』3月版が出されたのと同じ月）には、『国民之教育』第10冊に、デニングも、「豈退カンヤ」と題する文章を寄せた。そこにおいて、デニングは当時の風潮について次のように語っている。

　　　近時洋ノ東西ヲ論セズ、如何ナル勢力ニ因ル乎、既ニ業ニ之ヲ論ジ之ヲ窮メテ未ダ其決断ニ至ラザル宗教論ノ新ニ出テデ……其東洋ノ日本国ニ於テハ大学校ノ教授外山正一君、元老院議官加藤弘之君ノ如キハ各其見解ヲ述ヘラレタルアリ。而シテ唯東西燒点ヲ異ニスルハ辯論ノ鉾向ニアリ。西洋ニ在テハ道徳ヲ堅固ニセンガ為メ止ヲ得ス其古来依頼セシ所ノ宗教トノ縁ヲ絶チ道徳ヲ挙ケテ高尚ナル一独立ノ地位ニ坐セシムルニアリト云ヒ、東洋ニ在テハ之レト反シ、道徳ニシテ宗教ヨリ離ルヽモノヽ其力アルナシト、而シテ其倫理学ヲ教フルニ基督教ニ依頼スルカ佛法ノ勢力ヲ假ルカ若クハ神道ノ固信ヲ用フルニアラサレハ教育者ノ目的ヲ達スルノ道アルナシト論述セリ。[1]

　当時の西洋と日本における宗教を論ずる風潮を比較したデニングは、双方の論旨の径庭を問題としている。古来、宗教によって民衆の道徳を維持してきた西洋では、道徳を宗教から独立させる気運が高まっているのに対し、日本では逆に、宗教の力を借りないと道徳を維持することができないという見解が噴出しているという。そして、後者の代表的な論者として、デニングは加藤弘之の名前を挙げている。ここでは、「倫理学ヲ教フルニ基督教ニ依頼スルカ佛法ノ勢力ヲ假ルカ若クハ神道ノ固信ヲ用フルニアラサレハ教育者ノ目的ヲ達スルノ道アルナシ」という論調は、明らかに加藤が数ヵ月前に公表した宗教利用論のことを指していると言える。そうした論調また同時代の西洋との差異に対し、デニングは頗る違和感を覚えたようである。なぜなら、「宗教ハ即チ重ニ来世ノ賞罰見ル可カラザル神佛鬼等ニ関係スルモノニシテ……宗教者ノ述ブル隠密説ハ千年経過スルモ智識

---

[1]　デニング「豈退カンヤ」、『国民之教育』第10冊、17頁。

ト称スルニ足ルモノノ発スルコト毫モアルコトナシ」と彼は考えたからである。宗教の「本尊様」を徳育に利用しようとする加藤の意図に対し、宗教における「隠密説」を斥けるデニングの批判はその要所を衝いていると言える。さらに、「教育者ノ目的ハ愚民ヲシテ智者タラシムルニ」あるにもかかわらず、加藤の宗教利用論の目的は逆に「愚民ノ心理ニ適合スルモノ」と喝破している。徳育を「智識」（知的理解）の領域外のものとして捉えるスタンスに基づいた加藤の見解は、デニングにとっては、教育者の目的に反するものにほかならなかった。

　さらに、能勢栄もまた、同年4月に大日本教育会で行った演説「道徳ノ標準」[①]において、当時編纂中の『倫理書』で採用される「標準」について、明示的に加藤の論に言及しながら、次のように述べている[②]。

　　　　最ウ一ツ言タイコトハ此標準ハ哲学カラ取タ標準デモ宗教カラ出タ標準デモナク、俗人ノ鳥渡考テ成ル程尤モト云フ様ナ英語デ云ヘバ「こんもんせんす」ト云フ様ナ所カラ取ッタ所ノ標準デアリマス、加藤先生ノ様ナ学者カラ云ヘバ、其レハ甚ダ薄弱デハナイカ、欧米ノ道徳ト云フモノハ一方ハ宗教カラ取リ、一方ハ哲学カラ取テ居ル。然ルヲ「こんもんせんす」カラ取ルナドト云フハ是レハ弱イ標準トナルコトハ無イト言ハルルカハ知レヌガ、私ドモモ最初ハ然ウ解シテ居タノデ、古代ノ歴史ニ據テ考レバ、一方ニ宗教ヲ以テ標準ヲ立テ、後世学者ガ出テ哲学ノ理屈ニヨッテ標準ヲ定メタコトデアル。是レハ諸君モ御承知ノ通リデ、宗教ニモ哲学ニモ構ハズ、通俗心ヲ標準ト為スナドハ余リ簡易過ギテ、早ク云ヘバ一向ニ骨ガ無イ、価値ガ無イ、是レデ以テ善ヲ勧メ、悪ヲ避クルコトガ出キ様カトノ疑カアリマセウケレドモ、ソレハ無イト考テ居ルノデス。

　上記の議論は、『徳育方法案』における加藤の議論に触発されて発されたものと考えられる[③]。ここで能勢は、加藤が鼓吹した宗教利用論に与しない姿勢を明確に示している。さらに、宗教を用いない理由について、能勢

---

① 　同演説の原稿は1888年6-7月に刊行された『大日本教育会雑誌』76, 77号に掲載された。
② 　能勢栄「道徳ノ標準」（『大日本教育会雑誌』76号、1888年6月）。
③ 　ただし、次章で述べるように、現存史料の確認ができないが、加藤も福沢諭吉らとともに『倫理書』の未定稿（「3月版」）に対する意見を求められたという『教育報知』119号の報道から、加藤も「3月版」に対して何らかの批評を寄せたのかもしれない。だとすれば、能勢のこの演説は加藤の「3月版」への批評を念頭に置いた上で発された可能性も否めない。

は、「凡テ考ノ力ノ足リナイ時分ニハ……智識ノ足ラヌモノハ懼ロシキモ
ノヲ出サナケレバ信仰セヌ」ため、鬼神など宗教における超自然的非合理
的要素を勧善懲悪の媒介として利用せざるをえないが、「世ノ進ムニ連レ
テ次第ニ事物ノ理ガ分ル様ニナルト云フハ此ハ所謂進化論」だと説明して
いる。

　すなわち、西村といい、河田・デニング・能勢といい、いわば「人智開
発」の見地から、加藤の主張した超自然的「本尊様」の利用を批判している。
言い換えれば、徳育の手段としての宗教利用への反対は、西村と『国民之
教育』主筆陣の共通した最大公約数であったといえる。ここで確認してお
くべき点は、「徳育論争」と呼ばれる論争を引き起こした加藤の宗教利用
論が『倫理書』編纂事業の第 2 段階でなされたものであること、加藤の側
でも『倫理書』をはじめ、徳育に関わる教科書の動向を強く意識している
こと、また西村を含めて『倫理書』編纂関係者も加藤の論を意識し、相互
に批判する関係にあったことという三点である。

3. なぜ西村が森と対立することになったのか— 対立の根源—

3-1. 「真理」から「政教一致」へ—西村における「尊信」の浮上—

　では、加藤弘之の宗教利用論は、『倫理書』編纂関係者を加藤批判という
点で結束させたのだろうか。そのようにはならなかった。その点は、加藤
が宗教利用論を唱え出した意図、宗教の「本尊様」を持ち出すことで解決
しようとした問題に対する、西村茂樹と、能勢・菅・デニング・河田ら『国
民之教育』の主筆陣の受け止め方の差にかかわると考えられる。

　改めて加藤の宗教利用論を見るならば、宗教を利用すべきだという論の
根底にプラクティカルともいえる判断が垣間見られる。事実、宗教の非合
理性については、加藤自身もネガティブな印象を抱いていた。彼は「実は
宗教は何の宗教に拘はらず嫌であります。其嫌ひと申すは理学哲学の眼よ
り見て取るにも足らぬ理を説くものであるから」[1] と述べ、「道理」の立場

---

[1]　前掲加藤『徳育方法案』、14 頁。

から宗教の非合理性に難色を示している。では、なぜ宗教嫌いを自認する加藤が、宗教の「本尊様」こそが必要だと考えたのか。それは彼の見た日本社会の現実にかかわっている。「世の中は目明千人目盲千人と申して、都合二千人中目明目盲半々と申すなれども、小生の考にては二千人中で目盲千九百九十七八人に目明僅かに二三人位にもなるかならぬ程に、世の中は愚昧の寄合と思ひます」と彼は言っている[1]。

能勢もまたかつて、森の意見を敷衍し、「今ノ社会ハ目明キ千人目盲千人ノ世ノ中ナリ」という認識に基づき、宗教と哲学はそれぞれ「下等人民」と「我邦中等以上ノ人」にしか適用できないとの見解を示したことがある[2]。同じようなレトリックを使いながらも、宗教の適用人口が国民の半分程度しかないという森・能勢の認識は、加藤の見解とは対照的である。加藤の言い方はむしろある意味では森・能勢への呼応とも見做せる。すなわち、哲学は「目明キ」向けのものであるという能勢の見解には賛同しながら、その割合はごく少数であり、大半の人民には宗教が必要だと論じていることになる。

そうした認識を有する加藤は、中小学校の徳育では、道理では通用せず、「本尊様」の力により感情を喚起させることが必須だと考えた。各宗派による徳育の学校への導入にかかわる実施案をめぐる物議とは別に、そうした発想自体には当時から支持者がいた。その典型例は、1888 年 5 月 13 日に開かれた大日本教育会第五回総集会での討議内容に見られる。討論は主に「徳育の方法は宗教に據るや否や」、宗教に拠る場合「其の方法は如何」に実施すべきかの二点に集中している。加藤自身が出席したほか、文部次官の辻新次も議長として参加した。そこでは、「物理学上ノ法則」を「修身」に適用しようとした杉浦重剛らの主張（「理学宗」による徳育論）に対して、東京職工学校幹事の久保田鼎[3]は次のような見解を示し、加藤の宗

① 前掲加藤『徳育方法案』、15 頁。
② 能勢栄「現今教育上の一疑問」（『教育時論』第 56 号、1886 年 11 月）。
③ 久保田鼎（1855 ～ 1940）は明治－昭和前期の美術行政官として知られる。1884 年 7 月に東京大学総理だった加藤の大阪視察にも随行し、翌 1885 年に濱尾新の指示で同大学三等書記を兼任するようになり、1887 年 12 月に東京職工学校の幹事となった。その後は東京美術学校教授・校長心得を経て、1900 年 1 月～翌年 8 月まで同学校の校長として在任した。岡倉天心と親交がある。吉田千鶴子「岡倉天心と久保田鼎: 久保田家資料を中心に」、『五浦論叢: 茨城大学五浦美術文化研究所紀要』第 10 巻（2003 年）を参照。

教利用論を擁護した[①]。

> 理学ヲ以テ基本トスレバ、則チ理屈ヲ明カニスルコトハ出来ルニ違ヒナイ。併シ
> 是レハ甚タ柔弱ノモノテ、席上ノ議論ハ易クシテ実際ニ行フハ難イデス……只知ツ
> タバカリデ出来ナイトスレバ、到底此道徳ナルモノハ追追維持シテ行クコトノ出来ヌ
> モノトシナケレバナラヌガ、幸ニシテ物ニ畏ルト云フコトガアル。其畏ルルト云フコト
> ヲ利用シテ遣レバ随分刑罰ヲ及アセルコトマデヲモ行フコトガ出来ル。……又道徳
> ニカカワッタ所ハ幽霊ノ賞罰ヲ以テ人ヲ導ク、是レガ即チ宗旨ノ性質デス……若シ
> 斯ウ云フコトヲ為セバ必斯ウ云フ罰ヲ受ケル、斯ウ云フコトヲ為セバ斯ウ云フ賞ヲ受
> ケルト云フコトガ基礎ニナレバ、悪ルイコトヲシタイト思フテモ止メル様ニナル。之レ
> ヲ知ルダケデ行フコトガ出来ルト云ヘバ宜イガ然ウハ往キマセン。故ニ宗旨ト云フ
> モノハ甚ダ必要ニナルノデス。

　ここで久保田が説明した徳育のメカニズムは、加藤の宗教利用論の持つ
アクチュアリティーを裏付けるようなものといえる。すなわち、修身の徳
目や倫理学上の理論から得た道徳の認識が直ちにその実践につながるとは
限らない。とすれば、何を以て道徳の実行を喚起し、いわば知行一致を担
保できるのかという徳育上のアポリアに、加藤の懸念と問題意識があった
と解釈できる。「幽霊ノ賞罰」とそれを操る恐ろしき「本尊様」（それを信
奉する感情）こそが、人間に善を勧めさせ、悪を避けさせることができる、
と彼は考えていたのであろう。
　他方、宗教そのものを徳育から排除するとはいえ、宗教利用論者の懸念
した知行不一致のアポリアは、西村も自覚していた。ただし、それを克服
するために、彼は別の方法を求めようと考えたのである。前述した加藤を
論敵として意識したと思われる下野喜連川教育会での演説において、西村
は日本社会で徳育を行う上での不都合さとして、「政教一致に非ず」とい
う点を筆頭に挙げた。「西洋諸国にては耶蘇教を以て人民を教化するが故
に、其国の政治、法律、礼式、皆耶蘇教と一致し……徳川氏三百年の治世に
は、幕府も諸藩も皆政教一致なりき。其時士族以上の奉ずる所の教は皆儒
道にして、政治、法律も皆儒教と一致せり、儒教にて忠孝を重んずれば、民

---

① 『大日本教育会雑誌・号外総集会記事』第一。

間に忠孝を行ふ者は重く之を賞し」という。ここで西村が言う「政教一致」の「政」は国の政治や法律のことであり、「教」は宗教に限らず、儒教などの道徳教化一般を指している。彼からすると、徳育（「教化」）を行うには、採用される「教」の価値と一致するような法令などの政治的手段を通じて、「教」を国民全体に浸透させる必要がある。言い換えれば、「政」の持つ権威性と賞罰力によって、国民に「教」の重んじる価値（たとえば「忠孝」）を実行させることができると西村は考えていた。

　その「政教一致」とともに、西村は「道徳の主義」の一定の必要性も訴えている。「今日日本の道徳の教と云ふものは儒道にもあらず、宗教にもあらず、哲学にもあらず、一種無主義の教なり……其道徳の原理已に異にして一定せざるときは、道徳の教育に必要なる信と云ふ事を定むる能はざるべし」という。つまり徳育の「主義」を一定することで、「信」というものを定めなくてはならないという主張である。道徳の実践における「一定の主義」と「信」の重要性の強調は、『日本道徳論』（1887 年 4 月）にもなかったわけではない。もっとも、『日本道徳論』では、「信」に対するある種の楽観的態度が見られる。たとえば、「世外教」（宗教）に日本社会における道徳の「標準」を据えることの不可能性について論じる際に、「政府ノ官吏トナリ、学校ノ教員トナル者ハ、皆上等社会ノ人物ナレバ、上等社会ノ信ズル所ヲ以テ、下等社会ニ施スコトヲ得ベキモ、下等社会ノ信ズル所ヲ推シテ上等社会ニ及ボシ、之ヲシテ其信用ヲ同フセシムルコト能ハズ。況ンヤ人智益々開クニ従ヒ、神異ヲ信ズルノ念ハ日ニ消シ、道理ヲ信ズルノ念ハ日ニ益ス者ナレバ、下等社会ノ信用モ或ハ其永続ヲ期スベカラザル者アリ」と述べられているように、「上等社会」の信用する「世教」（儒教と西洋哲学）の「道理」ならば、人智の開発につれて、おのずから「下等社会」の「信ズル所」となるという考えを、西村は抱えた。同様の楽観論は次のような記述において一層顕著に表れている。

　　　　或人曰ク、道徳ノ教ハ、人類以上ノ神異ナル物ヲ立テ、其信仰スル所ヲ定メザルベカラズ、又死後魂魄ノ帰着スル所ヲ説キテ、其安心ノ地ヲ定メザルベカラズ、然ラザルトキハ世人道ヲ守ルノ心堅固ナラズ、是西国ノ宗教ヲ以テ道徳ノ基本トスル所以ナリ、今漠然タル道理ヲ以テ道徳ノ基本トスルトキハ、信ズベキ上帝モナク死後魂魄ノ帰着スル所モ明白ナラズ、此ノ如キ事ニテハ、恐ラクハ学者ヲシテ道ヲ信ズ

　　ル篤カラシムルコト能ハザルベシト。余謂ヘラク然ラズ、宗教ヲ信ズル者ハ固ヨリ以
　　身殉道者甚ダ多ケレドモ、世教ヲ信ズル者ニモ亦以テ身徇道者甚ダ多シ[①]。

　ここからもわかるように、西村は徳育における「信」（「信仰」）の重要
性を認めながらも、それを定めたり、喚起したりするには、必ずしも宗教に
おける「人類以上ノ神異ナル物」──加藤のいうところの、超自然的な「本
尊様」──を持ち出す必要はないと考えている。彼は続いて、文天祥・赤
穂浪士・ガリレオ・ブリュノーの事例を出し、「道理ヲ根礎トシテ道徳ノ
教ヲ建ツルモ決シテ篤信者ヲ出サザルノ理ナシ」と主張している。主とし
て「世教」の「道理」に「真理」を求め、日本道徳の基礎を再建しようと
考えた西村は、『日本道徳論』（初版）の時点では、宗教などに頼らず、徳育
に必要な「信」を喚起することが可能であるという見通しを抱いていた。
　しかし、その楽観さは、前述した日本弘道会の集会における加藤演説の
翌月に下野喜連川教育会で行った演説ではもはや見られない。そこでは、
「日本には完全なる道徳の教ありて宗教に優ること万々なれば、決して之を
宗教に求むることを要せざるなり」という持説が貫かれていたが、ガリレ
オらの事例をもって「道理」への「篤信者」の輩出を保証するような説き
方はされなかった。
　何よりも前面に出されたのは「政教一致」である。すなわち、宗教では
なく、「道理ヲ根礎トシテ道徳ノ教ヲ建ツル」という主張を堅持しながら
も、「道徳ノ教」と政治との結合の必要性を力説するようになった。その
点こそが、この時点での西村が最もこだわるポイントであり、徳育上の中
心的理念といえる。
　そして、西村はその理念を単に地方教育会での演説で公表しただけでな
く、それを学校教育で実現させようと考えていた。西村の回想『往事録』
における次のような記述によれば、同 1887 年、文部大臣が更迭するたびに
「徳育の基礎」が変化することを憂えた彼は、「普通教育中に於て其徳育に
関することは皇室自ら是を管理し、知育体育の二者を以て文部省に委任す
る」という提案を立てたが、森文相の反対によって頓挫したという。

───────────
① 　前掲『増補改訂　西村茂樹全集』第 1 巻、123 頁。

　余久しく此意見を持たせしが幸同僚に（宮中顧問官）徳望ある老功臣多く集まりたるを以て、是を副島種臣、佐々木高行、佐野常民の諸氏に語る、諸氏皆是を賛成し、一日佐々木、佐野及び余と相携へて三条内府（実美公）に面して其事を説く、内府初めは遅疑決せざりしが、後終に其言に従ふ、是に於て清朝の康熙雍正の二帝が聖論広訓を作りて全国に施行せし例に倣ひ、勅撰を以て普通教育に用ふる修身の課業書を作らしめ、是を全国に頒行せんとす、副島、佐野及び余の三名を以て仮に委員と定め、副島佐野の二人は又余をして其稿を草せしむ、此時土方久元氏は已に宮内大臣たり、因内府及び顧問官の二人、土方氏に面して詳かにそ意を語す、土方氏是を承諾し、現文部大臣森有礼氏に其事を話す、森氏頗る不平にして余もし其任に堪へずは其職を辞せんといふに至る、蓋し森氏は土方氏の言を誤解せるもののごとし。[①]

　この計画の具体的な実施時期が不詳であるが、前章で指摘したように、8月に『国民之教育』の誌上で、儒教を捨てきれなかったとの理由で名指して批判された経緯を考えると、副島らとともに行動したのは恐らくその後であり、上の下野喜連川教育会演説で「政教一致」を唱え出した前後だと推測されよう。そして、その行動によって、西村は森と真正面から対立することとなった。森は、数ヵ月前に自身とともに『倫理書』編纂に携わっていた西村が、徳育全体を文部省から皇室の管理下に置かせようと図ったことを、重大な裏切り行為として受け止めたからこそ、「頗る不平」を表したに違いない。ここで、西村が勅撰の教科書としていかなるものを期待していたのかが分からない。しかし、重要なことは、恐らく教科書の内容よりも、勅撰という形式そのもの——政治的権威（君主）を「本尊様」として利用しようとした点——にあると考えられる。すなわち、西村は、宗教上の「本尊様」の代わりに皇室を持ち出すことで国民の「信」を喚起することを目指したのであろう。そのことは、『倫理書』編纂事業からの乖離であると同時に、日本弘道会の集会で自らを批判した加藤への応答ともみなすことができる。

　そうした西村の応答意識は、翌 1888 年 3 月——『倫理書』のパイロット版刊行と同じ月——に出された『日本道徳論』の改訂二版の加筆部分に

---

① 　西村茂樹『往事録』、前掲『増補改訂　西村茂樹全集』第 4 巻、473 頁。

も表れている。この改訂について、従来の研究は西村の回想に基づき、次のような説明をしてきた。つまり、初版を読んで激怒した伊藤博文による禁書扱いを避けるために、森のアドバイスを受け入れた結果、いわゆる過激な言辞の削除を中心に施されたという。しかし、その類とみなされる部分の削除のほか、加筆部分も多く、そのなかには宗教を批判するような論点が盛り込まれる点がむしろ特筆すべきと考える。それに加え、「世教」にこだわる論理の補強もなされた。ここで着目したいのは、以下の加筆箇所である。「世教中ニ於テ其教義ノ真理ニ協フ者ヲ採リテ是ヲ日本道徳ノ基礎ト為スベシ」という段落のあとに、次のような文章が加えられた。

> 世教ハ道理ヲ主トシ、世外教ハ信仰ヲ主トスルト云フコトハ前ニ之ヲ云ヘリ、然レドモ是ハ惟其主トスル所ノミヲ云タルコトニシテ、世教ニテモ亦信仰ヲ重ンゼザルコトナシ。即チ道徳ヲ行ハントスルニハ、教フル者学ブ者モ、共ニ深ク其道ヲ尊信セザルベカラズ。①

その「尊信」という概念について彼は後に次のような説明をしている。「宗教ノ最モ貴ブ所ハ尊信ニアリ、故ニ尊信ハ之ヲ宗教ノ精神ト称シテ可ナルベシ、儒道ノ如キハ宗教ニ非ズトイヘドモ、亦布教ヲ重ンズルヲ以テ、同ク宗教ノ精神ニ依リテ之ヲ行フナリ」②。つまり、西村の言う「尊信」は、必ずしも狭義の宗教的信仰とは限らず、宗教的な心性に通じる尊奉ともいうべき心の働きと捉えられる。その「尊信」の念が『日本道徳論』改訂二版において改めて強調されるようになった。このいわば「尊信」という要素は、宗教利用論者の批判を経て、新たに浮上したものといえる。すなわち、1887年10月の日本弘道会における加藤弘之の演説への応答としての意味を持つと考えられる。

このように、『倫理書』編纂から排除されながら、儒教・哲学上の「道理」に基づく「真理」に拘るがゆえに、加藤など宗教利用論者からも批判を受けた西村は、道徳の実践かかわる「尊信」の重要性を再発見した。そして、それを喚起するための、宗教の外側のアプローチとして、「政教一致」を唱

---

① 西村茂樹『往事録』、前掲『増補改訂　西村茂樹全集』第4巻、473頁。
② 西村茂樹「信実混合ノ可否」（明治22年3月、『東洋学会雑誌』第3編第3号）、前掲『増補改訂　西村茂樹全集』第10巻所収、367頁。

えるようになったと考えられる。

3-2.「尊信」の排除—学校という場の位置づけ—

　加藤の宗教利用論に対する『国民之教育』の主筆陣による批判の論理の根底には、学校で「尊信」の念を養おうとする西村の論への否定が孕まれていた。

　1887 年 8 月刊行の『国民之教育』第 4 冊に掲載された河野於菟麿の論説「日本弘道会と日本道徳論」では西村の率いる日本弘道会を明確に批判対象にすえながら、次のような疑問が提示されている。「下等社会の如きは到底真理の恩沢を感ずること能はざるものなり……古今如何なる国に於ても凡人の之れが為めに其生命を抛つに至りたるものあるを聞かず」。西村がいくら文天祥やガリレオの例を出しても、彼らのように「道理」を説く「世教」を篤く信じ、その価値のために献身できるのは、あくまで「学者」であり、「下等社会」の「凡人」たちにできるはずがない、というのが河野の意見である。そこで、「社会一般の道徳」はこれを宗教家に任せたほうがよいと彼は提案している。ここで河野が学校における徳育ではなく、「社会一般の道徳」という表現をしている点に着目すべきである。上のように述べたからと言って、河野は学校における徳育の手段として宗教を利用すべきだと述べたわけではなかった。それは、学校の外側で行われるべき事柄なのであった。この点では、「宗教は教育部内に入る可き者にあらず」という森文相の見解が、共通の前提とされていたといえる。

　ここで河田鱗也による加藤批判にも改めて着目したい。それは単なる宗教批判ではなく、宗教的なものとのかかわりにおいて学校教育をいかに位置付けるかという論でもあり、客観的には西村茂樹への論の批判としての意味も備えていたと考えられるからである。

　『国民之教育』第 9 冊（1888 年 2 月）に寄稿した論説「加藤弘之先生ノ徳育ノ方案ヲ読ム」において、河田はまず加藤の議論における「主義を一定すること」という論点を批判する。加藤は、明治日本における「徳育主義」の不在を嘆きながら、さしあたっては「矢張全く宗教主義の徳育と定めるが宜し」と主張し、諸宗教を競争的に中小学校に導入することを提案した。この加藤の主張に対し、河田は、「此ノ如キ方法ニ由テ徳育ノ主義ヲ一定シ得可シトスルモ、予ハ之ヲ一定スルノ不可ナルヲ信ズルナリ」と否

定している。加藤が挙げた、欧米におけるキリスト教、トルコにおける回々教、中国における儒教といった各国における一定の徳育主義の存在を示す事例に対して、河田は「是レ各歴史的ノ結果ニシテ一朝一夕ノ間ニ政府ガ一片ノ布令ヲ以テ立タル所ノ者ニハ非ルナリ」とし、「若シ政府ニ於テ之ヲ一定シ布告ス可シトセバ、是レ欧州諸国ガ殆ド皆廃止セントスル国教創立ノ弊ヲ移シテ我国ヲ苦ムル者ナリ」と断じている。すなわち、たとえ諸宗教を自由競争の形で学校に導入するにしても、宗教を学校という場に入れようと政府が行政手段で規定するのは、あまりにも非現実的であり、またすべきことでもないという。特に、「国教創立ノ弊」という言葉から窺えるように、河田が懸念しているのは、本来それぞれに信じるところのある国民に特定の宗教への信仰を強要する事態であろう。

　もっとも、加藤が利用しようとした宗教の非合理的要素（「本尊様」・「来世の賞罰」）の持つ勧善懲悪的機能については、河田も「予モ宗教ニ依テハ其本尊ノ威光ヲ假テ人ノ邪念ヲ制シ以テ正善ノ道ニ従ハシムルヲ得可キコトヲ信ズル者ナリ」と述べ、その意義を認めていないわけではない。しかし、「凡テ宗教ノ由ヲ以テ立ツ所ノ過去、未来極楽、地獄等ノ説ノ如キハ学術上得テ解ス可ラザル者ニシテ彼此ノ間到底調和ヲ得可ラザル所以ナリ」というように、河田は宗教の非合理的要素の持ついわば負の側面、すなわち人智開発を担う学術との調和の不可能性を決してよしとはしない。その点は加藤による主張との対比に興味深いところがある。加藤は、徳育の主義に据えられる特定の宗教（「国教」）が「其の国の人民の𣏒＿を開くの邪魔となる事も随分ありて、夫れが為めに困難もある　　　　　　も、「併し善にも悪にも何分動かすことの出来ぬもので、　　　　　　育の土台が立つこと」[1] の効果を高く評価している。つま　　　　　　　理的要素）が勧善懲悪の機能を有しながら、知識を開く𣏒＿えることは、二人とも認めるものの、前者のために後者を𣏒　　加藤と、後者のために前者を断念する河田のあいだには、越えがたい𣏒い溝が横たわっている。

　ここでさらに重要なのは、学校という場の位置づけにかかわる認識と考える。河田による次の指摘はそのスタンスをよく示している。

---

[1]　前掲加藤『徳育方法案』、8 頁。

　　　中小学校ニ於テ教フル所ノ道徳ニシテ猶ホ足ラザルアリトスルカ或ハ宗教的ノ
　　　道徳ニ非レバ凡夫ヲ化ス可ラズトセバ、学校ノ門外ニ幾個ノ会堂、寺ヲ建立シテ説
　　　教スルコトヲ得可ケレバナリ。……学術ヲ専門トスルノ学校ニ於テス可カラザルナ
　　　リ。①

　ここでは、「道理」による学校の徳育の限界や「道理」に通じない「凡夫」
の問題を想定したうえで、宗教の説教を「学校ノ門外」で行うことをもっ
て、それをカバーすることを提言している。その主張のポイントは「学術
ヲ専門トスル」という学校という場の位置づけにある。「学術ヲ専門トス
ル」以上、学術上の道理と撞着するものや、学術という次元以外のものを一
切排除しなければならないことになる。そうした学校の位置づけは、前述
した「主義を一定すること」への批判とも絡み合い、学校教育の境界を定
めることにつながる。そこには、宗教の説く来世の賞罰など非合理的内容
だけでなく、学術を理解する人間の知性を超え、宗教的な心性のような人
心に働きかける「尊信」も排除の対象に含まれることになる。
　では、そうした学校教育における「尊信」をめぐる対立はどこからきた
のか。河田は『国民之教育』第3冊に寄せた論説「儒教放逐論」において、
「政治ハ公共ノ事ナリ道徳ハ一身ノ事ナリ」と述べたうえ、「公共」のこと
としての「政治」と「私」のこととしての「道徳」の混同を戒める姿勢を
表明した。この場合の「道徳」とは、学校における徳育というよりも、宗
教的信仰を中核とした「信」を指すものと解釈できる。同論説が掲載され
て4ヶ月後、西村は前述の下野喜連川教育会での演説において「政教一致」
の議論を展開した。政令と法律の制裁によって道徳に対する国民の「尊
信」を喚起する。それを通じて「品行風俗」をよくし、人心の固結と社会
秩序の安定を実現するという政治的目的が、西村の道徳論の根幹にあった。
その点では、「尊信」という感情を喚起する手段が既成の宗教であるか、儒
教や哲学であるかという相違こそあるものの、学校における徳育の根幹と
してこうした感情を重視する点では加藤と西村は近い位置にあったと見る
こともできる。『日本道徳論』の改訂の経緯を考えるならば、西村は、加藤

――――――――――――
①　河田鱗也「加藤弘之先生ノ徳育ノ方案ヲ読ム」、『国民之教育』第9冊（1888年2月）。

による批判に応酬する状況のなかで、いっそう学校での徳育の一環として「尊信」という感情を養成することが必要であり、可能でもあるという傾向を強めたと考えられる。他方で、『国民之教育』に寄稿された文章が、時には日本弘道会の名称をあげながら、西村の論を批判している点は、「尊信」に関わる教化はあくまでも「学校ノ門外」で行われるべきと考える河田・能勢らと西村の対立が深まりつつあったことを示唆している。

おわりに

　本章は、『倫理書』編纂と同時期に行われた「徳育論争」という文脈に着目し、論争の火付け役であった加藤弘之による宗教利用論と文部省の『倫理書』編纂との関係について検討した。その際、一時的に同書の編纂委員に加わった西村茂樹の立場の変化を軸にしつつ、西村と加藤と森・能勢・菅らのあいだにおけるトライアングルの論争的関係を浮き彫りにした。そのことによって、「儒教対反儒教」という図式に還元できない徳育論の広がりを、徳育における宗教の位置をめぐる錯綜した議論の対立構造に即して明らかにした。

　　能勢や菅は、ギリシャ哲学に淵源する西洋倫理学の重要性を主張し、善悪をめぐる判断の結果を押しつけるのではなく、各個人の内面における判断の基準・方法を示そうとしていた。西村もそうした西洋哲学の意味と意義を理解しており、自分の議論に組み込んでいた。また、両者とも徳育の「標準」がないという前提認識のもとで、既存の宗教や儒教を固有の価値体系としてそのまま利用するのではなく、普遍的な「真理」に基づき、新たな「標準」を作っていく方向で議論を展開している。しかし、両者が決定的に異なる側面もあった。それは、当時文部省の取っていたいわゆる哲学主義の徳育路線に不満を覚えた加藤弘之による宗教利用論が触発したものであり、「尊信」という感情の喚起にかかわるものであった。

　加藤が唱えた、宗教における非合理的要素（「本尊様」・来世の賞罰）の利用に関しては、西村も、『国民之教育』の主筆陣も、「人智開発」の見地から批判している。しかし、両者の反応には一つ大きな分岐点があった。つまり、西村は、「世教」の「道理」にこだわり続け、宗教の「本尊様」に頼ることを拒否したものの、徳育には「道理」は無用だとした加藤からの

批判を受けて、宗教的信仰に通じる「尊信」の感情が必要であると、改めて気づくようになったと考えられる。そこで彼は、徳育の「主義」を一定することの必要性に加え、「政教一致」の重要性を主張し始めた。一方で、『国民之教育』の主筆陣による批判においては、「主義」を一定すること自体への反対が示したように、国民の信仰に属する内面的領域への干渉（「国教創立ノ弊」）を否定する考え方が存在した。言い換えれば、『国民之教育』の主筆陣による批判の射程は、加藤の宗教利用論における「本尊様」はもとより、西村の「世教」利用論における「尊信」重視にも及んでいたといえる。

　そうした「尊信」をめぐる三者の認識のズレは、学校という場と学校教育の位置づけにかかわる問題を核心としていた。この点について河田の論じた内容は、最後まで森とともに『倫理書』編纂にかかわった能勢や菅の見解を代弁したものでもあったと考えられる。すなわち、学校はあくまで「学術ヲ専門トスル」場であり、学術上の道理と撞着するものや、学術という次元以外のものを排除しなければならなかった。したがって、来世の賞罰などを説く非合理的な宗教教義のみならず、人間の知性を超え、人心に働きかける宗教的な心性のような「尊信」も、学校教育で養成すべきものではない。もっとも、彼らは宗教の持つ勧善懲悪的機能を一概に否定していたわけではない。「学校ノ門外ニ幾個ノ会堂、寺ヲ建立シテ説教スルコトヲ得可ケレバナリ」というように、学校の外での教化活動を許容していた。菅も自著『倫理要論』の第三巻「東洋道徳訓言」で釈迦の格言を実践の手引きとしてあげている。だが、森文相の述べた通り、「宗教は教育部内に入る可き者にあらず」ということが大前提であり、「本尊様」を抜きにしてその「尊信」という機能だけを取り込むことは考えていなかった。

　では、「尊信」に頼らない『倫理書』起草側が目指した徳育の内実と特質とは何だろうか。次章では、その問題について、『倫理書』そのものの論理構造に焦点を当てつつ、編纂の第三段階（「3月版」から「10月版」への改訂経緯）における議論を手がかりにして検討していきたい。

第4章　『倫理書』の成立過程と構成原理

はじめに

　前章までは、『倫理書』編纂の背景と編纂過程について検討することによって、徳育をめぐる論争空間の構図を描いてきた。それは『倫理書』というテキストの外部空間である。本章では、『倫理書』というテキストそのものの内部に立ち入りながら、諸家の3月版に関する意見を参照することによって、起草者たちが抱えた徳育構想の内実と特質とは何なのかを解明することを目的とする。

　『倫理書』のテキストはいくつかの段階を経て形成したものである。第2章で述べた通り、雑誌『国民之教育』における草案的な文章の小出しを経て、1888年3月に『倫理書』初版（3月版）が仕上がった。森は、福沢諭吉、加藤弘之、中村正直、高嶺秀夫、井上毅、元田永孚などの識者にこれを内示し、批評を求めたという。完成稿の公刊は、これらの人物の議論を踏まえた修正を経た上で、同年10月に実現した。この3月から10月の間を、本論文においては編纂の第三段階ととらえる。本章は、この第三段階を中心に取り上げ、『倫理書』の改訂経緯と10月版に見られた変化を手がかりに、そのテキストの構成の基本原則や思想を分析することを課題とする。

　10月版は、3月版をベースにしながら、冒頭に「凡例」が追加され、本文に若干の修正が加えられた。この10月版冒頭の「凡例」には、次のような記述がある。「倫理ハ、原理ニシテ、道徳ハ、法則ナリトスルヲ得ヘシ。而シテ此書ハ、道徳教育ノ法ヲ主トスル者ニ非ズシテ、単ニ倫理ノ標準ヲ明

ニスルニアリ」①。このように、本書は自らの主旨を「倫理」を論ずることと規定し、「道徳」を否定しているわけではないものの、「倫理」と「道徳」を明確に区分している。では、そうした概念規定はいかなる意味を持つのだろうか。「倫理」は「原理」であり、「道徳」は「法則」だとすれば、「原理」と「法則」とはいかに異なるのか。この一見意図の伝わりにくい断り書きはまさに『倫理書』という書物の性格や位置付け、またそれにかけられた期待にかかわるものと考えられる。林竹二は、この凡例とほぼ同一主旨の森自身の草稿がある点に着目し、これを実質的に森が起草したものと見做している②。そうだとすれば、森の意図はどこにあったのか。

　近年に至るまで、『倫理書』を森個人の思想的結晶と捉え、本書をもっぱら彼の思想形成の面（例えば青年期の森とスペンサーとの交流）から理解しようとする傾向が存在している③。しかし、『倫理書』の集団的著作としての性格を考えると、単に同書とスペンサーの議論との親和性をもって『倫理書』の意味内容・意図を捉えようとする視点には大いなる無理がある。また、近代日本における天皇の思想的役割を分析した八木公生は、『倫理書』の議論を森と対立した元田永孚の議論と比較しながら捉えている。八木は、個々の徳目を最終的に決定する「倫理主体としての天皇の存在」、端的にいえば、勅諭という天皇による意思表明にこだわった元田の立場に対し、「徳目として道徳（修身）をいったん解体し、『行為』という視点からそれらを反省・位置づける」のが『倫理書』の特徴であるとする④。八木の研究は、『倫理書』の理念が、自らの「行為」の是非を判断する「個人の＜倫理＞観の育成」にあったとする視点を提起した点で評価に値する。しかし、『倫理書』にも君臣関係の言及が見られることに着目するならば、元田が『倫理書』における「君臣ノ大倫」の欠如を非難したことの意味を、本書のテキストに即してより丁寧に検討する必要があろう。

　以下、まずは10月版に至るまでの編纂過程において、『倫理書』の起草

① 『倫理書　中学校・師範学校教科用書』（文部省、1888年10月）（国立国会図書館請求記号：18-41）、2頁。
② 前掲林竹二「二八　倫理書」、大久保利謙監修、上沼八郎・犬塚孝明編『新修森有礼全集』別巻2、284頁。
③ 前掲長谷川精一『森有礼における国民的主体の創出』。
④ 八木公生『天皇と日本の近代』上（講談社、2001年）、101頁。

者と 3 月版をめぐる各識者の議論を概観する。次に、3 月版と 10 月版の異
同を整理し、10 月版に見られる改訂内容と識者の批評との呼応関係につい
て論じる。その上で、『倫理書』における諸概念の関係を整理・検討する
作業を通じて、同書の論理構造とその意味を解明したい。

1.『倫理書』の成立と識者の批評

1-1.『国民之教育』誌上の草案と 3 月版のあいだ

　まず着目したいのは、同誌第 4 冊（1887 年 8 月）掲載の「倫理学」と題
する能勢の論説である。そこにおける、倫理学固有の抽象性と理論的性格
を相対化する言説が留意に値する。能勢によれば、倫理学は、「人間行為ノ
善悪ヲ判定スルコトヲ以テ理論ノ部トシ、規則ヲ定ムルコトヲ以テ実用ノ
部ト定ムルコトヲ得ベシ。而シテ其理論ニ属スル部分ハ倫理学ノ主トスル
所ニ非ズ……倫理学ハ日常行為ノ規制ヲ示シ以テ善ニ就キ悪ヲ避ケシムル
一種実用ノ学問」[①] である。つまり、「行為ノ善悪ヲ判定スル」ための「理
論」よりも、「日常行為ノ規制ヲ示シ以テ、善ニ就キ悪ヲ避ケシムル」ため
の「規則」を定めることにこそ、倫理学の眼目があると捉えられている。
また、同年 11 月刊行の『国民之教育』第 7 冊に掲載された菅の論説「倫理
美談」においても、倫理学の眼目として「実践躬行」の志向を強調する見
解が示されている。「倫理学は実践躬行を以て目的とし徒らに深理を談ず
るを事とするに非ず。蓋し倫理の学たる之を講究すれば頗る高遠深邃の道
理に亘り……是れを講究するは学者其の人の事なり、我が国民一般の教育
に要するところは此の如き高尚なる学理を知らしめんと欲するにあらず其
の目的は実行に在り」という。「深理」よりも「実践躬行」、「学理」より
も「実行」という力点の置き方は、学問研究とは異なり、国民の徳育という
次元における倫理学の導入に託された菅の思惑を窺わせる。
　このように、倫理学に基づき、『倫理書』編纂に携わっていた能勢と菅は、
「実用」や「実践躬行」という言葉でその実践的側面を強調しようとして
いた。これは、西村茂樹が倫理学の抽象性と非実践性（知行不一致）への

---

①　能勢栄「倫理学」、『国民之教育』第 4 冊（1887 年 8 月）。

批判を自覚しながら、これに応えようとする意味を備えていたと考えられる。では、そうした倫理学の実用志向の強調は『倫理書』に反映されたのだろうか。

1888年3月、森が本書のパイロット版（3月版）を各識者に内示し、意見を求めた。その目次は次のとおりとなる[①]。

```
目次
第一章　概論
第二章　目的
第三章　行為ノ起原
　体慾／欲望／情緒／聯想／習慣
第四章　意志
　意志ノ解／無意ノ作用／意志ノ他ノ能力ニ対スル関係／意志ノ正用／意志ノ自由
第五章　行為ノ標準
　標準ノ解／自他ノ併立／社会的見解／道理的見解／感情的見解
```

上の目次に基づき、3月版の内容構成について簡単に触れておこう。

第一章（1〜11頁）では、人生の目的に達する道としての「行為ノ標準」をもって正邪善悪を判別すべきこと、その「行為ノ標準」の内実とは、自他の調和協力とすべきであるという結論が前もって提示されている。

第二章（11〜15頁）では、「倫理ヲ講ズル目的ハ人ノ履行スベキ正当ナル行為ヲ指示スルニアリ」、即ち倫理学とは「行為ノ標準ヲ明カニシ之レニ遵ヒテ以テ行為ノ性質ヲ撿察」する学問だと述べられる。

次の第三章（15〜42頁）では、「行為の起源」を構成する五種類の要素（体慾／欲望／情緒／聯想／習慣）を取り上げ、さらにその中の「情緒」が七種類の要素（「情歎」、「情操」、「同憐」、「恐怖」、「驚愕」、「後悔」、「憂愁」）にわけられると記述する。なかでも、「情歎」という要素については、「親子ノ情」「兄弟姉妹ノ情」「夫妻ノ情」「朋友ノ情」「同郷ノ情」「本国ノ情」「君臣ノ情」という小項目に分けて詳細に説明されている。

第四章（42〜50頁）では、前章で叙述された行為の諸起源を人の行為に表すものは、「意志」の力であるとしている。

最後の第五章（50〜74頁）では、行為の正邪を判定するための「標準」の類型として、「自愛説」「愛他説」「幸福説」「道理説」を挙げ、時世が不完全であるため、現実には、自愛の追求と他愛の追求、幸福の追求と道理に

---

① 10月版目次は3月版のそれと一致する。

遵うことが一致しない場合があると指摘し、それでも道理に遵った上で幸福を追求し、「自他並立」の実現を行為の標準とすべきと述べている。

また、3月版の末尾に次のような内容の「備考」が付されている。「□□〔2文字判読不能〕書ニ載スル所ハ唯ダ倫理ノ要領ノミニシテ広ク例ヲ集メ詳ニ証ヲ□□〔2文字判読不能〕ノ業ハ教師ノ本分トシテ之ヲ略セリ」。

また、上記の章構成は、「倫理草按編纂手続」が作成された1887年2月末の時点でできた草案から、『国民之教育』誌上の連載を経て、さらに修正の上で固まったものである。三者の対応関係を下の表4—1のように整理することができる。

表4-1　『倫理書』の草案の変遷

「倫理草按編纂手続」段階 （1887年2月28日）	『国民之教育』誌上の関連論考	『倫理書』3月版 （1888年3月22日）
		第一章「概論」
第一章〔章タイトル不詳〕	能勢栄「倫理学：第一章　倫理学ノ意義」 （1887年8月）	第二章「目的」
第二章「行為ノ起原」	菅了法「倫理論綱：行為ノ起原」 （1887年6月）	第三章「行為ノ起原」
第三章「意志」	菅了法「倫理論綱（承前）：意旨〔ママ〕」 （1887年7月）	第四章「意志」
第四章「諸説ノ異同」		第五章「行為ノ標準」（「標準ノ解」／「自他併立」）

この表に即して、3月版に至るまでの改稿経緯について少し説明を加える。「倫理草按編纂手続」（本論文60－61頁参照）から、また当時の第二章は「行為ノ起原」、第三章は「意志」そして第四章は「諸説ノ異同」となっていることがわかる。ただし、第四章について森より菅へ「御命令の事」があるため、修正はまだ途中であった。また、第一章の題目も、第四章「諸説ノ異同」が当時の最終章であったかどうかも、直接言明されていない。

第二段階が始まった5月に雑誌『国民之教育』が創刊され、翌月から7月まで、菅の執筆した文章「倫理論綱」が連載された。6月号の掲載分では、「行為ノ起原」という主題のもとで、「体慾欲望情緒聯想習慣」という要素に即して説明がなされている。主題と項目内容から、この寄稿は、『倫

理書』3月版の第三章「行為ノ起原」の草案に相当するものであることが
わかる。しかし、菅の「倫理論綱」と比べて、『倫理書』の場合は興味深い
加筆が二点確認できた。

　一つは、「アッフェクシャン」（affection）という項目にかかわる。菅
の文章では、「アッフェクシャン」が「情」と訳され、「親子兄弟夫婦及親
族ノ間ニ自然ニ起ル所ノ至情ナリ」、「又人々生誕ノ地ヲ慕フモ天然ノ至情
ニシテ愛国心ノ如キ即チ此ニ原ツクモノナリ」と記されている。「親子兄
弟夫婦及親族」の情をどのように説明すべきかという説明は見られない。
それに対し、『倫理書』では、affection が「情欲」と訳された上で、「親
子兄弟ノ情」・「夫婦ノ情」・「朋友ノ情」・「同郷ノ情」・「本国ノ情」・「君臣
ノ情」という項目に細分され、それぞれに段落レベルの解説が付されるよ
うになった。

　もう一つ留意すべき点は、「体慾欲望情緒聯想習慣」という五要素につ
いての説明のあとに、3月版では、次のような注意事項が追加されたことで
ある。「体慾欲望情緒」の三者は「須ク道理ニ遵テ意志ノ制裁ヲ受ク可キ
者ナリ。人多ク此ノ三者ヲシテ、道理ノ裁制ヲ受ケシメズ、反テ之レニ制
セラル是ニ於テ放恣ノ行アリ、偏僻ノ行アリ、邪曲ノ行アリ、而シテ自ラ矯
ムルコト能ハザルナリ」。とりわけ、「情緒」という要素について、「然レ
ドモ其憎疾、厭悪、忿恨、猜忌、報復等ノ諸情ニ至リテハ、最モ偏僻ニ失シ易
ク、且人ヲ害スルノ行為モ、亦是ヨリ発スルガ故ニ、厳ニ道理ノ裁制ヲ受ク
可キ者ナリ」というネガティブな行為の抑制を説く文言が付け加えられた。
後述するように、この部分の加筆は、『倫理書』のエッセンスともいうべ
き位置を占めることになる。

　続いて、『国民之教育』7月号に掲載された文章と『倫理書』の第四章「意
志」の記述と比べると、大幅な削除が目立つ。事例説明の段落や「或ル学
者ノ説」を紹介する部分がほとんど削られ、「意志」の働きに関する最小
限の説明だけが『倫理書』に残っている。他方で、上記の第三章の場合と
比べると数はずっと少ないものの、加筆箇所もあった。たとえば次のよう
な段落が付け加えられた。

　　道理ヲ明カニシ善悪正邪ヲ判断スルハ智力ノ能ナリ、故ニ意志ハ智力ノ判断ニ
　遵ヒ以テ欲望ヲ制スベシ以テ情緒ヲ御スベシ。人多ク欲望情緒ニ遵ヒテ意ヲ決ス

故ニ其ノ能クセザル所ヲ遂ゲント欲シ、為ス可ラザルコトヲ為サントス斯クシテ倒行
逆施ス。是レ自ラ意志ノ有スル権ヲ擲チテ其ノ正用ヲ誤ルモノナリ。意志ノ正用ハ
道理ニ遵ヒテ体慾欲望情緒ヲ制御スルニ在ルナリ。[①]

　「意志」の正当な役割として、欲望や情緒に駆られた行動を防ぐことが
挙げられている点は、前述した「行為ノ起原」における「偏僻ノ行」云々
の注意事項の加筆と軌を一にする修正方針と言える。いずれも、いかにし
てネガティブな行為を防ぐかという発想である。こうした発想が草案と見
られる菅の文章の改訂において貫かれていると言える。
　上の菅の文章に続き、『国民之教育』に掲載されたのは、能勢の寄稿し
た「倫理学」である。タイトルの下には「本題ハ是マデ菅氏講述セラレシ
ガ本号ヨリハ能勢氏代リテ講述セラル」という断り書きがあるように、上
記の菅による寄稿とはいわば同じ系列のものとして捉えられる。冒頭部分
に「第一章　倫理学ノ意義」という記載がある。その内容は、3月版の第
二章「目的」に重なるところが見られる。例えば、次の記述に着目しよう。

能勢栄「倫理学」（1887 年 8 月）	『倫理書』（1888 年 3 月）第二章「目的」
或ル行為ヲ善トシ之ニ反スルヲ悪トスルハ古今学者ノ一致スル所ニシテ親切信実適度克己ハ善ニシテ残酷虚妄過度暴挙ハ悪ナリト謂フニ於テハ更ニ異論ヲ唱フル者無シ。是等一般ニ許容スル所ノ徳義ノ由テ出ツル所ノ原理ヲ推究シ之ヲ人間日常ノ行為ニ実用シテ如何ナル結果ヲ生スルヤヲ研究シ是ニ由テ倫理ノ基本ヲ認定シ、此基本ニ由テ日常行為ノ善悪ヲ判定シ之ニ由テ規則ヲ設立スルニ於テハ是モ穏当ニシテ誤謬無キヲ得ヘシ。	或ル行為ヲ善トシ之ニ反スルヲ悪トスルハ古今学者ノ一致スル所ニシテ親切適度信実ハ善ニシテ残酷虚妄過度ハ悪ナリト謂フニ於テハ更ニ異論スル者無ク亦天下ノ人心モ広ク許ス所ナリ是等一般ニ許ス所ノ由リテ出ツル所ノ原理ヲ推究シ是ニ由リテ倫理ノ基本ヲ認定シ行為ノ標準ヲ明カニシ之レニ遵ヒテ以テ行為ノ性質ヲ擽察スレバ正邪ノ分自ラ判然タルヲ得ベシ。（14 頁）

　語句の変動こそが見られるにせよ、基本的には同じような意味内容の記
述となっていることがわかる。左欄の能勢の引用文の後、「抑モ一般ニ許
諾スル所ノ徳義即チ道徳上ノ行為ハ何ノ所ヨリ出テタルカハ後章ニ至テ詳
論スヘシ」という一文が続いているが、『倫理書』草案と見られるこのシ
リーズの寄稿は、能勢によるこの論説をもって事実上終結した。「倫理草按

---

① 前掲 3 月版、47-48 頁。

編纂手続」で触れられた修正中の第四章「諸説ノ異同」が、その後『倫理書』の第五章「行為ノ標準」に発展されたと思われるが、この部分の草案にあたるものは、3月版刊行以前の『国民之教育』誌面には登場しなかった。ただし、田中智子が指摘しているように、3月版の第五章の原型は、1888年6月に出版された菅の単著『倫理要論』における「近世倫理学」という部分に見出すことができる。菅は同書で自愛説・愛他説・利益説・道理説・進化的倫理学に言及している。他方、『倫理書』第五章でも自愛説・愛他説・幸福説・道理説を説明した上で、同章の後半部の「自他並立」の項において「進化的倫理学」の内容を発展的に記述しているからである[1]。第2章で論じたように、能勢の記した「倫理草按編纂手続」において「第四章〔諸説ノ異同〕ハ大臣ヨリ菅ヘ御命令ノ事アルナレハ、未タ修正ニ着手セス」と記されていたことを想起しても、菅が第五章（1887年段階の第四章）の草案を記述し、最終的にそれを自著に組み込んだとしても不思議ではないだろう。

　なぜ3月版の第五章の草稿にあたる文章を、『国民之教育』に掲載せずに、3月版刊行後に菅の単著として刊行したのかは分からない。ひとつの可能性として考えられることは、この部分においてとりわけ草案起草者としての菅と、修正を命じた「大臣」のあいだの見解の差が大きかったことである。とりわけ第五章（当時の第四章）後半の「自他並立」にかかわる部分は、「大臣」たる森有礼が、菅による草稿に満足せず、自ら大幅に加筆修正した可能性を指摘できる。

　かくして、『倫理書』は、1887年の6〜8月に、いったん『国民之教育』に掲載された草案がさらなる修正（章構成の調整も含め）を経て、翌年3月出版の『倫理書』にまとめられていくことになった。

1-2. 3月版に対する諸家の意見

　これまでにもよく知られてきたように、森有礼文相は、『倫理書』の3月版ができあがると、元田永孚・福沢諭吉・中村正直・加藤弘之・井上毅・折田彦市・寺島宗則など多数の識者にこれを送り、評価を仰いだ。現在確認できるのは、元田、福沢、井上、折田と寺島宗則の批評のみである。加藤

---

[1]　前掲田中論文「『倫理書』編纂事業の再検討」、33頁。

と中村の批評が見当たらない。ただ、次のような中村正直宛の福沢書簡が現存している。「倫理教科書は既に御通読相成候由、依て鄙見の右評論壹冊供貴覧候。孰れか是か非か、更に御高評奉願候。拝具」（日付＝5月22日）①。その内容から、これは福沢が中村に『倫理書』3月版についての意見を尋ねるための手紙であることが分かる。言い換えれば、中村も、福沢とほぼ同じタイミングで森から、3月版を送られたということであろう。

　次には、批評が確認できる識者の議論に即して見ていく。

　以前から森文相に強い不信感を持った元田永孚もその一人である。「忠君愛国ノ精神」の養成を「日本教育ノ主要」と見做している元田は、「君臣ノ大倫国民一般ノ脳髄ニ充実」することが、教科書編纂において最も優先的に考慮すべきことであると考えている②。ところが、『倫理書』の場合では、「君臣ノ大倫未タ明瞭ナラスシテ汎ク社会ノ倫理ヲ説キ行為意志ノ区別ヲ精細ニ示ストモ、已ニ日本人ノ主眼ニ曖昧ナレバ我国人ヲ造立スルニ足ラス」という。3月版の修正方針として、彼は「教科書ノ大巻頭ニ君臣ノ倫理ヲ第一ニ掲明シ爾後件ヲ逐ヒ條ニ順ヒテ處々ニ君臣ノ主目ヲ示シ、生徒ヲシテ一目瞭然自然ノ感覚ヲ惹起セシメ久シテ其徳義ニ涵濡セシメン事ヲ要ス」ことを望んでいた。その発言からもわかるように、元田が捉えた「倫理」は、西洋倫理学をベースにした『倫理書』における「倫理」とは明らかに性格を異にする。

　その点と関連する事実として、3月版が出る一カ月前に、元田が校閲した、徳育関係の書物が注目される。野中準の『日本道徳原論』（上下二巻、1888年2月）がそれである。元田による推薦の序が本の冒頭に掲げられている。そこで元田は、「道徳」を世界中に通用する「普通道徳」と、各国各地で認められる「特殊道徳」とに分化しながら、国家の存亡にかかわる後者の重要性を強調し、本書を日本特殊の「人倫国俗」である「忠孝義勇」を説く良書として推薦している。題名にある「日本道徳」という言葉が、前年の西村茂樹の著作を彷彿させるところもあるが、何より同書の最も大きな特徴は、子安宣邦が指摘した通り、その頃西洋倫理学の文脈で語られた「倫理」に対置する形で、儒教的な「倫理」概念（五倫五常など）が再構成され、儒教的な臣民教化を目指す内容も「倫理」という語で語られて

---

① 「読倫理教科書」（慶應義塾編『福沢諭吉全集』第12巻、岩波書店、1970年所収）。
② 元田永孚「倫理教科書につき意見書」（1888年）、『新修森有礼全集』第4巻、341頁。

いる点にある①。その上で「親子の道」・「夫婦の道」・「君臣の道」が説かれる。子安によれば、そこで、明治日本に「倫理学」とともに立ち上がった「倫理」の語が儒教的伝統の側に取り返されて、新たに儒教的概念として再定義されている②。そもそも「倫理」とは何かが問われた教育界において、その内実を ethics という倫理学の枠組みで理解すべきか、「人倫の道」を説く儒教的概念として捉えるべきか、そうした「倫理」をめぐる争奪戦が文部省編「倫理」科教科書が出版される前夜に繰り広げられたといえる③。

　そうした元田とは全く異なる立場から、福沢諭吉も抽象的な内容構成に対して不満を示した。森から送られた3月版に対し、福沢は、「過般御送付相成候倫理教科書の草案閲見、少々意見も有之、別紙に認候。妄評御海恕被下度、此段得貴意候也」という内容の手紙とともに、別紙「読倫理教科書」を森宛に送った。そこには、次のような批判が見られる。

　　　本書既に教科書の名あるからには、之に由て少年学生輩の徳心を誘導して、純良の君子たらしめんとの目的なる可し。然らば則ち徳行の條目を示し、人たるものは斯くある可し斯くある可らずと、丁寧反覆その利害を説明して少年の心を薫陶するこそ徳育の本意なる可きに、全編の文面を概すれば寧ろ心理学の解釈とも名く可きものにして、読者をして凡そ人心の働を知り其運動の様を了解せしむるには足る可しと雖も、之に由て徳心の発育を促すの効用如何に於ては聊か足らざるものあるが如し。④

　前述の能勢論説「倫理学」の議論と突き合せてみると、福沢の注文はまさに「日常行為ノ規制」を示した「実用ノ部」を期待したものと見做せる。とすれば、『国民之教育』で能勢が強調した「規則」を定める「実用」の

---

① 前掲子安宣邦『漢字論』、119頁。
② 同上。
③ ただし、この『日本道徳原論』は前掲の鳥居美和子編『明治以降教科書総合目録』には登録されていない。編纂漏れの可能性が完全に否定できないが、このような書物が当時には教科書とされていなかった、あるいは文部省から検定を得られず、教科書と認められなかったとしても不思議ではないだろう。
④ 福沢諭吉「読倫理教科書」（慶應義塾編『福沢諭吉全集』第12巻、岩波書店、1970年所収）。ちなみに、同全集では「5月」とのみ記されたこの意見書を1887年のものだとするが、前掲田中智子論文「『倫理書』編纂事業の再検討」の注記35によれば、翌年5月のものと推定できる。

内容や菅が唱えた「実践躬行」の議論は、『倫理書』3 月版において福沢の納得を得られるような形で具体化されていなかったとみることもできる。さらに、文部省編という形で徳育教科書を作ること自体にも、福沢は大きな違和感を吐露している。

　　　凡そ徳教の書は古聖賢の手に成り又其門に出でしものにして、主義の如何に拘らず天下後世の人が其書を尊信するは其聖賢の徳義を尊信するが故なり……然るに今倫理教科書は文部省撰とあり。省中何人の手に成りしや。其人は果して完全高徳の人物にして、私徳公徳に缺る所なく、以て天下衆人の尊信を博するに足る可きや。諭吉に於ては文部省中に斯る人物ある可きを信ぜざるのみならず、日本国中に其有無を疑ふ者なり。或は此撰は一個人の意見に非ずして、一省の協議に成りしものなりと云はんか、取りも直さず日本政府の選びたる倫理論なり、然らば則ち今日の日本政府を日本国民一種族の集合体として、此集合体は果して徳義の叢淵にして、殊に百徳の根本たる家の私徳を重んじ身の内行を厳にして、常に衆庶の景慕する所なるやと云ふに、諭吉又これを信ずるを得ず。[1]

　前章で取り上げた西村と加藤の議論を彷彿させるように、福沢も「尊信」という要素を、徳育教科書たり得るものの必須条件だと説いている。なぜなら、「倫理道徳の書にして尊信の一大要義を缺くときは、仮令へ之れを教るも徒に論議批評の媒介と為りて、学生中に於ても竊に是非喋々の言を聞くことある可し」からである。すなわち、福沢がイメージした徳育教科書は、「天下衆人の尊信を博するに足る可き」もので、決して生徒らに疑問視されることも、容喙されることもできない、道徳上の権威的な存在でなければならない。しかし、そうした教科書の編纂はどう考えても、政府（文部省）の手には負えないことであると彼は考えた。文部省ひいては当時の日本国内には道徳上の権威にたり得る人間がいなかったし、政府もそうした権威にはなりえないのである。その観点は、福沢の捉えた徳育の本質にかかわる。福沢の徳育思想について論じた高橋文博によれば、福沢

---

[1]　福沢諭吉「読倫理教科書」（慶應義塾編『福沢諭吉全集』第 12 巻、岩波書店、1970 年所収）。ちなみに、同全集では「5 月」とのみ記されたこの意見書を 1887 年のものだとするが、前掲田中智子論文『倫理書』編纂事業の再検討」の注記 35 によれば、翌年 5 月のものと推定できる。

は「道徳を人々の共通の知から排除することで、情の領域に属する特別な人格的関係に基づくこととして、徳育を学校教育の場から除外したのである」①。その意味では、「尊信」の情を「学術ヲ専門トスル」学校から排除した森や菅・能勢たちとは共通する。ただし、それでも徳育において「標準」が必要だと考えた森らと、公定の「標準」をありえないものとする福沢は見解を異にした。

また、田中智子も触れたように、第三高等中学校長折田彦市からも、「高尚ニ過ギ」「今少シ卑近ナル方宜シキ」との声が出されたという②。

他方、これらの批判意見と異なり、『倫理書』に賛意を示した識者もいた。井上毅がそれである。井上は本全体の趣旨について「賛成ヲ表明」しながら、次のような「文字上ノ注意」を喚起している③。

> 「アヘクシオン」ハ字書上ニハ好悪愛憎ノ二義ヲ兼居候歟ナレドモ、哲学上ノ応用ニハ専ラ親愛ノ意義ニ取候哉ニ見エ候、既ニオーグストコムト氏ノ説ヲ祖述シタルアコラス氏ハ「アヘクシオン」ヲ以テ政治、経済、法律之本源トシ説ヲ立テタルハ全ク愛情ヲ主トシタルモノニシテ即チ支那人ノ所謂仁ニ相当セルカ如シ。本篇ニ此字ヲ主張敷衍シタルハ充分円満ナルカ如シト雖モ、唯々此字ノ「デヒニシオン」ニ向テ好悪愛憎ノ二義ヲ兼ネタルガ如キハ如何アルヘキ。又此字ハ情欲又ハ情感ト訳シタルハ未ダ精当ナルニアラズ、却テ愛情又ハ親愛トシタル方可然歟。

ここで、井上は、『倫理書』第三章「行為ノ起原」において取り上げられた「アヘクシオン」(「情欲」)という要素を儒教道徳における「仁」にあたるものとした上で、「情欲(affection)」という言葉が「好悪愛憎ノ両義」を孕むことを問題視している。そのネガティブな部分を捨象し、「愛情又ハ親愛」というポジティブな訳語に置き換えることを勧めている。そうした注文は単なるレトリック上の拘りではなく、彼の次のような期待にかかわる問題と考える。

① 高橋文博『近代日本の倫理思想：主従道徳と国家』(思文閣出版、2012 年)。
② 前掲田中論文『『倫理書』編纂事業の再検討」、35 頁。原史料は 1888 年 5 月折田彦市より森文部大臣宛「倫理書ノ義ニ付御下問ニ対スル答書」(京都大学大学文書館所蔵「第三高等学校関係資料」の 880004『明治二十一年 文部省総務局往復書類 附大臣官房』に所収)である。
③ 井上毅「文部省撰定論理教科書意見案」(1888 年 4 月 10 日、井上毅伝記編纂会編『井上毅伝』史料篇第 2、1968 年所収)。

　　末段ニ「アヘクシオン」及「ヒウマニチー」ノ人生自然ノ理性良心ニシテ、自
他対立之関鏈、社会団結之経絡タル事ヲ補説セラレタランニハ此ノ一篇ハ独倫理
教育ノ一偏ニ止マラスシテ将来政治上ノ進化ニ盛大ノ影響ヲ及ボスヘキ一大発芽
タル事ヲ予期スルニ足ランモノヲ穴賢妄言ノ罪ヲ赦シ給ヘカシ謹言。

　つまり、井上は、上記の「アヘクシオン」と「ヒウマニチー（humanity）」
が「社会団結之経絡」であるとして、人間生まれつきの「理性良心」たる
両者によって、徳育を超えて政治の進化にも寄与できると期待を寄せてい
る。法制官僚であった井上が立憲政体を構想しながら、法律の制定・施行
をめぐる議会と政府における諸矛盾を相譲の「徳義」、すなわち「仁」に
よって解決せざるをえないという彼自身の課題意識を彷彿させるような批
評とも言える①。もっとも、『国民之教育』誌上に掲載された菅の草案から
3 月版で加筆された部分を想起すれば、井上の意図は編纂者の意図とは異
なったことが分かる。

1-3. 能勢栄による弁明—「こんもんせんす」と「倫理」—

　管見の限り、上記の識者による 3 月版への批評に対し、『倫理書』起草側
がどのような対応や返答をしたのかを示す史料はない。もっとも、中心的
な起草者の能勢はその後、教育ジャーナリズムにおいて「倫理」科教育の
理念について弁明するような言説を発表したことが確認できる。その一つ
は、前章でも触れた 1888 年 4 月に大日本教育会常集会で行った「道徳ノ標
準」と題する演説である。3 月版が仕上がった一カ月後の同演説の主意に
ついて、能勢は「文部省ニ於テ私等ノ調ベテ居ッタ倫理学ノ一部デアリマ
ス」としながら、「其説キ方ハ異リマス」と断っている。というのは、「教
科書トシテ政府カラ出スモノハ誰ノ説ハ可ニシテ孰ノ説ハ非ナリナドト、
批評論駁致シテハ教科書ニナリマセンカラ、徹頭徹尾英語デ言ヘバ「どぐ
まちつく」ニ初メカラキメテ掛分ナケレバナリマセン」からである。した
がって、この演説に関して「主意ニ於テハ文部デ取調ベタノト違ッテハ居
リマセンガ、其論法ハ少シ違ッテ一家ノ言ニナッテ居ル」という前置きを

①　前掲森川『教育勅語への道』、315-316 頁参照。森川によると、井上は「徳義」の確立を教
　　育に期待し、「仁」に基づく秩序ある世界を求め、「仁」による利己心の克服とも主張してい
　　たという。

述べている。そこで次に加藤弘之を名指しながら、宗教とも道徳哲学とも異なる「こんもんせんす」・「通俗心」を徳育の標準に据えるべきだという主張を展開したことは、前章で述べた通りである。

また、『倫理書』10月版刊行の一か月前に、能勢は雑誌『教育評論』第1号に「道徳ト倫理トノ間ニ何程ノ差異アルヤ」という論説を寄稿した。序章でも少し引用したように、論説の冒頭では、能勢はまず「倫理」科設置直後の世間の反応について次のように回顧している。「明治19年5月文部省令第九号及ビ同年6月第14号ヲ以テ師範学校及ビ中学校教則ヲ発布セラレダルトキ初メテ倫理ト云フ文字ガ政府ノ布告文ニ載セラレタリ、当時未タ倫理ノ何事ナルカヲ知ラザル者多ク、或ル地方庁ヨリ文部省へ其ノ意義ヲ聞キ合セタルコトアリ」[1]という。その後「坊間ニ於テモ倫理ノ二字ヲ以テ標題トスル書籍追々出版」されたにもかかわらず、「尚ホ未タ倫理ノ意義ヲ明瞭ニ理会セザル者アリ」と述べている。続いて能勢は、「此頃或ル縣ノ小学訓導某書ヲ予ニ寄セテ本題ニ掲ケタルトコロノ質問ヲ為セリ」と述べながら、「倫理」科の設置に伴い、「倫理ノ意義ヲ明瞭ニ理会セザル者」に向けて、「修身」・「道徳」・「倫理」という概念の区別について説明している。特に留意したいのは、西村茂樹への言及である。

　　　全体倫理ノ倫ノ字ハ支那学者ノ用ル所ノ彝倫トカ五倫トカ云フ場合ニ於テハ其意義甚タ狭ク夫婦別アリ長幼序アリト云フ如キハ広キ道徳中ノ一小部分ヲ斥ス者ナレバ、西村茂樹先生ノ説ニ、今世人ノ用フル倫理ト云フ文字ハ其ノ意義ト符合セサル故ニ甚ダ妥当ナラス。倫理トハ道徳ノ一部ナレバ狭キ倫理ト云フ文字ヲ止メテ広キ道徳ト云フ字ヲ用フベシト云ヘリ。成ル程倫理ト云フ二ツノ文字ハ支那文字ナレバ、只其ノ字義ニ就テ考フレバ、或ハ西村先生ノ説ノ如ク妥当ナラザル文字ナルヘケレドモ元来文部省ヨリ出タル倫理ノ文字ハ支那ニ借リテ其ノ意義ヲ西洋ヨリ取リタル者ナリト聞ク故ニ、西村先生ノ云ヘル如ク文字ト意義ト符合セサルコトモアランナレトモ、宜シク文字ニ拘泥セズシテ其ノ意義ニ就テ考究セザルベカラザルナリ。

上記の能勢の発言から、西村が「倫理」という概念用語の使い方自体に違和感を抱いていたことが窺える。中国の経書に由来する「倫理」という

---

① 前掲能勢栄「道徳ト倫理トノ間ニ何程ノ差異アルヤ」。

言葉が、本来五倫五常という中国の徳目を指すものであり、広義の「道徳」の一部であるにもかかわらず、「倫理」を広義の意で用いるのは甚だ不適切だという批判である。

続いて能勢は、「文部省ニ於テ用フル倫理ト云フ字ノ原語ハ（Ethics）ナリ」と説明し、その語源としてギリシア語において風俗行儀作法という意味を含む言葉（yjos）からくるものと述べ、「道徳」は「世人ノ能ク知ルトコロノ（moral）」というラテン語の（moralis）からくるものとしている。そして、moralis の語源たる molis がギリシア語の yjos と同義なため、「（ethics）モ（moral）モ其ノ原来ノ意義ニ於テハ異ナルコトナシ」と見做しながら、「（moral）ニ対シテハ道徳ノ字ヲ用ヒ、（ethics）ニ対シテハ倫理ノ字ヲ用フルコト妥当ナルカ如シ」と規定している。その上で能勢が示した説明によれば、小学校の教科名として挙げられた「修身」は、「道徳ノ一部分ニシテ行儀作法躾方」を意味する概念であり、たとえば「昔シ聖人ガ孝ハ百行ノ本ナリト云ヘリ故ニ汝モ亦親ニ孝行ヲ為セヨ」と生徒に命令して教えることを内容とする。「道徳」はそれよりも上級の概念として、「親ニ孝ヲ為スハ子タル義務ヲ盡スナリ」というように、「修身」における命令を「義務ト権理ノ法則」として説明する「義務ノ学」である。さらに「倫理」とは「道徳」よりも上級の概念であり、「何故ニ人ノ子タル者ハ親ニ孝ヲ盡サネハナラヌ義務アリヤ」を説き、その根源にある「行為ノ標準ヲ尋求」するものであるという。

この見解は、10月版の正式出版を控えた一カ月前に公表されたのであるが、そこで、能勢は西村の「倫理」という概念に対する疑問を明確に意識しながら、あえて西村の拘った「道徳」、さらに小学校教則に掲げられた従来徳育を表した「修身」という用語との概念区別を語っている。10月版の冒頭で「倫理」と「道徳」の異同を説明する「凡例」との内容面の重なりからしても、寄稿のタイミングからしても、この論説は『倫理書』の編纂原理をあらかじめ説明・宣伝しようとしたものと見做すことができよう。

上記の識者らによる批評と能勢による編纂理念の弁明を経て、1888年10月に『倫理書』（10月版）が正式に出版された。そこでは、全体構成はほとんど変わらないまま、森が起草したと見做される「凡例」が冒頭に加えられた。次には、その「凡例」にはいかなる事項が記述され、『倫理書』

の本文においてどのような改訂が施されたのかについて見ていきたい。

2.『倫理書』の改訂内容—3月版から10月版へ—

　10月版の「凡例」は六点の記述内容からなる。1〜3点目は本書の趣旨と題目に掲げられた「倫理」の意味合い、及びそれと「道徳」という概念用語との違いについての解説である。4点目は本文における「道理」という言葉の意味についての説明であり、5点目は本書に基づく教授に際しての注意事項として、「広ク例ヲ挙ゲ、詳ニ証ヲ示ス」こと、本書の記した「要領ハ、初学ノ用ニ供スルニ足ル所ノ区域ニ止メタリ」ことを挙げている。最後の6点目は「此書ハ、尋常中学校、及師範学校倫理科ノ最末学年期ニ用フル者トス」と記してある。

　また、下の表4—2は3月版と10月版の異同を整理したものである。この表が示している通り、本文の改訂に関して、用語レベルの修正などが見られるものの、内容的には相当の程度重なる上に、ほぼ同一の文章表現と見做せるところが多い。

表4-2 【3月版と10月版の対照表】

＊記号の説明：下線（左側）＝削除；下線（右側）＝挿入

3月版 (国立国会図書館請求記号: 特21-783)	10月版 (国立国会図書館請求記号: 18-41)
〔表紙欠〕〔凡例欠〕	〔表紙あり〕〔凡例あり〕
第一章　概論	第一章　概論
人ノ行為ハ其ノ目的アリテ善ク之レヲ達スルアリ達セザルアリ是レ所謂善悪正邪ノ別ヲ生ズル所ナリ而シテ行為ノ目的ニ大小遠近ノ等差アリ（1頁）	人ノ行為ハ、各其正当ナル目的アリ。而シテ行為ノ目的ニ、大小遠近ノ等差アリ。（2頁）
茲ニ一人アレバ必ズ其ノ父母アリ或ハ其ノ妻子アリ或ハ其ノ兄弟アリ此ノ如クシテ其ノ一眷属ヲ成ス而シテ此ノ處ニ一眷属アレバ彼ノ處ニ亦一眷属アリ衆眷属相倚リテ部落ヲ成シ衆部落相頼リテ以テ社会ヲ成シ国ヲ成スニ至ル（5頁）	茲ニ一人アレバ必ズ其ノ父母アリ、或ハ其ノ妻子アリ、或ハ其ノ兄弟アリ。此ノ如クシテ、其ノ一家族ヲ成ス。而シテ此ノ處ニ一家族アレバ、彼ノ處ニ亦一家族アリ、衆家族相倚リテ、部落ヲ成シ、衆部落相頼リテ、以テ社会ヲ成シ、国ヲ成スニ至ル。（6頁）

續表

3月版 （国立国会図書館請求記号：特21-783）	10月版 （国立国会図書館請求記号：18-41）
〔表紙欠〕〔凡例欠〕	〔表紙あり〕〔凡例あり〕
吾人ノ行為ハ社会中種々ノ関係ヨリ起ルニ由リ自己ノ意志ヲ行フハ社会ノ許ス所ノ制限ヲ超ユルコト能ハザルコト多シ（8頁）	吾人ノ行為ハ、社会中種々ノ関係ヨリ起ルニ由リ、自己ノ意志ハ、社会ノ許ス所ノ制限内ニ非ザレバ、殆ド之ヲ行フコト能ハザル者ナリ。（9頁）
然レトモ人類ハ初メヨリ協力分労シテ生活シタルモノニアラズ常ニ相敵シ相競ヒテ軋轢絶エザリシ（9頁）	然レトモ人類ハ、初メヨリ協力分労シテ、生活シタルモノニアラズ、天性群居物ナルニモ拘ラズ、生活ノ必要等ヨリシテ、常ニ相敵シ相競ヒテ軋轢絶エザリキ。（11頁）
第二章　目的	第二章　目的
蓋シ倫理ノ要ハ新奇ノ理ヲ求ムルニ非ズ世人ノ所謂正邪善悪ニ就キテ切実ニ其ノ理ヲ指示シ以テ行為ノ標準ヲ定メ之レヲ審ニシテ其ノ実行ヲ期スルニアリ凡ソ他ノ学術ハ単ニ事物ノ理ヲ推究シテ此レニ達スレバ已ムナリ倫理ノ講究ハ之レト異ナリ直チニ吾人日常ノ行為ヲ論ジテ當ニ斯ク行フベシ斯ク行ハザル可ラズト定メ専ラ実践躬行ヲ以テ目的トスルヲ以テ他ノ学術ト同ジカラズ吾人ノ行為ヲ論ズルニハ先ヅ行為ノ由リテ出ヅル所ノ源ヲ察シ又之レヲ左右スル所ノ意志ヲ明瞭ニセザルベカラズ行為ノ正邪ヲ分ツニハ先ヅ徳義ノ標準ヲ認知セザルベカラズ此ノ事ハ学者ノ説クトコロ異同アリト雖モ通常ノ知覚ニ徴シテ必ズ首肯スル所ノ原理アルベシ（12-13頁）	蓋シ倫理学ノ要ハ、新奇ノ理ヲ求ムルニ非ズ、世人ノ所謂正邪善悪ニ就テ、切実ニ其理ヲ指示シ、以テ行為ノ標準ヲ定メ、之ニ審ニシテ、其実行ヲ期スルニアリ。　行為ノ正邪ヲ分ツニハ先ヅ之ヲ分ツニ足ルベキ標準ヲ認知セザルベカラズ、此標準ニ就キ学者ノ説ク所異同アリト雖モ、通常ノ知覚ニ徴シテ、必ズ首肯スル所ノ原理アル可シ。（15頁）
或ル行為ヲ善トシ之レニ反スルヲ悪トスルハ古今学者ノ一致スル所ニシテ親切適度信実ハ善ニシテ残酷虚妄過度ノ悪ナリト謂フニ於テハ更ニ異論スル者ナク亦天下ノ人心モ広ク許ス所ナリ是等一般ニ許ス所ノ由リテ出ヅル原理ヲ推究シ是レニ由リテ倫理ノ基本ヲ認定シ行為ノ標準ヲ明カニシ之レニ遵ヒテ以テ行為ノ性質ヲ撿察スレバ正邪ノ分自ラ判然タルヲ得ベシ巳ニ実践躬行ノ学ナリ之レヲ講ズルニ方リ決シテ空論ニ陥ル可ラズ抑人生ノ目的ハ道理ニ遵ヒ完全ナル人ト為ルニアリ単ニ苦ヲ避ケ楽ヲ求ムルガ為ニ非ズ（14頁）	或ル行為ヲ善トシ、之レニ反スルヲ悪トスルハ、古今学者ノ一致スル所ニシテ、親切（Kindness）適度（Temperance）信実（Truthfulness）ハ善ニシテ、残酷（Cruelty）過度（Intemperance）虚妄（Untruthfulness）ハ悪ナリト謂フニ於テハ、更ニ異論スル者ナク、亦天下ノ人心モ広ク許ス所ナリ。是等一般ニ許ス所ノ由テ出ヅル原理ヲ推究シ、是ニ由テ、倫理ノ基本ヲ認定シ、行為ノ標準ヲ明ニシ、以テ行為ノ性質ヲ撿察スレバ、正邪ノ分自ラ判然タルヲ得可シ。人生ノ目的ハ、道理ニ遵ヒ、完全ナル人ト為ルニアリ。単ニ苦ヲ避ケ楽ヲ求ムルガ為ニ非ズ。（15-16頁）

續表

3月版 (国立国会図書館請求記号: 特21-783)	10月版 (国立国会図書館請求記号: 18-41)
〔表紙欠〕〔凡例欠〕	〔表紙あり〕〔凡例あり〕
第三章　行為ノ起原	第三章　行為ノ起原
君臣ノ情　凡ソ社会ノ秩序ハ制裁服従ノ関係ニ成ルモノナリ乃チ一家ニ親ニ学校ノ師ニ於ケル如シ而シテ国ニ於テハ君タル者制裁ノ任ニ當リ品位ヲ保チ恩恵ヲ施スノ情ヲ有シ之レニ服従スル者ハ其ノ品位ヲ尊ヒ其ノ恩恵ニ感ジ為ニ忠ヲ盡スノ心ヲ生ズルモノナリ我ガ国神武帝建国以来皇統連綿タル一帝室ヲ奉戴シ天位ノ尊キ数千年一日ノ如ク君臣ノ分粲然トシテ紊レズ而シテ其ノ情誼ノ純良ニシテ親密ナルコト我ガ国特有ノ美徳ナリ　（27-28頁）	君臣ノ情　凡ソ社会ノ秩序ハ裁制服従ノ関係ニ成ルモノナリ。乃チ一家ノ、親ニ於ケル、学校ノ、師ニ於ケルガ如シ。而シテ国ニ於テハ、君タル者、裁制ノ任ニ當リ、品位ヲ保チ、臣民ヲ愛シ、之レニ服従スル者ハ、其ノ品位ヲ尊ヒ、其ノ愛ニ感ジ、為ニ忠ヲ盡スノ心ヲ生ズル者ナリ。我国ハ、建国以来、皇統連綿タル一帝室ヲ奉戴シ、天位ノ尊キ、数千年一日ノ如ク、君臣ノ分、粲然トシテ紊レズ。而シテ其ノ情誼ノ純良ニシテ、親密ナルコト、万国無比ノ美徳ナリ。（31-32頁）
智力上ノ情操ハ知識ト真理トニ就キテ起ル快楽ト無識ト謬誤トニ就キテ起ル苦痛ノ情ナリ　（28-29頁）	智力上ノ情操ハ知識ニ就テ起ル快楽、及無識ニ就テ起ル苦痛ノ情ナリ。（32頁）
好尚上ノ情操ハ風景音楽圖畫詩歌文章ノ美妙綾羅錦繡ノ彩色金石ノ彫刻磁器漆器ノ精巧凡テ天工物若クハ人工物ノ優美宏壮雅致調和等ノ形質ニ応ジテ起ル所ノ快楽及ビ之レニ反スル陋醜不調粗雑等ノ形質ニ応ジテ起ル所ノ苦痛ヲ包含ス此ノ情ハ専ラ眼耳両官ノ媒介ヲ以テ心ニ與フル所タルモ其ノ主タル者ハ眼ナリ此ノ感亦教育ニ頼リテ大ニ発達スルコトヲ得ルモノナリ　（29頁）	好尚上ノ情操ハ、風景、音楽、圖畫、詩歌、文章ノ美妙、綾羅錦繡ノ彩色、金石ノ彫刻、磁器漆器ノ精巧、凡テ天工物、若クハ人工物ノ優美、宏壮、雅致、調和等ノ形質ニ応ジテ起ル所ノ快楽、及ビ之レニ反スル陋醜、不調、粗雑等ノ形質ニ応ジテ起ル所ノ苦痛ヲ包含ス。（33頁）
道徳ノ念ハ義務ノ念ヲ包ム即チ善正ナル行為ト云ヘバ為スモ為サズルモ吾人ノ自由ニ任カスル者ニアラズ自ラ正権タルノ威力ヲ以テ吾人ヲ制督シテ之レニ就カシムルモノニシテ吾人ノ順従ヲ催促スルノ律ナリ之レヲ倫理ノ理法ト云フ故ニ道徳上各人ノ本分ハ自ラ責任ヲ負ヒ必要ヲ感ジ之レヲ為サザレバ道徳上ノ罪人タルコトヲ覚ユルナリ。此ノ行為コソ凡百行為中殊ニ道徳ニ関スル行為ト称スル者ニシテ倫理学ノ研究スル所ノ行為ハ即チ是レナリ　（31頁）	道徳ノ念ハ、義務ノ念ヲ包ム。即チ善正ナル行為ト云ヘバ、為スモ為サズルモ、吾人ノ自由ニ任カスル者ニアラズ。自有ノ権威ヲ以テ、吾人ヲ制督シテ、之レニ就カシムル者ニシテ、吾人ノ順従ヲ催促スル者ナリ。之ヲ倫理ノ理法ト云フ。故ニ各人ノ本分トシテ、自ラ責任ヲ負ヒ、之ヲ為サザレバ、道徳上ノ罪人タルヲ覚ユルナリ。此行為ハ、凡百行為中、殊ニ道徳ニ関スル行為ト称スル者ニシテ、倫理学ノ研究スル所ノ行為ハ、即チ是ナリ。（34-35頁）

續表

3 月版 (国立国会図書館請求記号: 特 21-783)	10 月版 (国立国会図書館請求記号: 18-41)
〔表紙欠〕〔凡例欠〕	〔表紙あり〕〔凡例あり〕
同憐（Sympathy）ハ以上三種ノ情操ニ比ス レバ稍単純ナル性質ヲ有ス（32 頁）	同感（Sympathy）ハ、上ノ三種ノ情操ニ比ス レバ、稍単純ナル性質ヲ有ス（36 頁）
恐怖ノ感ハ未来ノ危艱ヲ豫期スルヨリ起ル 所ノ感ニシテ（32 頁）	恐怖（Fear）ハ、未来ノ危艱ヲ豫期スルヨリ 起ル所ノ感ニシテ（36 頁）
驚愕ハ突然意外ノ事物ニ出会フニ由リテ起 ル所ノ感ナリ（33 頁）	驚愕（Terror）ハ、突然意外ノ事物ニ遇フニ 由テ起ル所ノ感ナリ。（38 頁）
後悔ハ己レガ為シタル失錯ト悪事トヲ知ル ニ由リテ発スル所ノ不快ナル感ニシテ（34 頁）	後悔（Repentance）ハ、己ガ為シタル失錯ト 悪事トヲ知ルニ由テ、発スル所ノ不快ナル感 ニシテ（38-39 頁）
憂愁ハ全ク心思ニノミ感ジテ身体ニ感ゼザ ルモノ多シ此ノ感ハ久シク存シ数年ニ渉ル コトアリ（34-35 頁）	憂愁（Sorrow）ハ、全ク心思ニ感ジテ、久シ ク存シ、数年ニ渉ルコトアリ。（39 頁）
習慣モ亦自ラ行為ノ起原トナルナリ習慣ニ 二種アリ活動ノ習慣受動ノ習慣是レナリ （37-38 頁）	習慣モ亦自ラ行為ノ起原トナルコト大ナリ。 吾人日常ノ行為ハ、前ニ述ベタルガ如ク、多 ク習慣ヨリ来ル者ナレバ、人々善良ノ習慣ヲ 成シ、勉メズシテ善ヲ行フコトヲ得ルニ至ル ハ、人生最モ重要ナルコトナリ。倫理ヲ講究 シ、吾人日用ノ行為ノ善悪ヲ論ジ、斯ク行フ ベシ、斯ク行フ可ラズト知リタルノミニテ ハ、毫モ裨益スルコトナシ。故ニ善ト知ラ バ、直ニ之ヲ実践躬行スル習慣ヲ養成セザル 可ラズ。習慣ニ二種アリ、活動ノ習慣、受動 ノ習慣是ナリ。（42-43 頁）
小虫ヲ殺スヲモ嫌悪スル人ニシテ牛羊ヲ屠 リ業トナスアリ、戦争ノ報ニ接シ股慄スル人 ニシテ親ラ矢石ノ間ニ奔走シ自若トシテ神 ヲ動カサヽルアリ、獄舎ヲ過ギテ悲惻ノ念ヲ 生ズル人ニシテ人ヲ殺シ盗ヲ作シ恬然之レ ニ安ンズルアリ。此ノ如ク比較ノ著キ者ハ 或ハ其ノ天賦ノ性ニ差異アルニ由ルト雖モ 大抵習慣ノ養成ニ由リテ然ラシムルモノ多 シ故ニ習慣ハ行為ニ関シ最モ重要ノ考按ヲ 要スルモノナリ（39 頁）	小虫ヲ殺スヲモ厭忌スル人ニシテ、牛羊ヲ屠 リテ業ト為スアリ。戦争ノ報ニ接シ、股慄ス ル人ニシテ、親ラ矢石ノ間ニ奔走シ、自若ト シテ神ヲ動カサヽルアリ。此等如キハ、或ハ 其天賦ノ性、差異アルニ由ルト雖モ、大抵習 慣ノ養成ニ由テ、然ラシム者多シ。故ニ習 慣ハ、行為ニ関シ、最モ重要ノ考按ヲ要スル 者ナリ。（45 頁）

續表

3 月版 (国立国会図書館請求記号：特 21-783)	10 月版 (国立国会図書館請求記号：18-41)
〔表紙欠〕〔凡例欠〕	〔表紙あり〕〔凡例あり〕
此ノ三者（引用者注：体慾欲望情緒）ハ自然ニ発スルガ故ニ意志ヲ以テ喚起スベキニアラズ然レドモ須ク道理ニ遵ヒテ意志ノ制裁ヲ受クベキモノナリ（40 頁）	此三者ハ、自然ニ発スルガ故ニ、意志ヲ以テ制止ス可キニ非ズ、然レドモ須ク道理ニ遵テ、意志ノ裁制ヲ受ク可キ者ナリ。（46 頁）
第四章　意志（Will）	第四章　意志（Will）
即チ意志ハ我ガ心ノ諸能力ヲ誘起シテ之レヲ行為ニ顕ハスノカナリ又諸能力ヲ制止シテ取捨選択ヲ為スノカナリ（42 頁）	即チ意志ハ我心ノ諸能力ヲ誘起シテ、之ヲ行為ニ顕ハスノカナリ、又諸能力ヲ箝制シテ、取捨選択ヲ為スノカナリ。（48 頁）
意志ノ能ハ其ノ為シ能フベキ事物ニ向ヒテ其ノ行為ヲ自ラ決定スルニアリ人若シ自ラ決定スルコト能ハザレバ称シテ自己ト謂フベカラズ（46 頁）	意志ハ人ノ為シ能フベキ事物ニ向ヒテ、之ヲ其行為ニ表ハス。人若シ自ラ決定スルコト能ハザレバ、自己ノ称ヲ得ベカラズ。（53 頁）
人ハ成年ノ期ニ達スルニ非レバ十分ニ意志ノ自由ヲ得ザルモノナリ又人ノ疾病若クハ疲労ニ由リ意志ノ力怯弱ナルトキハ其ノ自由ヲ得ザルナリ又平素飲酒スル者卒然之レヲ禁断セントスルモ能ハズ平生磊落ナル行為ヲナス人卒然謹厳ナルコト能ハズ過厳ナル人坦易ナルコト能ハザルガ如ク凡ソ人ハ習慣ノ為ニハ多少意志ノ自由ヲ失フモノナリ（49 頁）	人ハ成年ノ期ニ達スルニ非レバ、意志ノ自由ヲ十分ニ得ザルモノナリ。又人ハ疾病若シクハ疲労ニ由リ、意志ノ力怯弱ナルトキハ、其ノ自由ヲ得ザルナリ。又人ハ習慣ノ為ニ、意志ノ自由ヲ失フ者ナリ。（55 頁）
第五章　行為ノ標準	第五章　行為ノ標準

續表

3月版 (国立国会図書館請求記号: 特21-783)	10月版 (国立国会図書館請求記号: 18-41)
〔表紙欠〕〔凡例欠〕	〔表紙あり〕〔凡例あり〕
人ハ智ヲ以テ人事ノ関係ヲ審カニシ動カスベカラザル必然ノ道理ニ資シテ之レニ適当スル者ヲ善トシ之レニ反スル者ヲ悪トス以上列挙スル所ノ四種ノ説各異ナリト雖モ其ノ歸スル所一ナリ（53-54頁）	人ハ智ヲ以テ人事ノ関係ヲ審カニシ、動カスベカラザル必然ノ道理ニ資シテ、之レニ適当スル者ヲ善トシ、之レニ反スル者ヲ悪トス。右ノ外所謂良心ナル者ヲ標準トシ、人ハ生レナガラ、道徳ノ本心ヲ有シ、恰モ目ニ色ヲ辨ジ、耳ノ音ヲ解スルガ如ク、直ニ行為ノ善悪ヲ自覚シ、善ノ求ムベキコト、悪ノ避クベキコトヲ知ル直覚力アル者ナレバ、此力ニ訴ヘテ、善悪ヲ判定スル説アリ。此説古来東西ニ普ク行ハレ、頗ル勢力アル論ナリ。然レドモ此説ハ畢竟自己ノ心ニ自ラ信ズル者ニシテ、恰モ宗教ヲ奉ズル者ノ其神ヲ信ズルガ如ク、之ヲ信ゼザル可ラザル理由ナク、只自己ノ心ニ信ジテ、善トスル者ヲ善トシ、悪トスル者ヲ悪トスルコトナレバ、一個人ニ於テモ其思フ時ト場合トニ因テ其心ノ変ズルコトアリ、従テ自己ノ良心モ亦変ズル者ナリ。サレバ斯ノ如ク時ト場合トニ因テ変ズル所ノ者ヲ以テ標準ト為ス可ラザルコト明ナリ。是レ良心ヲ以テ標準トスル説ヲ此ニ列挙セザル理由ナリ。以上列挙スル所ノ四種ノ説各異ナリト雖モ其ノ歸スル所一ナリ。（60-61頁）
人各自知性アリテ自ラ其ノ神魂有ルコトヲ了知スルハ絶対ノ念ナレドモ身体名誉地位所有権力等都ベテ自己ト称シ自己ノ物ト称スルハ絶対ノ思想ニ非ズ（67-68頁）	人、各自知性アリテ、身体、名誉、地位、所有、権力等ヲ以テ、都ベテ自己ト称シ、自己ノ物ト称スルハ、絶対ノ思想ニ非ズ。（78頁）
備考　□□〔判読不可〕書ニ載スル所ハ唯ダ倫理ノ要領ノミニシテ広ク例ヲ集メ詳ニ証ヲ示スノ業ハ教師ノ本分トシテ之ヲ略セリ	〔3月版の最後に左のような「備考」があったが、10月版で削除された。ただし、それとほぼ重なる内容が「凡例」として10月版の冒頭に付け加えられた〕

　例えば、3月版では、「吾人ノ行為ハ社会中種々ノ関係ヨリ起ルニ由リ自己ノ意志ヲ行フハ社会ノ許ス所ノ制限ヲ超ユルコト能ハザルコト多シ」（第一章「概論」）と記してあるが、10月版では「吾人ノ行為ハ、社会中様々ノ関係ヨリ起ルニ由リ、自己ノ意志ハ、社会ノ許ス所ノ制限内ニ非ザレバ、殆

ド之ヲ行フコト能ハザル者ナリ」として、劇的な意味変化のない言い換え
になる。

　ただし、全体としては少ないものの、第二章で大幅な削減が見られるほ
か、段落レベルの加筆が二箇所確認できる。それは、第三章「行為ノ起原」
における「習慣」という項目下の加筆と、第五章「行為ノ標準」における
四種の「標準」説の後に付け加えられた「良心ナル者ヲ標準」とする説へ
の批判である。以下では、3月版と10月版の間の主な変更点について、前
節で確認した識者の批評や能勢による弁明との関連の視点から整理する。

2-1.「倫理」と「道徳」の区別

　前述したように、『倫理書』3月版が受けた複数の批判における共通項
の一つは、その倫理学・心理学に基づく記述の抽象性と非実用性、すなわ
ち道徳的行為の実践を指示・喚起するような徳目などの要素の欠如であ
る。事実、前年の『国民之教育』の論説で能勢が強調した実践志向、即ち
「日常行為ノ規制ヲ示」す徳目の提示や「規則ヲ定ムル」ような「実用ノ部」
は、3月版では乏しい。同書の半分近くの紙幅を占める第三、四章の議論は
確かに当時の心理学の範疇に属するものと見てよいだろう。しかし、福沢
らの批判を受けた森・能勢たちは、「徳行の條目」を「実用ノ部」として
10月版に入れることはしなかった。そうではなく、むしろ「理論ノ部」に
特化する方向を前面に出すことになったといえる。その意図を端的に表し
たのは、森が起草した「凡例」の中の「倫理」と「道徳」の区別である。

　それによると、「倫理ヲ教フル」ことは人の人に対して発する「行為ト
ナル者ニ就キ、其正邪善悪ヲ判断スルニ足ルベキ標準ヲ明示スルニ在リ」
のに対し、「道徳ヲ教フルノ法ハ、人ノ心裏ニ、正邪善悪ノ別ルル所ヲ説キ、
人ヲシテ、正善ニ就キ、邪悪ヲ避ケシメ」ることにあるという。つまり、正
邪善悪の判断結果と勧善懲悪のための徳目教授を「道徳」の教育に属する
ものとして取除き、『倫理書』全体の理論的性格を保つ姿勢を示している。
第二章「目的」に見られる大幅な削除は、まさにその点を裏付けていると
言える。すなわち、3月版の時点では、単に事物の理を追究することに止ま
る学術とは異なり、「倫理ノ講究」は「吾人日常ノ行為ヲ論ジテ当ニ斯ク
行フベシ斯ク行ハザル可ラズト定メ、専ラ実践躬行ヲ以テ目的トスル」と
いう点が強調されていたが、10月版になると、この部分の文言が削られた。

そうした修正は「凡例」における「倫理」の定義（理論的性格の明示）とは無縁ではないだろう。

　では、「道徳」の教育はいかなるものと考えられており、それと区別された「倫理」（『倫理書』の議論）とは説き方においてどう違うだろうか。上記の能勢論説の説明から、「倫理」という言葉が明らかに『倫理書』のそれと同一のものである一方、広義の「道徳」が小学校で教える「修身」を包摂しながら、「義務ノ学」として捉えられていることがわかる。それは何が正しいのかを見分ける基準を示すだけでなく、正しい行為を命じる学問である。

　第一章で論じたように、森は、「倫理科」初学年生徒向けの教科書として『布氏道徳学』を選定した。同書はまさに「義務」を説くものであり、その意味で「道徳」の教科書と言える。その内容構成上の最も大きな特徴は、「道徳」という範疇を「幼童」のものと「成人」のものとに分け、それぞれの置かれる社会関係に即して「義務」について論じる点である。すなわち、『布氏道徳学』のように「義務」という概念を使って具体的な自他関係のあり方を説明するものが、森や能勢が想定した「道徳」ということになる。『布氏道徳学』では、個々の社会関係に即して「義務」としての「道徳」を説くのに対して、『倫理書』では、個々の社会関係に関わる叙述は、全て第三章「行為ノ起原」における「情緒（emotion）」の下位範疇にあたる「情欲（affection）」という項目の下で展開されている。

　以下、具体的な記述に即して検討しよう。

　例えば、親子関係について、『布氏道徳学』では、「幼童ノ父母ニ対スル義務」として、「巽順」・「認恩」・「敬礼」を挙げ、「其父母ノ待遇及ヒ児子ノ感情如何ニ拘ハラス、上文ニ説述セル義務ノ如キハ即チ児子タル者ハ決シテ其践行ヲ忽カセニスルコトヲ得ザル者タリ」[1]とあるように、親孝行が求められている。一方、『倫理書』では、「子ガ其ノ父母ヲ愛スルノ情」が「美麗純好ノ情」である一方、「猶ホ動物性ノ力強キガ為ニ己レヲ乳養シ己レヲ抱負スル所ノ母ヲ愛スルハ父ヲ愛スルヨリ甚シ」[2]と記されている。その記述は、先行研究が指摘するように、父子関係に優越するものとして母

---

①　フリッケ著・松田正久訳『布氏道徳学』訂正2版（牧野書房、1888年）、34頁。

②　3月版（文部省編『中学校師範学校倫理教科書』、国立国会図書館請求記号：特21-783）、24頁。以下では、「凡例」からの引用以外、『倫理書』からの引用はすべて3月版による。

子の情を説くことで儒教の「五倫の徳」から逸脱している点で特徴的である[①]。それと関連し、「動物性」という言葉からもわかるように、幼児はまず父よりも母に対して愛情を抱きがちだということを経験的な事実として述べ、父を愛せとは記さないという特徴がある。このように、『倫理書』では、人類共通の心理学上の事実として観察されたものや、生物学的傾向に即した経験的な事実と考えられることを述べる文体がとられている。

また、国民と国家の関係について、『布氏道徳学』では、戦時中は「宜シク汝ノ守地ニ居リ死ヲ冒シテ以テ自国ヲ防護スヘシ。汝善ク汝ノ国ヲ愛セヨ」[②]という「誡則」が掲げられている。それに対し、『倫理書』では、「若シ他国ノ攻撃ヲ受クルコトアルトキハ生命ヲモ捨テヽ本国ヲ護ルニ至ルモノナリ」[③]と記されるに止まる。「モノナリ」という表現は、「守るべきだ」と解釈できないこともないが、上の親子の情に関する議論の仕方をも踏まえると、義務として求めるのではなく、人がいざとなれば「本国ヲ護ル」ことはあくまで「天性」の「情」のためであるという見解を表明するに止まっているとも解釈できる。

このように、様々な自他関係に伴う行為の規範を「義務」と規定し、それへの遵守を要求する『布氏道徳学』とは異なり、『倫理書』は具体的な自他関係への言及をすべて心理学的枠組みで説明し、行為のメカニズムを経験的な事実として捉えようとする文体を採用している。その意味では、『布氏道徳学』の記述が「規範的」な性格を強く有しているのに対し、『倫理書』の議論は「叙述的」なものと言える。

2-2.「普通感覚」と「道理」

「倫理」と「道徳」を区別するという点のほか、「凡例」におけるもう一つの項目が留意に値する。それは、『倫理書』の本文に出てくる「道理」という言葉に関する説明である。

　　一　此書ニ云ヘル道理トハ、吾人普通ノ感覚ニ於テ、道理ト認ムル所ノ者ヲ云フ。而シテ此解釈ハ、未ダ精確ナラザルモ、本書ノ目的ヲ達スルニ足ル者トス。何

---

① 前掲田中智子「『倫理書』編纂事業の再検討」、32頁。
② 前掲『布氏道徳学』訂正2版、261頁。
③ 前掲3月版、26-27頁。

　　レナレバ、倫理的真理ハ、概ネ此普通感覚ニ於テ、道理トスル所ノ者ニ、一致スル
　　者ナレバナリ。（10 月版の「凡例」より）

　ここでは、「道理」という概念用語について、その解釈の「未ダ精確ナ
ラザル」が認められつつも、人間の「普通感覚」によるものだと説明され
ている。
　その点、田中智子は、「道理」とは何かについての疑問が外から寄せら
れたのではないかと推測し、『倫理書』における「道徳ノ標準」とは、「こ
んもんせんす」あるいは「通俗心」から導き出されるものだと説明してい
る事実に着目している。その上で、「『倫理書』が最終的に、説明を放棄し
「常識でわかるはず」と丸め込んでいく方法をもって、すべてを納得させ
ようとしていったことがうかがわれる」という解釈を示している[1]。しかし、
果してそうだろうか。田中の着目した能勢の論説は、前節でも触れた 1888
年 4 月に能勢が大日本教育会で行った演説「道徳ノ標準」のことである。
3 月版が仕上がった一カ月後の同演説において、加藤弘之が論敵の一人と
して明確に意識されていたことは前述した。とすれば、論説で提示された
「こんもんせんす」も、「凡例」で持ち出された「普通感覚」も、加藤の議
論と結びつけてその意味合いを考える必要があろう。
　加藤が『徳育方法案』（1887 年）において最も強く批判したのは、いわ
ゆる「哲学主義の徳育」であり、「道徳哲学」に基づいて編纂された徳育
教科書である。『教育報知』第 119 号（1888 年 5 月 19 日）の記事によれば、
加藤弘之も福沢諭吉らの識者とともに『倫理書』の未定稿に対する意見を
求められていたというが、『倫理書』3 月版に対する加藤の批評[2]は確認で
きない。しかし「尊信」の感情を喚起させるような「本尊様」の教説がな
く、理論志向の強いテキストは、彼にとって「道理づめに固めた教科書」の
典型例として否定すべき対象だったと推定される。したがって、加藤に対
して『倫理書』の趣旨を弁明する能勢は、加藤が鼓吹した宗教を斥けると
同時に、彼が批判した純正なる「道徳哲学」とも戦略的に距離を置かねば
ならなかった。その意味では、能勢が持ち出した「こんもんせんす」・「普

[1]　前掲田中「森有礼文政期研究の現在と射程」、90-91 頁。
[2]　『教育報知』第 119 号（1888 年 5 月 19 日）の記事によれば、加藤弘之も福沢諭吉らの識者
　　とともに『倫理書』の未定稿に対する意見を求められていたという。

通感覚」とは、宗教の教義と哲学の学説両方を超克した概念として、加藤
への対抗と妥協の産物としての一面を有しているものと解釈できる。言い
換えれば、『倫理書』で述べられた「道理」が人間の「普通感覚」によっ
て把握されるものだと強調したことは、加藤の宗教利用論に対する森や能
勢らによる対抗という文脈において捉えるべきではあるまいか。また、そ
こにおける「普通感覚」・「こんもんせんす」は決して説明の放棄ではない。
宗教の「本尊様」を持ち出さなくても、アリストテレスの学説などを一々
引用しなくても、倫理学をベースにした議論の内で（諸家の説が一致する
ところ）から正邪善悪を判断する標準を明らかにすることができるし、しか
もそれは——『日本道徳論』における西村茂樹の言葉を借りて言えば——「愚
夫愚婦」でも理解できるような、日常生活における常識と相通じるもので
ある、という意味だと考えられる。

　そうした発想は、能勢が訳したヂャネー著『倫理学初歩』（1889 年脱稿、
金港堂出版）の著者フランス人学者 Janet Pierre（1859-1947）にも共通
するところがあるように思われる。能勢は、ヂャネーの教育思想について
次のように述べたことがある。

　　　氏ノ趣旨ハ先年佛国政府カ宗教ヲ学校ヨリ駆逐セシ以来、是レ迄僧侶カ学校ニ
　　於テ宗教ノ教授ヲ為セシ代リニ、俗人ノ教師ガ倫理ヲ教授セザル可ラザル事トナリ
　　タレバ、ぢゃねー氏ハ首トシテ普通念ヲ標準ト為シ宗教ヲ離レタル新シキ倫理書ヲ
　　著述シ之ヲ学校教科書ト為シタルナリ。氏ガ時々ごっどヲ持チ出スハ其ノ議論ノ帰
　　結ヲ宗教ニ取ルニアラズシテ普通念ヨリ来ル道徳モ宗教ニ一致スル者ナル事ヲ証
　　明スルニアリ。氏ハ何處迄モ普通念ヲ本尊トシテ人間ノ義務ヲ説キタルナリ。故ニ
　　仏蘭西民法ノ箇条ヲ持チ出ス事甚タ多シ。其ノ時々ごっどヲ持チ出スハ周囲ノ空
　　気中ニ宗教多キガ為ニ普通念ノ帰結ノミニテハ不十分ナリト思惟スル時チョト立チ
　　入ル位ニ止ルノミ。[1]

　これに続いて、能勢は「我カ日本人ハ宗教ニ淡泊ニシテ普通念ニ富ミ」、
従って「ぢゃねー氏ノ正面ニ持チ出シタル普通念ノ標準ガ丁度我カ国ノ道
徳ニ適当スル者ニシテ宗教ヲ持チ出ス必用ハ毫モナキナリ」と述べてい

[1]　『教育報知』第 215 号（1890 年 5 月）

る[1]。

　その点では、『倫理書』の第五章はまさにその「普通念」としての「標準」について説明する部分にあたるものと見做すことができる。それでは、何が「普通感覚」であり、「こんもんせんす」であるのか。3月版・第二章における次の段落に着目したい。

　　　行為ノ正邪ヲ分ツニハ先ヅ徳義ノ標準ヲ認知セザルベカラズ。此ノ事ハ学者ノ説クトコロ異同アリト雖モ、通常ノ知覚ニ徴シテ必ズ首肯スル所ノ原理アルベシ。或ル行為ヲ善トシ、之ニ反スルヲ悪トスルハ古今学者ノ一致スル所ニシテ、親切適度信実ハ善ニシテ、残酷虚妄過度ハ悪ナリト謂フニ於テハ更ニ異論スル者ナク亦天下ノ人心モ広ク許ス所ナリ。是等一般ニ許ス所ノ由リテ出ヅル原理ヲ推究シ、是レニ由リテ倫理ノ基本ヲ認定シ、行為ノ標準ヲ明カニシ之レニ遵ヒテ以テ行為ノ性質ヲ検察スレバ正邪ノ分自ラ判然タルヲ得ベシ。[2]

　すなわち、「親切適度信実ハ善ニシテ残酷虚妄過度ハ悪ナリト」して捉えるような日常生活の常識ともいうべきもの、これこそが「通常ノ知覚」であり、「普通感覚」というところであろう。では、『倫理書』において、そうした常識として観察された現象から導かれた原理によって認定された「倫理ノ基本」は何だろうか。第五章では、次のような「標準」を導き出している。

　　　通常ノ知覚ニ徴シ、公平ノ眼ヲ以テ、人類社会ヲ通観スレバ、自ラ一條ノ標準常ニ存シテ、社会ノ間ニ行ハレ、而シテ何レノ時何レノ国ヲ問ハズ、其善ク行ハルル所ヲ、道徳ノ社会トス。是レ人事必然ノ勢ヨリ来ル者ニシテ、学者ノ未ダ知ラザル前ニ既ニ行ハレテ社会ヲ組織シタル者ナリ。[3]

　ここで留意すべき点は、「自他並立」が徳目として位置づけられているのではなく、どのような行為を選ぶべきかということにかかわる究極の判断基準であり、実際のところ、どのような行為が「自他並立」という観点

---

[1]　『教育報知』第 215 号（1890 年 5 月）。
[2]　3月版、14 頁。
[3]　3月版、55 頁。

から見て適合的であるかはその都度選ばなくてはいけないものとされていたことである。この点で、それは個々の行為にかかわる義務ではなく、まさに「原理」である。

この点については後述することとして、ここではさしあたって「普通感覚」という言葉が10月版の凡例で登場したことの重要性を確認しておきたい。

2-3.「良心ナル者ヲ標準」とする説への批判

この「良心ナル者ヲ標準」とする説への批判という加筆部分について論じる準備が筆者にはできていないため、本論文では立ち入らないが、一つの解釈の可能性だけをここで提示しておきたい。その加筆において留意すべき点の一つは、「良心」という言葉が「宗教」と結びつけられているところであろう。とすれば、その記述はだれの主張を意識して付け加えられたのだろうか。当時に宗教的意味合いから「良心」を語っていた論者が恐らく何人もいるが、『倫理書』編纂との関連で考えられるのは、中村正直である。前述したように、中村も、福沢諭吉とほぼ同じ時期に森から3月版を送られたが、それへの批評の現存がいまだ確認できない。ただし、稲田正次の研究によれば、中村によって起草された教育勅語の草案（「乙案」と朱で書き入れてあるバージョン）の中では、「忠孝ノ二者ハ人倫ノ大本ナリ殊ニ皇国ニ生ルル者ハ万世一系ノ帝室ニ対シ常ニ忠順ノ心ヲ以テ各々ソノ職分ヲ盡シ自己ノ良心ニ愧チサルコトヲ務ムヘキナリ」というように、「良心」が一つの鍵概念として用いられていることが分かる[1]。その点について、稲田は「職分（duty）とか良心とかも西洋品行論に多く出ている」と指摘したように、中村がスマイルスの『自助論』や『西洋品行論』を翻訳した時期から、「良心」という言葉を使い始め、それを英語Conscienceの訳語として当てていた。中村自身におけるキリスト教思想の受容を考えると、彼による「良心」という言葉の用い方は、キリスト教におけるConscienceという概念のニュアンスを帯びるものとして人に捉えられることもありうるだろう。推測の域を出ないが、中村は3月版に対する批評の中で、「自己ノ良心ニ愧チサルコト」を「行為ノ標準」として提案し、そこに宗教的匂

---

[1] 前掲稲田正次『教育勅語成立過程の研究』、177-186頁参照。

いを感じ取った森・能勢らは、10月版ではそうした「良心」標準説への否定を加筆したのではないだろうか。もちろん、この推測を一つの仮説として今後検証する必要があるが、ここでは「良心」にかかわる部分の加筆を、中村正直への応答としてみることの可能性を指摘することに止まりたい。

2-4.「習慣」部分の加筆

「凡例」の追加に比べると、『倫理書』の本文に見られる変更は目立たないものがほとんどである。若干の語句の変更というレベルを超える僅かな例外は、第三章「行為ノ起原」における「習慣（Habit）」項目における一段落分の加筆である。それは着目に値する修正箇所だと考える。同項目は３月版においては次のように記載されている。

> 習慣（Habit）ハ同一ノ事ヲ屢々スルニ由リ、其行為漸ク練熟シテ容易ナルヲ覚エ漸積ノ久シキ遂ニ天性ノ如ク奪フ可ラザルニ至ル者ナリ。凡ソ人ノ行為ハ習慣ニ成ル者多シ已ニ習慣ヲ成セバ復制止ス可ラザルニ至ル。試ニ之ヲ制スレバ、其心ニ不安ヲ感ジテ已マザルコト恰モ渇者ノ飲ヲ欲シテ得ザルガ如シ。故ニ習慣モ亦自ラ行為ノ起原トナルナリ。習慣ニ二種アリ（後略）（３月版、37頁）

10月版では、「故ニ習慣モ亦自ラ行為ノ起原トナルナリ」という一文を「習慣モ亦自ラ行為ノ起原トナルコト大ナリ」と直した上で、そのすぐ後に次の加筆が施されている。

> 吾人日常ノ行為ハ、前ニ述ベタルガ如ク、多ク習慣ヨリ来ル者ナレバ、人々善良ノ習慣ヲ成シ、務メズシテ善ヲ行フコトヲ得ルニ至ルハ、人生最モ重要ナルコトナリ。倫理ヲ講究シ、吾人日用ノ行為ノ善悪ヲ論ジ、斯ク行フベシ斯ク行フ可カラズ知リタルノミニテハ、毫モ禆益スルコトナシ。故ニ善ト知ラバ、直ニ之ヲ実践躬行スル習慣ヲ養成セザル可ラズ。

ここでは、良い「習慣」の養成が「実践躬行」と結び付けて論じられている点に注目したい。『国民之教育』に掲載された能勢・菅の寄稿に見られる倫理学の実践志向の重視が、『倫理書』になると影が潜め、さらに10月版の「凡例」では「理論」に特化する趣旨が前面に出ていた。しかし、

その一方で、実践そのものを森らが軽視するわけではないことが、この加筆からもわかる。ただし、ここでは、従来実践の指針とされた徳目などは何一つ挿入されず、そのかわりに、実践躬行における「習慣」の重要性が強調されるようになっている。

右の追加箇所で、「斯ク行フベシ斯ク行フ可カラズ知リタルノミニテハ、毫モ裨益スルコトナシ」という言葉は、前章で引用した、加藤弘之の宗教利用論を擁護した久保田鼎の発言——「只知ツタバカリデ出来ナイトスレバ、到底此道徳ナルモノハ追追維持シテ行クコトノ出来ヌモノトシナケレバナラヌ」——を彷彿させる。しかし、両者の分岐点は、実践を喚起する手段にある。「幽霊ノ賞罰」とそれを操る恐ろしき「本尊様」を信奉する、いわば感情に訴えるという宗教利用論者の論理は前述した。他方で、10月版では、この「習慣」が知行不一致を克服し、実践を喚起する手段として加筆された。

とすれば、このように取り立てて強調された「習慣」を含め、「凡例」における「倫理」の概念規定や「普通感覚」の提示といった10月版に見られる変更は互いにどのように関係し、そこに3月版に対する各識者の意見を受けた森・能勢のいかなる思惑が込められたのか。次には、『倫理書』の論理構成の分析を通じて、それらの問題に答えることを試みる。

3.『倫理書』の論理構成——「情」の位置づけ——

まず「道徳」と区別された「倫理」の意義について考えてみよう。そもそも「倫理」科において、「規範的」な「道徳」(『布氏道徳学』)だけでなく、さらに「叙述的」な性格を有する「倫理」(『倫理書』)が必要とされたのは、なぜだろうか。そこには、いかに人心の働きに関する理論が知っても道徳的実践につながらないと批判する福沢と、理論にこだわる『倫理書』起草者側との認識のズレが横たわっている。後者の意図について考えるために、前述した具体的な社会関係を包摂した「情」に関する議論を、『倫理書』全体の脈絡に位置付けつつ捉えてゆく必要がある。

既述したように、「倫理」という理論の方向に特化した『倫理書』においては、具体的な社会関係に関する叙述は、「行為ノ起原」の一つである「情緒」の下位範疇にあたる「情欸 (affection)」という項目の下に配置

されている。

　その配置は何を意味するのか。従来の研究では、『倫理書』の文面から森の「君臣の大義」に対する考え方を見出そうとして、特に「君臣ノ情」の記述と位置づけに着目する傾向があった。たとえば、林竹二は、『倫理書』における「君臣ノ情」の記述について、「本書にもられた倫理の体系のなかで、何ら特別の役割を与えられていない」[1] と指摘し、長谷川精一もそれを踏まえ、「君臣ノ情」はただ「行為ノ起原」を構成する諸要素の一つに過ぎないと述べている[2]。「君臣ノ情」が置かれた相対的な位置に関するこれらの指摘は誤りではない。しかし、焦点を「情緒」という範疇全体にかかわる議論に当てれば、むしろ単に比重の小ささというレベル以上の問題がそこにあることに気付く。つまり、「情緒」の範疇に「叙述的」に書かれた社会関係の説明が挿入された意図とは何なのか、ということに着目する必要がある。その点を看取した田中智子は、起草者の一人菅了法が『国民之教育』に寄せた「倫理論綱」（起草中の『倫理書』の小出しと思われるもの）と心理学者ベイン（Alexander Bain, 1818 ～ 1903）の議論[3] に着目し、それらと『倫理書』の「情緒」に関わる記述とを比較することで、後者の特徴を浮き彫りにしている[4]。つまり、本来心理学の枠組みで展開されたこの部分の議論は、個々の社会関係の説明がそこに組み入れられることによって、心理学色が薄れ、「異様な混在」ともいえる多面的な記述となっていることを指摘している。

　そのことを確認した上で、以下では、上記の記述を包摂した「情緒」という範疇と他範疇との関係を整理し、『倫理書』全体の脈絡における位置づけを確認していく。

　「情緒」などの働きを説く第三章「行為ノ起原」の次に登場するのは、第四章「意志」である。「情緒」と「意志」の関係については次のような記述がある。体慾、欲望と情緒は「須ク道理ニ遵ヒテ意志ノ制裁ヲ受クベキモノナリ。人多ク此ノ三者ヲシテ道理ノ制裁ヲ受ケシメズ反テ之レニ制セラル。是ニ於テ放恣ノ行アリ偏僻ノ行アリ邪曲ノ行アリ而シテ自ヲ矯ム

---

① 　前掲『新修森有礼全集』別巻 2、284 頁。
② 　前掲長谷川精一『森有礼における国民的主体の創出』、319 頁。
③ 　Alexander Bain, "Mental and Moral Science: a Compendium of Psychology and Ethics"（Longmans, 1868.
④ 　前掲田中智子「『倫理書』編纂事業の再検討」、32 頁。

ルコト能ハザルナリ」という①。ここでは、「情緒」に制せられ、「放恣」「偏僻」「邪曲」というネガティブな行為に至ることの問題性が指摘されている。さらに、「情緒」について、「凡ソ人生ニ貴重ナル行為ハ皆是レ等ノ諸情ヨリ発スルモノナリ」と評価しつつ、「然レドモ其ノ憎疾厭悪忿恨猜忌報復等ノ諸情ニ至リテハ最モ偏僻ニ失シ易ク、且ツ人ヲ害スルノ行為モ亦是レヨリ発スルガ故ニ厳ニ道理ノ制裁ヲ受クベキモノナリ」②としている。すなわち、「意志」は行為の起原を構成する欲望や情緒を実際の行為につなげる媒介として、情緒や欲望の暴走を制御する役割を果たすものとして位置づけられている。それによる制御を欠くとき、「情緒」は「憎疾、厭悪、忿恨、猜忌、報復」を引き起こし、「偏僻ノ行」につながる。この点に着目するならば、「情緒」に属し、個々の社会関係に伴う諸情を表した概念「情欸（affection）」もまた、「親子ノ情」であれ、「本国ノ情」であれ、動もすれば「偏僻」に失し、「人ヲ害スル行為」に結び付く恐れがあることの問題性が開示されていることになる。

　そうした「情緒」、特に「情欸（affection）」に含まれるネガティブな側面への着目は、前述した井上毅の注文とはむしろ対照的である。井上においては、「情欸（affection）」という言葉が「好悪愛憎ノ両義」性を孕むところを問題視し、そのネガティブな部分を捨象し、「愛情又は親愛」というポジティブな訳語に置き換えることを勧めていたからである。

　同様のことは、「行為」という概念についても指摘できる。『倫理書』において「行為ノ起原」（第三章）、「行為ノ標準」（第五章）というように、「徳義」「道徳」ではなく、「行為」という言葉を用いていることには特別な意味があると考えられる。「行為」の中には正邪善悪様々なものがあり、「人ヲ害スルノ行為」も含まれる。「徳義」や「道徳」がポジティブな意味合いを強くするのに対して、「行為」自体は価値判断を含まない中立的な概念として用いられているのである。実際、3月版の第二章「目的」における「行為ノ正邪ヲ分ツニハ先ヅ徳義ノ標準ヲ認知セザルベカラズ」（13頁）という一文が、10月版においては、「行為ノ正邪ヲ分ツニハ先ヅ之ヲ分ツニ足ルベキ標準ヲ認知セザルベカラズ」へと修正されたことからも、「徳義」という言葉をなるべく避けて「行為」という用語に統一させる意図が

① 　前掲3月版、40頁。
② 　同上、41-42頁。

窺える。従って、「行為ノ起原」となる「情緒」も、それ自体としては、必ずしも正善なるものではない。またそのため、「行為ノ起原」（第三章）とは別に、「行為ノ標準」（第五章）を明確にし、行為を制御する必要性を説いている。

　さらに、第四章「意志」では、行為を制御する「意志」は「道理」に遵わなければならない。いわば「意志」を介する「道理ノ制裁」が必要だと説いている。「凡例」の記述によれば、「此書ニ云ヘル道理トハ、吾人、普通ノ感覚ニ於テ、道理ト認ムル所ノ者ヲ云フ」とされている。いわば人間のコモンセンスにあたるこの「道理」が「意志」を指示するには、もう一つの要素が不可欠である。「道理ヲ明カニシ善悪正邪ヲ判断スルハ智力ノ能ナリ。故ニ意志ハ智力ノ判断ニ遵ヒ以テ欲望ヲ制スベシ、以テ情緒ヲ御スベシ」[1] というように、「意志」が行為を制御する際に、「智力ノ判断」に依らなければならないとしている。換言すれば、「智力」は「道理」に訴え、「意志」を介し、間接的に「情緒」や「欲望」から発する行為——そこには「憎疾、厭悪、忿恨、猜忌、報復」などネガティブな「情緒」に起源をもつ行為が含まれる——を制御することになる。

　『倫理書』第五章では、この「智力」が「思想」という言葉で言い換えられ、「感覚」と対比されている。「人ノ善悪ヲ審カニスルハ智ノ能力即チ思想ナリ」[2]、「人ニ最モ尊ム所ノ者ハ思想ニシテ感覚ニ非ズ、苦労ヲ感受スルガ故ニ尊キニ非ズシテ道理ヲ会シ、道理ニ安ンズルガ故ニ人ノ本領ヲ全クスルコトヲ得レバナリ」[3] という。このように、「感覚」に対する「思想」の優位を強調した『倫理書』では、「情緒」・「意志」・「智能」からなる論理構成により、道徳実践を感情の領域から、知的理解の次元へと引き上げ、専ら感情に追随しがちな行為の論理を相対化しようとしていると考えられる。

　　ここまでの概念整理を経て、再び前述した問題に戻って、個々の社会関係が「情緒」の範疇に挿入されたことの意味について考えるとき、一つの仕組みが見えてくる。すなわち、意志が智の判断に遵い感情を制御するという、当時の心理学における当たり前の議論は、「親子ノ情」「本国ノ情」「君臣ノ情」など社会関係の記述を媒介として、結果として忠孝心や愛国心

---

① 　3 月版、47 頁。

② 　同上、53 頁。

③ 　同上、60 頁。

をも相対化することになっているという論理の流れである。こうした論理的構成のために、「君臣ノ情」がいくら説かれても、『倫理書』の構造は変わらない。これは、そこで展開される個々の「情」を率いて、倫理的判断を行う主体が「思想」を持つ個人にあることを本書が示していたからである。その意味では、どの「情」を、どれくらいの比重で記述するかは、決して本質的な意味を持たず、むしろ「思想」によって相対化されるべき対象の開示にほかならない。

このように、「親子ノ情」や「君臣ノ情」を相対化する仕組みは、『倫理書』を熟読することによって初めて明確になるものである。それでは、それは単に一つの可能的な解釈に過ぎないのか。それとも、森有礼ら『倫理書』編纂者によって自覚されていたことなのか。この点について断定を下すに足りる直接的な史料は存在しないものの、森が「倫理」科初学年の教科書として選定した『布氏道徳学』の記述と照らし合わせるならば、後者の可能性が強い。「親子ノ情」や「君臣ノ情」を相対化する論理は、『倫理書』内部の論理構成において自己完結するのではなく、『布氏道徳学』において、より具体的な形で表れているからである。

『布氏道徳学』では、第一章で親子関係について次のように記述している（『布氏道徳学』、30頁）。

> 夫レ善性美質ノ児子ハ善ク其父母ヲ親愛スト雖モ、苟モ此親愛心無キトキハ則チ自ラ此心ヲ把リテ、之ヲ己レニ與フルコト能ハザル可シ。蓋シ此親愛心ハ本来道理心ト関係ヲ有スル者ニ非ザルガ故ニ、自ラ勉メテ父母ヲ親愛スルコト能ハズ。況ヤ他ヨリ之ヲ強要スルヲ得可ケンヤ。

『布氏道徳学』は、「義務」としての道徳的命令を記したものだが、子どもは親を愛し、孝を尽すべきだというようにだけ記しているわけではない。親子のあいだで自然な愛情が存在するのは望ましいとしても、子女が親を愛さないまたは愛せないというようなケースもあることを容認したものと解釈できる。また、親愛の情について、これを外部から強制できるわけではないとしている点も着目される。

また、『布氏道徳学』第四章「公域ノ義務」・第二節「国民ノ義務」における愛国心にかかわる記述も着目に値する。それによれば、世人の多くは

「此愛国心ト云ヘル文字ヲ以テ外国ニ対スル抵抗心ヲ説明セリ。此ノ如キ感覚心ハ宜シク之ヲ一定ノ限度ニ止メシムベシ」①。なぜなら、「特ニ自国ノ大利ヲ謀ルガ為メニハ、外国ニ向テ非議ノ挙動ヲ為スモ敢テ妨ゲ無シト誤認スル如キハ尤モ深ク戒ム可キノ事タリ。此ノ如キ愛国心ハ決シテ良徳ニ非ズシテ、即チ利己ノ悪徳」になるからである。このように外国への「抵抗心」としての愛国心の行き過ぎに対する歯止め、さらに自国の利益を追求するために「非議ノ挙動」に走ることに警告を与えている。

　こうした記述は、前述した『倫理書』に仕組まれた、愛国心の暴走による「偏僻」の行為への批判と軌を一とする。また、それに続く「若シ又事ノ汝ノ国ニ益スルコト有ルモ、一洲若クハ世界ノ人類ニ害スルコト有レバ、汝宜シク之ヲ以テ重大ノ犯罪ト視ルベシ」という文言もまた、前述した『倫理書』における論理的仕組みによる批判のリアリティーを示唆している。

　このように、加藤弘之や西村茂樹らにおいて道徳の実践を起こすために喚起すべき感情が、『倫理書』においては逆に「道理ノ制裁」を受けなければならない対象であることが強調されている。

おわりに

　本章では、『倫理書』の「凡例」における「倫理」と「道徳」との区別の意味を考察することを出発点としながら、森文政期における「倫理」教育の特質について検討してきた。両者が『倫理書』編纂をめぐる論争的関係の中における意味合いを確認しつつ、森をはじめとする本書の起草側の思惑を、「倫理」という言葉、および「倫理」と名付けられた議論の論理構造から読み取る可能性を示した。

　そうした意図的な概念の区別は、当初から構造的に含意されていたことだが、『倫理書』の3月版に対する福沢諭吉などの識者による批判を浴びる中で、彼らの疑念を払拭するために、より自覚的に説明された結果だと考えられる。なかでも、森の意見が編纂理念を大きく左右していたと思える。雑誌『国民之教育』において能勢・菅は、倫理学の眼目が正邪善悪の結果を説く「実用ノ部」にあると説いていたものの、翌年にできた『倫理

---

① 　前掲『布氏道徳学』訂正2版、258頁。

書』の３月版になると、むしろ行為の正邪を判断する標準を説く「理論」に特化することになり、10月版では、その性格がさらに明確になったからである。例えば、３月版を批評した福沢諭吉から、単なる「心理学の解釈」に過ぎず、「徳心の発育」に役立たないという批判を受けた。それは『倫理書』における「実用ノ部」の欠如への批判として見ることもできる。こうした意見があったににもかかわらず、定稿となる10月版では、それに応じた修正が施されなかったどころか、勧善懲悪の徳目を説くこと（いわば「実用ノ部」）として「道徳」を定義しつつ、本書の趣旨があくまでも「倫理」（「理論」）にあるという立場を貫いた。そのことは、「実践躬行」を重視する立場から３月版を批判した福沢らに対する開き直り的応答ともいえる。

このような両者の対立の背後に、道徳実践をめぐる問題意識のズレが看取できた。福沢の場合、中等学校の生徒を対象にしても、善悪の判断結果を既成の規範（徳目）として教え込み、「少年の心を薫陶する」ための「徳心の発育」こそ徳育の本意だと見ている。西村茂樹も、福沢と立脚点を異にしながらも、聖賢の書を用いて「尊信」を喚起しなければならないという点では、類似した主張を展開していた。

それに対し、『倫理書』は、正邪善悪を判断する「標準」を提示することに主題を限定した。その際、「情」に関する心理学的説明に親子・本国・君臣などの社会関係の記述を挿入し、愛国心や忠孝心など「情」を説きながら、「思想」（知性）を重視する見地をもってそれらを相対化することの必要性を説いた。すなわち、「智力」は「道理」に訴え、「意志」を介し、間接的に「情緒」や「欲望」から発する行為を制御するものとされた。そして、この制御に際して基幹的な原理とされたのが、「普通感覚」としての「自他並立」であった。改めて『倫理書』における「憎疾厭悪忿恨猜忌報復等ノ諸情ニ至リテハ、最モ偏僻ニ失シ易ク、且ツ人ヲ害スルノ行為モ亦是レヨリ発スルガ故ニ厳ニ道理ノ制裁ヲ受クベキモノナリ」という文言や、『布氏道徳学』の「外国ニ向テ非議ノ挙動ヲ為スモ敢テ妨ゲ無シト誤認スル如キハ尤モ深ク戒ム可キノ事タリ」という文言を想起するならば、『倫理書』は、児童・生徒にポジティブな行為をなさしめようという動機よりも、いかにネガティブな行為を制御するかを教えることに重点を置いていたともいえる。

『倫理書』は徳育に関わる教科書とされていたものの、その内実は限り

なく知育に近づいている。『布氏道徳学』ですらそうである。そうであるがゆえにこそ、森文相のもとで、小学校の「修身」と中等学校以上における「倫理」は明確に区別されて、後者の知育的な性格が強められると同時に、前者では教科書を用いない「修身口授」という方針が取られたのではないかと仮説的に考えられる。もっとも、本章で分析したのは主に中等学校レベルを対象とした徳育構想であり、小学校の「修身」をめぐる森文相の方針については稿を改めて論じる必要がある。

第 5 章　教育勅語以後の『布氏道徳学』

はじめに

　よく知られている通り、1889 年 3 月 11 日、帝国憲法発布の当日、森有礼文相は、刺客西野文太郎に襲われて、翌日没した。その翌 90 年 2 月の地方長官会議において徳育の原則を定める建議が行われ、1890 年 10 月 30 日に教育勅語が発布された。井上毅の主導した教育勅語の制定過程についてはすでに海後宗臣らによる浩瀚な研究があり、本論では立ち入らない。ただ、教育勅語の発布が学校の徳育にいかなる方向転換をもたらしていたのかをまず確認しておきたい。

　1892 年 7 月 11 日文部省令第 8 号において、1886（明治 19）年 5 月に制定された「尋常師範学校ノ学科及其程度」が改正され、それにより、従前の尋常師範学校における「倫理」科は、再び「修身」科に改められた[①]。改定の理由について、文部省が同日に発表した上記の新令の説明に次のような記述がある。

　　　従来師範学校ノ倫理ハ動モスレハ之ヲ倫理学ヲ授クル学科目ナリト誤解シ学理ノ講究ヲ以テ主眼トスルノ恐ナキニアラサリキ。抑モ学理ノ講究ハ高等学校ノ専攻ニ属シ、尋常師範学校ニ於テハ本邦道徳ノ方針即チ教育ニ関スル勅語ノ旨趣ニ基キ、徒ニ理論ニ馳セス、専ラ躬行実践ヲ目的トシテ人倫道徳ノ要領ヲ授クルヲ以テ主眼トセサルヘカラス。是レ「倫理」ヲ「修身」ト改メタル所以ナリ。

---

① 　文部省総務局調査課編『師範教育関係法令の沿革』続編（調査資料第 10 集）（文部省総務局調査課、1943 年）、94 頁。

　このように、教育勅語発布以後にも、尋常中学校では「倫理」科が継続された①ものの、尋常師範学校では「修身」科がいわば復権された。そのことは、初等教育とその教員養成に関わる領域において明確な方針転換が図られたことを意味する。

　こうした「修身」の復権とそれに伴う「倫理」の退場の過程と意味を明確化するために、教育勅語発布以降の徳育と、森文政期に構想された徳育の相違を把握する必要がある。「倫理」科の最終学年の教科書として編纂された『倫理書』については、使用された形跡をほとんど確認することができない。そのため、教育勅語以後の同書の位置づけを考察することも困難である。しかし、『布氏道徳学』については 1899 年まで文部省検定済みの教科書として師範学校と中学校での使用が許可されていたことを確認できる②。教育勅語の制定という時代状況のなかで、同書が教育現場でどのように受け止められていたのか。これらの問いの解明は、森文政の徳育構想と、勅語以後の徳育の展開との関係を把握する上でも欠かせない作業になる。

　以上の問題意識から、本章では、『布氏道徳学』とそれをめぐる議論を検討する。その際、日本弘道会の会誌『日本弘道叢記』に掲載された、『布氏道徳学』に対するある小学校教員による批評に着目する。

　本論で明らかにする通り、この批評を記した根津音七の見解は西村茂樹の論をベースとしており、しかも、西村を会長とする日本弘道会の会誌に発表したものである。従って、根津の見解は、西村、ひいては多くの日本弘道会関係者の見解の最大公約数的なものであったと考えられる。その点が重要なのは、これまで論じてきた通り、西村がかつて森有礼に登用され、『倫理書』編纂委員に名前を連ねた経歴を持つからである。1887 年の後半に入ると、『国民之教育』誌上では西村への批判が記される一方、西村が「政教一致」を唱え出した事実が象徴するように、結局西村は、能勢らと袂を分かった。西村自身が『倫理書』編纂事業からおりた理由を明確に述べた資料が欠落している中で、日本弘道会誌における根津の批判は、『倫理書』編纂過程における対立点のその後の展開を間接的に浮かび上がらせ

---

① 尋常中学校の「倫理」科が、1901 年の文部省令 3 号「中学校令施行規則」によって、「修身」科に改められた。

② 『師範学校・尋常中学校・高等女学校検定済教科用図書表：明治 19 年 5 月—明治 32 年 4月』（文部省、1899 年 6 月）参照。

るものと解釈できる。また、根津による『布氏道徳学』批判が教育勅語を
自らの論拠としていたことも重要と考える。勿論、根津の議論は必ずしも
教育勅語制定以後の徳育論を代表するものでもなければ、教育勅語体制と
は何であったのかということを十全に示すものではない。しかし、教育勅
語の登場により、かつて森らとある程度、徳育をめぐる議論の土俵を共有
していた西村の議論がいかなる方向に収束し、そこで何が否定されようと
したのかということを明らかにすることは可能であろう。言い換えれば、
以下の分析から教育勅語体制が何であったのかは断定できないが、何でな
かったのかという点が窺えると考える。

1.『布氏道徳学』批判の前提──
西村茂樹による徳育論の展開──

　西村茂樹と、森・能勢らとの対立は、教育勅語制定によってはじめて生
じたものではなく、『倫理書』編纂過程に内在していた。そのことはここま
での章の検討によって浮かび上がってきたように思う。それを象徴的に表
しているのは、前にも触れたとおり、西村が 1887 年に副島種臣・佐々木高
行らとともに修身教科書の勅撰化を計画し、森の反感を買ったという事件
である。『倫理書』編纂委員をはずれたのは恐らくその前後であろう。その
計画が森の反対によって頓挫したにもかかわらず、西村は徳育を皇室の管
理下に置かせようとした考えを放棄しなかった。森が暗殺された 1889 年
2 月に、西村は同一趣旨の建言を宮内省に出した。そこでは、「仰ぎ願くば
今日断然と大詔を発せられ国民の道徳教育は帝室に於て全く其基礎を定め
られ」ることが唱えられている [1]。そして、徳育に関わる具体的な事務に携
わる機関として「明倫院」を設け、宮内省の中に置き、そこに学士を配属
することが提案され、また学士の職掌として「聖旨を奉じて本邦道徳の基

---

[1]　西村茂樹「土方宮内大臣へ建言」（前掲『増補改訂　西村茂樹全集』所収）。この建言の日
付が「明治二十二年二月」となっており、何日に出されたかについては判定できない。ただ
し、類似した趣旨の提案（修身教科書の勅撰化）が 1887（明治 20）年に森の反対によって
頓挫した経緯を考えると、この建言は、森の死という契機を狙って、つまり森が暗殺された直後
に出されたと推測できよう。

礎を論定し、又之を実際に施すの方法を考究す；全国大、中、小学校に用ゆる所の徳育の教科書を検定す」などが挙げられた。そうした考えが、森が企画した『倫理書』編纂事業の方向とは完全に背馳したことは言うまでもないだろう。

さらに、上の「明倫院」設立建言が採用されなかった西村は、1890年8月に各地方官に配布した論説「修身教科書の説」——中・小学校の徳育教科書に儒教の経典を使うべきだと提唱したもの——の附言において、次のように述べていた。

> 此五六年来世間に修身学倫理学の名目あり、余其何の義あるなることを知らず、是を或る教育家に問ひしに、修身学は小学科に用ふべき者にして英語の「モラル」の訳語なり、倫理学は中学以上に用ふべき者にして「エシックス」の訳語なりと答へたり、若し果して此教育家の言の如くならば、此語は大に其用法を誤れり、「モラル」と「エシックス」とは同一の義にして軽重の別あるに非ず、唯「モラル」はラテン語より出で、「エシックス」は希臘語より出たるを以て、此の如き二様の語を成せるなり。[1]

ここで西村が尋ねた教育家が能勢であったかどうか、それを検証する手段はないが、森文政期に（「此五六年来」）設置されていた「倫理」科またその教科書として編纂された『倫理書』そのものに、ある種のもどかしさを西村が感じたのではないかと推察できる。事実、「日本道徳」を熱心に説いていた西村が「倫理」という言葉を自ら使ったこともごく稀である。その理由は、彼が続いて述べた次の発言から窺えよう。

> 倫理と云ふ語は支那の成語にして既に支那に其定義あり、明儒丘瓊山之を解釈して曰く、人之所以異於禽獣者、倫理而已、何謂倫、父子、君臣、夫婦、長幼、朋友、五者倫序是也とあり、何謂理、父子有親、君臣有義、夫婦有別、長幼有序、朋友有信、此五者之天理是也とあり、然れば倫理と云ふことは支那特色の道徳にして、西国に此の如き学問あるを聞かず、西国の「エシックス」中にも倫理の教へなきに非ざれども、（君臣長幼などは之を説かず）其学の範囲甚だ広くして其重ん

---

[1]　西村茂樹「修身教科書の説」（1890年）、日本弘道会編『泊翁叢書』第二輯（日本弘道会、1912年）。

　　ずる所独り倫理に在らず、是に倫理学の名を命ずるは甚だ不適当なるべし。[1]

　本来五倫五常という中国の徳目を指す「倫理」という漢語を西洋倫理学（エシックス）の訳語にあてるような使い方に対して、西村は不満を抱いていた。そしてその不満は、単なるネーミングの「不適切」というレベルに止まるものとは考えていなかった。各地方官に配布された「修身教科書の説」の附言として発されたこの「倫理」批判の背後には、森文政期以来の徳育教科書、ひいては徳育全般をめぐる状況への疑問があったと思われる。「近来修身教科書の著述続々世間に出づるを見る、余其二三を閲せしに何れも著者深く工夫を凝らしたる者にして、相応に良善の書と称すべき者なり、然れども余は是等の書を以て修身の教科書と為すことを欲せざるなり。其故は新著の書は何程精好なりと雖も、徳育に用ふべき性格を有せざればなり」という。そのように、西村は「国民道徳の標的」となりうるような、「尊重すべき位格」を備える教科書が必要だと述べていた。では、どのような書物が「尊重すべき位格」を備えるものといえるのだろうか。彼は次のように説明している。「第一に其国於て千年以上の星霜を経歴したる者、第二に其書の力に依りて幾千万の国民の道徳を鎔成したる実効ある者、第三に一たび其名を聞けば国民大抵其如何なる書なることを知りえる者、第四に数百年来其書を以て其国の治乱興廃の鑑としたる者」という。すなわち、ある種の古典的な権威性と地位（知名度）を備えるものだといえよう。とすれば、それは具体的にどういう書物なのか。
　西村の結論は、「中学校、小学校、師範学校の徳育の経典は、全国盡く四書を用ふべき」というところに帰着した。1880年代前半期に自ら和漢洋折衷の教科書（『小学修身訓』）を編纂しただけでなく、西洋翻訳書の『小学道徳論』をも推薦したこと、後の『日本道徳論』においても儒教が「道徳の標準」たりえないことを述べたことを想起すると、この時点の西村はむしろある種の先祖帰り的傾向の議論を展開していると思えてくる。さらに、前述した能勢の論説の記述と突合せてみると、『倫理書』の編纂過程において生じた「倫理」科の教育理念をめぐる西村と能勢らによる意見の齟齬は、教育勅語発布直前になって、森文政期以来の徳育教科書問題への不

---

[1]　西村茂樹「修身教科書の説」（1890年）、日本弘道会編『泊翁叢書』第二輯（日本弘道会、1912年）。

満として噴出したと見ることができよう。

　それでは、西村は『布氏道徳学』についてどう考えていたのか。それ
を直接に示す史料がないが、教育勅語が発布された後の教科書問題と教育
現場における勅語の受容にかかわる彼の次のような発言が残されている。
「此聖勅の下りし後は従前の学校教則又は教科書には多少の改正なかるべ
からずして、其教授法の如きは大に改正なかるべからずと信ぜり。然るに
右等の改正は毫も聞く所なく、唯勅語奉読式とかいへる虚礼を行ひ、夫に
て事済みたる様に思ふ者もありと聞けり、勅語を尊ぶは宜しけれども是に
ては勅語は独り空中を飛行して人類の身体には適切の感覚を與へざるの憾
あり」① という。すなわち、教育勅語の身体化（価値の内面化）を図る有効
な措置が取られていないなかで、教育勅語発布以前の教科書（教育勅語の
精神に相応しくない可能性のあるもの）の使用が継続されたことを、西村
は問題化しているのである。

　根津音七による『布氏道徳学』批判の文章は、このような状況において
公表されることになる。

2.『布氏道徳学』批判の出現——
日本弘道会と根津音七——

　1892 年 6 月、「『布氏道徳学』批評」と題する論説が『日本弘道叢記』第
2 号に登場し、その後の第 4、5 号（同年 8 月～ 9 月）に連載された。同批
評の書き出しには次のような記述がある。

　　　此書ハ出版以来世間伸々ノ好評アリテ、目今ハ中学校師範学校等ニ於テモ探
　　テ徳育ノ教科書トセラルル所随分アルヨシニ聞ケリ。又降リテ高等小学校等ニアリ
　　テモ其参考トセラルル所甚ダ多キヤニ承知セリ。
　　　我ガ憂国ノ学士甚ダ多シ、而シテ此書出版以来既ニ五六年ナルモ、未ダ此書
　　ニ就テ餘リ抗撃ノ見ヘザルハ蓋シ此書ヲ以テ完美ナルモノト認ムルニ因ルベシ。②

---

①　西村茂樹「教育宗教政党論」（1891 年 2 月）、前掲『泊翁叢書』第 2 輯、583 頁。
②　根津音七「布氏道徳学ノ批評」、『日本弘道叢記』第 2 号（1892 年 6 月）、21 頁。

　森文政以降における『布氏道徳学』の使用実態を直接に示した史料が見
当たらないなかで、上記の記述はその一端を窺わせる。根津は同書が本来
想定していた中学校と師範学校のみならず、高等小学校においても受容さ
れていることを指摘したように、出版以来あまり攻撃されず、格好な教科
書として受け止められていると看取している。しかし、根津自身は同書に
ついて、「苟モ我ガ国ニ生レテ我ガ国体ヲ重ンジ畏クモ我ガ皇祖皇宗ノ国
ヲ肇メ徳ヲ樹ツルノ猷謨ヲ窺ヘルモノハ決シテ此書ノ完美ナラザルヲ知ラ
ン。否ナ、其決シテ教科書トナスベカラザル点ノ夥多ナルヲ見出サルルナ
ラン」と否定的に評価していた。さらに、「布氏ノ説ニヨリテ道徳ヲ誤認
スル如キハ其害甚ダ大ナリ。若シ之ヲ以テ直チニ我ガ国ノ素白可憐ナル少
年ニ学バシムルニ至リテハ所謂人ノ子ヲ戕シ人ノ国ヲ亡ボスモノナリ」と
いうように極めて危険な書物と見ている。

　では、根津はどのような根拠から、『布氏道徳学』のどこを批判したのか。
なぜ同書はそれまで「問題なく」使われてきたにもかかわらず、この時期
には批判されたのか。それらの問題を検討する前に、いくつかの基本情報
を把握する必要がある。まず、同批評を掲載した日本弘道会とはいかなる
組織であり、批評者の根津音七とはどういう人物なのかを確認しておく。

　前述したとおり、日本弘道会は西村茂樹が 1876 年に創設した東京修身
学社に端を発する。1884 年に日本講道会と改称したものを、1887 年にさら
に日本弘道会へと改組した。その趣旨や活動方針は改組ごとに力点の移動
が見られる。西村茂樹研究の立場から日本弘道会の活動について考察した
真辺将之が指摘した通り、とりわけ 1887 年の改組に関しては、活動の力点
が、識者による講義や翻訳・著述など知識人向けの活動から、通俗講談会
を積極的に開くことで一般民衆向けの道徳教化にシフトしつつあった傾向
が見られる[1]。1887 年 9 月の投票の結果、会長に西村茂樹、副会長に南摩綱
紀、常議員に日下部三之介や湯本武比古らが選出された。

　こうして改組を経た日本弘道会は、1887 年 11 月には機関誌『弘道会雑
誌』を刊行し、1889 年 10 月に『日本弘道会叢記』、1892 年 5 月に『日本弘
道叢記』と改称した[2]。その誌面は、基本的に「論説」「叢録」「時報」「問答」

---

[1]　真辺将之『西村茂樹研究—明治啓蒙思想と国民道徳論』(思文閣出版、2010年) 第7章「日
　　本弘道会とその支会—西村思想の裾野—」を参照。

[2]　同誌は 1903 年 7 月からは『弘道』と改称し、現在に至る。

「広告」欄からなっている。巻頭の「例言」には、「江湖ノ諸賢ハ幸ニ筆墨ノ労ヲ吝マズシテ、論説雑報等材料ノ寄送アランコトヲ請フ」とある。事実、当時の大手教育雑誌『教育報知』の編集者であった日下部三之介も中心会員としてかかわったことや、道徳教育なり教科書問題が誌面で取り上げられたことなどからは、同誌が教育ジャーナリズムと類似する面を有していたことがうかがえる。ただし、西村自身による寄稿が頻繁に掲載されるほか、日本弘道会の活動記録、根津のような地方会員による支会活動報告や論説なども定期的に掲載された。その意味では、同誌は日本弘道会会員の言論拠点としての性格を強く持っていたといえる。

　評者の根津音七（1864 ～ 1919）は新潟県の中魚沼郡十日町出身で、1879年に上京し二松学舎で漢学を学び、1882 年に郷里十日町小学校の授業生を拝命し、1890年5月に同小学校長兼訓導となった人物である[①]。翌年に再び上京し、西村茂樹をはじめ、三島中洲や中島力造などに私淑し、漢学研究の傍ら、私立明治義会尋常中学校の講師として教鞭を執った。後に、文部省検定試験を通じて、修身倫理科の中等教員免許状を得、仙台第二高等学校大学予科講師と助教授を歴任するが、郷里の懇請に応じ再度十日町小学校校長となった。後に文部省と新潟県より教育功労者として表彰され奏任官（従七位）の待遇も受けた。生涯二度、延べ 15 年余りも十日町小学校を勤めた根津は、人生の大半を小学校教員として過ごした。また、西村茂樹や中島力造らに私淑する点からも、彼自身の蔵書目録からも、倫理・道徳に関する学問（東洋西洋を問わず）に特別に関心を持っていたことがわかる[②]。その彼は、『布氏道徳学』批評を執筆した前年の 1891 年に東京に赴き、その間、「特に故西村茂樹翁に私淑する所多く」[③]と言われている。

　『日本弘道会叢記』1891 年 8 月号に、根津音七署名のもう一つの寄稿「中魚沼郡支会演説」が確認できる。冒頭にある編集者の説明によると、この演説稿は前年 11 月に寄せられたもので、「編集都合アリ延引ナカラ此ニ掲

① 根津の出自と経歴については、次のような史料を参照した。「噫々根津氏　凛たる遺言」（『新潟新聞』、1919 年 6 月 26 日、2 頁）、「功績事実　根津音七」（『新潟毎日新聞』、1917 年 2 月 12 日、2 頁）、「根津音七校長頌徳」（十日町市博物館友の会編『妻有のいしぶみ』、1997 年所収）。なお、調査にあたって新潟県立図書館の協力を得た。
② 根津の蔵書は現在、新潟県立図書館の郷土コレクションにおいて「根津文庫」として所蔵されている。『布氏道徳学』訂正二版（1888 年）もその蔵書の中に入っている。
③ 前掲「功績事実　根津音七」（『新潟毎日新聞』1917 年 2 月 12 日、2 頁）。

載ス」ことになったという。同演説は、日本弘道会中魚沼支会の第一集会（創立大会）で、根津が発起人の一人として講演したものである。つまり、1891年の上京以前、根津はすでに日本弘道会に加入し、しかも自分の地元で支会設立に積極的に関わったことがわかる。その演説によると、根津は「明治二十年春西村先生ノ日本道徳論一冊ヲ購求セリ、之ヲ読デ大ニ其所論ニ感服セリ、而シテ西村先生自ラ会長トナリ居ラルル日本弘道会ナルモノノアルコトヲモフト此ノ時始メテ知リタリ」、やがて「断然入会スルコト」にしたという①。その後、地方支会の設立活動へのコミット、さらに小学校教員の職務をいったん離れ、上京した経緯とあわせて考えると、根津は西村の主張に忠実たろうとした人物と見ることができよう。

3.『布氏道徳学』批判の論理──
「勅語違反」とはいかなることか──

　根津の『布氏道徳学』に対する批評は多岐にわたる。大きく分類すれば、1) 第一篇「幼童ノ道徳」における「父母ニ対スル義務」の説き方への批判と、2) 井上哲次郎の『勅語衍義』に依拠しながら、第二篇「成人ノ道徳」における「国民ノ義務」としての愛国心の説き方に対する批判という二点にまとめることができる。さらに特筆すべき点は、根津の批判に「勅語違反」という視点が出ていることである。すなわち、根津の批判の根拠となるのが、教育勅語とそれをめぐる解釈である。その点では、根津の議論を検討することで、教育勅語に内在する論理がもたらした徳育の「枠」を明らかにすると同時に、森文政期の徳育がいかなる次元においてそれをはみ出す要素を有したのかを明確化することもできよう。

　では、根津は『布氏道徳学』におけるどのような記述を問題視したのか。また、それがいかなる意味で教育勅語の精神と思われる論理と衝突すると捉えられたのか。以下では、上記の二点にわたる根津の批判に即して見ていきたい。

---

① 　根津音七「中魚沼郡支会演説」、『日本弘道会叢記』二編第8冊（1891年8月）。

3-1.「孝」のあり方をめぐって

　『布氏道徳学』における「孝」のあり方を論じた部分は、本論の第一篇「幼童ノ道徳」の第一章「父母ニ対スル義務」に組み入れられている。その筆頭に挙げられたのは「巽順」（第一節）である。その定義について、「己レヲシテ謹聴セシムル権理ヲ有スル人ノ命令ヲ聴キ以テ之ニ遵行スルノ謂ヒナリ」（『布氏道徳学』、4 頁）[①] と説明されている。すなわち、幼童は父母の命令に遵守することが求められる。その点には、根津は異を唱えない。しかし、彼が問題としたのは、「幼童ノ道徳」・「成人ノ道徳」・「普通ノ道徳」という『布氏道徳学』の三部構成において、「巽順」のような「孝」に関する徳目が単に「幼童ノ道徳」の部だけに収められている点である。根津からすると、「幼童成人普通ト分チタレバコソ、孝ハ幼童ニ限リタルモノノ如ク見ユルナリ。否ナ是ゾコレ西洋主義ノ本色ナルベシ。西洋ニアリテハ孝ヲ以テ全ク幼童ノミノ義務トナシ。成人ニハ此道徳ナキモノトセル如シ」[②] である。その例として、彼は『教育報知』第 286 号に掲載された、日本弘道会員高島嘉右衛門の「道徳ノ本源」という論説を挙げている。高島の論説では、当時の千葉県知事石田英吉がかつて英国留学の頃の下宿の老母とその娘との会話が取り上げられている。それによると、石田から日本人による親孝行の事跡を聴いた娘が「子供カ左程マテニ親ヲ労ハル馬鹿ラシキ事ハ、私ナトニハ出来ナイト」と発言したという。高島がそれを欧州における「孝の希薄」として批判している。その上で、こうした「異学異教」（「耶蘇教」）は「決シテ我カ国内ニ弘メシムヘカラサルコト」と高島は主張している[③]。

　高島の批判を踏襲した根津は、「日本国ノ孝ナルモノハ然カル如キ浅薄ノモノニハアラザルナリ。終身守ルベキノ道ナリ。父祖存在ノ如何ニハ関セザルナリ。一種云フベカラザル親愛ノ情ヲ以テ之ニ巽順スルナリ」[④] という「孝」の理解を提示している。その根津からみて、「幼童」と「成人」を区別するという『布氏道徳学』の構成自体は、肝心な「孝」を単なる「幼童」の徳目として矮小化させてしまっている。それにひきかえ、日本では、

---

① 　本稿における『布氏道徳学』からの引用は、全て同書の訂正二版（1888 年 3 月）による。

② 　根津音七「布氏道徳学ノ批評」、26 頁。

③ 　高島嘉右衛門「道徳ノ本源」、『教育報知』286 号（1891 年 10 月）。

④ 　同上。

「孝」は現実における「父祖存在ノ如何」までも越え、全国民に内在する「親愛ノ情」でなければならないと彼は理解している。

　それとの関連で根津が問題視したのは、『布氏道徳学』で挙げられた「巽順」を守る理由である。「父母ノ意見ヲ可否審判ス可キ能力ヲ有スルコト無キ」が故に、「父母ニ巽順ニシテ其命惟奉スルコトヲ要ス」という説き方に対して、根津は強く批判している。「審判ス可キ能力」の有無（いわば知性の発達具合）に左右されるような「巽順」は、「孝」の根拠を「親愛ノ情」に求める根津にとって、頼りにならないばかりでなく、それを説く『布氏道徳学』のような「西洋主義ノ流入」こそが、「今日ノ子女ガ父母長上ニ対シテ不敬ノ行為多ク而シテ恬トシテ顧ミザルガ如キ状アルハ悪ンゾ」といった状況を醸成した元凶にほかならない。では、それはいかなる状況を指しているのか。根津によれば、「今日ノ少年子女」はしばしば父母に対し「曰ク子弟ニハ斯ル義務ナシト、又曰ク父母ニシテ父母タルノ義務ヲ盡サズト」という。このような「義務」をもって語られた親子関係は決して「我国ニ於テ尊重スル孝悌ノ道」とは称し得ないと根津は批判している。

　この一連の批判のクライマックスは、第四節の「愛情」における親子の「親愛心」の説き方に帰着する。前章でも論じたように、『布氏道徳学』は、父母を親愛する心は、自分に無理矢理に持たせることができないし、まして他人がそれを強要することもできないと説いていた。子女が親を愛さない・愛せないケースの開示・容認と解釈できる記述に対し、根津は「夫レ父子之道天性也、孩提之童無不知愛其親、是謂良知、唯子タルモノ此ノ心ヲ失ハザランコトヲ要スルナリ。然ルニ彼レ……漫然其情ヲ禀受セズト公言ス。嗚呼彼レ果シテ禀受セザルナルカ。西洋ニアリテハ宜ロシキコトカハ知ラザレドモ、苟モ生ヲ我国ニ得タルモノハ曾禽獣之不如也」[1]とし、その観点から、「不都合極まりない」記述として痛烈に非難している。

　そうした一連の批判に通底しているのが、「孝」を、「義務」という作為的契約的な行為よりも、人間誰でも生まれつきの「親愛心」という感情により生じる行為として捉える認識にほかならない。逆に言うと、『布氏道徳学』では、「孝」が幼童の「義務」と位置付けられるため、いわゆる

---

[1]　根津音七「布普氏道徳学批評（続）」、『日本弘道叢記』第4号（1892年8月）、24頁。

人間本来の感情（「親愛心」）なるものに根拠づけようとはしない。だからこそ、子供が親を愛さない・愛せないという可能性が論理的に開示される。このような『布氏道徳学』の論法は、根津からみて、いわば「大逆無道」以外の何ものでもなかった。

3-2.「忠君ノ心」の説き方をめぐって

『布氏道徳学』の場合、君への「忠」を説く記述が僅少な紙幅しか占めていない。事実、そもそもそれが現れたのは、1888年3月に出版された訂正二版の加筆においてだけである。1887年4月の初版出版から一年足らずのうちになされたこの改訂において目立った変更は、一箇所に限られる。それは、第二篇・第四章・「第三節　人民ノ国家ニ対スル義務」とその「誠則」のあいだに、「第四節　臣民ノ国君ニ対スル義務」という一節が挿入された点である。加筆の経緯は不詳だが、第一章で能勢栄の回想を引用して指摘したように、その作為自体と加筆内容には、森文相の意図が強く働いていた可能性が高い。では、そこに具体的に何が書かれており、それに対して根津はどのように評価したのか。

『布氏道徳学』では、数年前に雑誌の『教師之友』の記者に問題視された「国ハ一大機関体ナリ」云々の段落に続き、「君主ト人臣トノ関係ハ恰モ人ノ心身ノ如シ君臣相待チ一体ヲ成シ相待テ其用ヲナス。君君タラス、臣臣タラサレハ体用兼ネ全キヲ得ス、是ノ如キハ則チ邦国機関ノ運動忽チ止ミ、其国亡ヒ家滅ヒ身竟ニ斃レントス」（『布氏道徳学』、272頁）と述べられている。君主の役割を「報国機関」という有機体の一部（「主権」の代表）と位置付けながら、臣民との双務関係の良好な維持こそが、その有機体の正常運動を支える鍵であると理解できる。さらに、臣民の果たすべき義務（「人臣ノ道」）については次のように記述されている。

> 人臣ノ道ハ誠信ト恭敬トヲ以テ基本ト為ス、誠信ハ則チ天地ノ常理ニシテ而シテ人ノ依テ以テ世ニ立ツ所ノ者ナリ。天地信ナラザレバ、則チ風雨寒暑ノ徳ヲ施スコト能ハス、人信ナラザレバ、人信ナラザレバ則チ君臣父子夫婦兄弟朋友ノ倫ヲ成スコト能ハズ。然リ而シテ君臣間ニ在リテハ誠信ヲ以テ最モ貴シトス、人臣ノ其君ニ対シテ忠ヲ竭シ生死其志ヲ変セスシテ始終一ノ如キハ即チ至誠ノ効ナリ。恭敬ハ動作或ハ言語ヲ以テ之ヲ表ス可キモノニシテ、人臣ノ君主ニ対シ言語ニ動作ニ専

ラ尊崇敬礼ヲ致スヲ要ス。若シ其選用ヲ得ルヤ敢テ恩寵ヲ恃マスシテ益恭敬ヲ加
ヘ、貶斥ニ遭フモ敢テ怨望ヲ懐カスシテ、益忠誠ヲ思ヒ出所進退其行ヲ二ニセス、
是レ人臣タルノ道ナリ[①]。(『布氏道徳学』、273頁)

『倫理書』における「君臣ノ情」を説く「六行ばかり」の記述と比べると、
『布氏道徳学』の訂正二版における「人臣ノ道」は少し長くなったように
見えるが、全体からすると、依然として重要な位置を占めるとはとても言
えない。その点について、根津は次のように批評している。

第四節臣民ノ国君ニ対スル義務ノ段ハ布氏ノ説ニアラズシテ、訳者ノ補足ニ出
ルモノノ如シ而シテ其説ク所ニハ不都合ト認ムベキ程ノ点ナケレドモ、何トナク不足
ヲ感ズルナリ。夫レ我ガ国ニアリテハ古来忠孝ヲ最モ重シトナス。故ニ苟モ道徳ノ
書ヲ以テ任ズルモノハ忠孝ノ段ニ至リテハ最モ畢生ノ力ヲ盡シテ之ヲ説カザル可ラ
ズ。然ルニ此書ノ如キハ他ノ事ニ関シテハ緻密ニシテ殆ンド蛇足トモ思フ所サヘ
記載シナガラ、独リ忠ニ至リテハ甚ダ疎漏ナリ。是レ原書ノ骨子既ニ異主義ノモノ
故ニ訳者何程ニ美麗ノ皮肉ヲ附シタリトモ、到底完全ノモノトハナシ能ハザルナリ。[②]

ほかの徳育関係の書物と比べ、翻訳教科書である『布氏道徳学』の場合、
「忠ニ至リテハ甚ダ疎漏ナリ」というのは、ある意味で妥当な評価といえる。
　森の意図のもとでそれなりの工夫がなされたとはいえ、「疎漏」の印象
が払拭できない。だからこそ、根津は「何トナク不足」を感じたのであろ
う。
　ただ、そうした分量の問題だけではなく、その内実と配置にも、一見無
難であるものの、ある種の「異様さ」を感じていたと思われる。というの
も、しばしば親への「孝」と一体化された「忠孝」がここではあえて説か
れていないからである。そのかわりに出されたのが「誠信」と「恭敬」と
いう地味な徳目である。そのなかで、誠信は「則チ天地ノ常理ニシテ而シ

---

① その後、次のような文章が続いて、同項目の記述を締めくくる。「我邦皇祖天孫ノ万方ヲ治御セ
ショリ君臣ノ分定マリ實祚ノ隆永ク天壤ト與ニ窮リナシ、中世政権ノ武闘ニ帰スル有リト雖モ是レ
亦将臣ノ朝命ヲ承ケテ其職ニ服シタルノミ、未ダ嘗テ擅ニ政柄ヲ横奪シテ常綱ヲ紊乱シタルモ
ノアラス我邦ノ人臣タルモノハ歴史上ノ典例ト統一主権ニ服従スヘキ道理トヲ重ンシ以テ人臣タ
ルノ義務ヲ盡スヘキナリ」。前掲『布氏道徳学』、274頁。
② 根津音七「布氏道徳学批評」、『日本弘道叢記』第5号（1892年9月）、22頁。

テ人ノ依テ以テ世ニ立ツ所ノ者ナリ」とあるように、そもそも君臣の間に
限定するような特別な意味合いが込められたものではない。「恭敬」につ
いても同じことが言えよう。また、そこに散見される「忠」・「忠誠」も、
当時あたかも人間自然な感情として語られた「忠孝」とは異なる用法と
ニュアンスなのである。さらに、前述したとおり、そもそも『布氏道徳学』
においては「孝」が「幼児ノ道徳」として位置づけられるため、「忠孝」
を導き出す論理的道筋はありえない。

　その上、『倫理書』における「君臣ノ情」の記述の位置づけと同様に、
この「臣民ノ国君ニ対スル義務」の加筆部分は『布氏道徳学』において、
たんに「成人ノ道徳」を構成する「経済及ビ職業ノ義務」・「家庭ノ義務」・
「公域ノ義務」など諸義務のうちの「公域ノ義務」の中の一つとして、「町
村ノ義務」・「国民ノ義務」・「人民ノ国家ニ対スル義務」と並ぶものにすぎ
ない。本書全体の「道徳」（「義務」）の体系のなかで何ら特別の役割も与
えられず、むしろ浮いていると言ってもよい。

3-3. 国民の義務の説き方をめぐって

①愛国心を制限することについて

　次に、「臣民」・「人民」と並べられた「国民」の義務のあり方に着目す
る。『布氏道徳学』では、「法律ヲ遵奉セザル可カラズ」ことを述べた上、
法律遵守の動機としての「愛国心」について次のように記している。「世
人ノ慣用スル所ニ従ヘバ、多クハ此愛国心ト云ヘル文字ヲ以テ外国ニ対ス
ル抵抗心ヲ説明セリ。此ノ如キ感覚心ハ宜シク之ヲ一定ノ限度ニ止メシム
ベシ。何トナレバ是レ啻ニ道理ノ自然ヲ害スルノミナラズ、若シ自国ノ不
利ヲ避ケント熱心スルノ過甚ナルトキ或ハ為メニ一大危難ヲ生ズルコト有
レバナリ」（『布氏道徳学』258 頁）。ここでは、往々にして「外国に対する
抵抗心」につながる「愛国心」という感覚を抑えるべきであり、もっぱら
自国の不利を避けようとしたら却って危難を招致しかねないと述べられて
いる。根津は、この記述が「愛国心ヲ薄からしめ」、「畏懼の念を生ぜしめ」
るような言論と批判している。それが、全く日本をとりまく実情とは逆で、
非常に危険な認識だと彼は捉えている。なぜならば、「抑モ日本ハ蕞爾タ
ル一小国ニシテ方ニ今各国呑噬を恣ニスルノ秋ナレバ四方皆敵ナリト思ハ
ザル可ラズトハ井上哲二郎君ノ著勅語衍義ニ載スル文字ニシテ又世人ノ認

メテ是トスル所」① だからである。ここで根津は井上哲次郎『勅語衍義』の議論に依拠し、「四方皆敵」という言葉で日本をとりまく深刻な国際情勢を強調している。

『勅語衍義』における井上の記述によれば、長足な発展を遂げた欧米諸国に直面する東洋諸国の場合、「印度、埃及、緬甸、安南等ハ已ニ其独立ヲ失ヒ、暹羅、西蔵、朝鮮等ノ諸国ハ極メテ微弱ニシテ独立ヲ成スコト甚ダ難カラン」② という状況のなかで、日本は常に「外虜ノ我隙ヲ窺フ」おそれがあるという。そこで彼は、「勅語ノ主意ハ孝悌忠信ノ徳行ヲ修メテ国家ノ基礎ヲ固クシ、共同愛国ノ義心ヲ培養シテ、不虞ノ変ニ備フルニアリ」とし、「西洋諸国ノ学説教義等東漸スルニ従ヒ、世人多岐亡羊、遂ニ一日モ国家ニ缺クベカラザル孝悌忠信共同愛国ノ主義スラ猶ホ且ツ擾々然トシテ其是非ヲ疑ヒ遂ニ畏クモ」という危機感を吐露している。

そうした井上の危機意識に共感した根津は、井上の議論の引用に続き、「此ノ時ニ当リテ克ク埃及タラズ印度タラズ以テ我ガ国体ヲ万代ニ維持セントスルニハ充分ニ彼我ノ区別ヲ立テ幾重ニモ之ヲ愛護シテ以テ、寸地モ失ハザランコトヲ務ムベキナリ」と説き、国家の独立を守るために愛国心を高揚させる必要を唱えている。

根津はまた、「西村茂樹先生モ亦道徳三字訣ニ云ヘリ。外国人ト交ルニハ殊ニ勝ノ義ヲ忘レズシテ後ニ和ノ義ヲ求ムベキナリト」と述べ、西村の日本弘道会での講話「道徳三字訣」（1890 年 9 月）を根拠として引き出している。

同講話において、西村は道徳の三字訣として、「中」（中正）、「勝」（優勝）、「和」（平和）を挙げている。特に「勝」と「和」の意味と関係について、西村は「若し専ら他人に勝れ他国に勝れんことのみを務むるときは、或は他人と争ひ或は他人を損じ、又一国の上より言ふときは或は他国を辱しめ、或は他国を侵奪するの恐なきに非ず、此の如きは固より勝の本義に非ずといへども世人の或は誤解せんも計り難し、故に勝を承るに和を以てす」③ と述べている。このように、「勝」の過剰な強調がもたらしかねない弱肉強

---

① 根津音七「布氏道徳学批評」、『日本弘道叢記』第 5 号（1892 年 9 月）、20 頁。

② 井上哲次郎『勅語衍義』（井上蘇吉、1891 年）、2-3 頁。

③ 西村茂樹「道徳の三字訣」、日本弘道会編『泊翁叢書』第二輯（日本弘道会、1912 年）所収、558 頁。

食の論理の暴走に対し、「和」という徳義による制御が必要だと彼は考えている。もっとも、その「和」の究極な到達点が世界の平和にあると見ている彼は、その一方で、「世界の平和は独り我日本国の力にて為し得べきことに非ざれば、之を述ぶるも空論たるを免れざれば、今之を言はず」として、国際関係における「和」の語りについて消極的であった。そうした彼の現実的判断の結論は、「外国人と交はるには殊に勝の義を忘れずして、後に和の義を求むべきことなり」という言葉に尽きる。

　その西村におけるリアリスティックな結論だけを、自説展開の根拠に据えたのが、根津の議論である。その意味では、『布氏道徳学』において「一定ノ限度ニ止メシムベシ」とされている「外国ニ対スル抵抗心」（「愛国心」）は、根津から見るとまさしく「勝の義」であり、「外虜ノ我隙ヲ窺フ」という国際情勢の中で最も高揚させなければならないものとして把握された。このように、『布氏道徳学』の「国民ノ義務」に対する根津の批判は展開された。

②本国と他国の分別／不分別

　『布氏道徳学』では、「愛国心」の暴走を警戒する記述がなされているばかりでなく、自国と他国の区別を相対化するような言論が展開されている。

> 　　特ニ自国ノ大利ヲ謀ルガ為メニハ、外国ニ向テ非議ノ挙動ヲ為スモ敢テ妨ゲ無シト誤認スル如キハ尤モ深ク戒ム可キノ事タリ。此ノ如キ愛国心ハ決シテ良徳ニ非ズシテ、即チ利己的ノ悪徳ナリ。而シテ此悪徳ニ起因スル罪戻ハ実ニ詬辱ノ罪戻ト称ス可クシテ、其結果ノオソル可キハ各人ニ対スル罪戻ヨリモ更ニ甚シキ者有リ、抑モ道徳ヨリ之ヲ論スレハ自国ノ人民ト外国ノ人民トノ際ニ於テ毫モ分別スル所無キナリ。（『布氏道徳学』259 頁）

　根津がさらに問題視したのは上の記述である。とりわけ、「道徳ヨリ之ヲ論スレハ自国ノ人民ト外国ノ人民トノ際ニ於テ毫モ分別スル所無キナリ」という論理について、根津は「此国ノ人モ彼ノ国ノ人モ区別スル所ナシトハ明カニ勅語違反ナリ」[1] と言い切っている。なぜなら、「勅語ニハ博愛衆ニ及ボシトアリ、単ニ博愛ト申サバ格別ナルモ此及ボシタル文字ハ既

---

① 根津音七「布氏道徳学批評」、20 頁。

ニ階級アルノ謂ナラズヤ。此ノ階級ハ畏クモ我ガ皇祖皇宗ノ遺訓ニシテ余
輩ノ當ニ遵守スベキ所ナリ。無階級ノ博愛ハ決シテ我ガ児童ニ実行セシム
可ラザルナリ」と彼は考えたからである。根津の理解によれば、一応「博
愛」も掲げた教育勅語であるが、「及ボシ」という文字が示したように、
そこには「階級」という自他、彼我の区別がある。すなわち、親疎・彼我の
差が重視されるわけである。その意味では、道徳的な観点からは、「自国ノ
人民」と「外国ノ人民」を分別しない『布氏道徳学』のスタンスが、「階級」
を重視すると思われる教育勅語の論理とは明らかに相いれないと根津は指
摘している。

　なぜ「階級」が大事なのか。ここで井上哲次郎の『勅語衍義』の議論が
再び論拠として引用されている。「井上博士曰ク若シ夫レ親疎ノ別ナク彼
我ヲ論ゼズ均ク之ヲ愛シテ順序ヲ立テザレバ即チ是レ万国同愛ニシテ忠君
愛国ノ情是ニ於テカ已ト云ヘリ」[1]。つまり、「無階級ノ博愛」の主張が「忠
君愛国ノ情」の相対化につながり、「孝悌忠信」・「共同愛国」による民心
の固結を損ないかねないからである。従って、「若シモ井上君ノ説ニシテ
正当ナルモノナラシメバ、布氏ノ同愛主義ノ我ガ国ニ適セザル」と根津は
述べている。

　では、彼我の区別の相対化が現実においてはいかなる場面と結びつくと
想定され、どのような判断を導き出すのか。『布氏道徳学』において、「自
国ノ大利ヲ謀ルガ為メニハ外国ニ向テ非議ノ挙動ヲ為ス」ことが「利己的
ノ悪徳」として否定されている。そうした価値判断を具体的に現したのは、
この部分（第二節「国民ノ義務」）の末尾に付いている「誡則」である。
「若シ又事ノ汝ノ国ニ益スルコト有ルモ、一洲若クハ世界ノ人類ニ害スルコ
ト有レバ、汝宜シク之ヲ以テ重大ノ犯罪ト視ルベシ」（『布氏道徳学』、262
頁）という記述が示したように、『布氏道徳学』の帰結は、愛国心から出る
国益追求にまつわる行為そのものの相対化にほかならない。ここで重要な
点は、そうした議論の前提となるのが「道徳」だということである。言い
換えれば、「世界ノ人類」に普遍的に通用するはずの「道徳」の本来の意
味を持ち出すことによって、忠君愛国の論理およびそこから出発した暴挙
を規制し、それらを相対化しようとしている。そこにこそ、『布氏道徳学』

---

① 　根津音七「布氏道徳学批評」、21頁。

が「勅語違反」と批判された根源はある。

　とすれば、井上と西村の議論に依拠しながら、勅語を擁護した根津に
とっての道徳とはそもそも何なのか。その定義に基づく場合、『布氏道徳
学』において「利己的ノ悪徳」と呼ばれた行為に対していかなる価値判断
が下されるのか。

　③「徳義」の再解釈―「利他」と「利己」の二項対立へ―

　根津の論においては、「布氏ノ同愛主義」への批判の延長線上で、自国
と他国をめぐる道徳上のジレンマへの対応が必然的に問われる。そこで、
叩き台として根津により引き合い出されたのは、加藤弘之の議論である。
「加藤博士学士会院ニ於テ演説スラク、外国ト交際スルニハ利己カ徳義カ
ト云ヘリ。利己ヲ主トスレバ、或ル場合ニハ外国ノ困苦ハ捨テ顧ザルノ情
ヲ生ズベク、又徳義即利他ヲ主トスルトキハ或ハ自国ニ取リテハ非常ノ不
利滅亡ノ不幸アルモ甘ンゼザル可ラズト」[1]。ここで根津がとりあげたのは、
加藤が前年（1891 年）11 月に東京学士会院で行った演説「利己乎徳義乎」
である。

　同演説において、加藤は英国の朝鮮巨文島占領とそれに対する世間の無
批判から衝撃を受け、「此に於てか外国交際は何處迄も徳義を以て相接せ
ざるへからざる乎、又は徳義を省みるに及はず、利己を遑うして不可なる
ことなきものなるか」という問いを提起した。その際、彼は以下のような
事態を仮に想定している。

　　　今甲乙二国の間に戦端を開けることありとし、而して甲は十分の道理を有し乙は
　　勿論道理に反したるの場合に於て、日本か勢ひ到底局外に中立すること能はす、
　　必す孰れかの一方に附かさるへからすと仮定せよ、是時に際しては吾は果して何
　　れに與すへきや、道理上徳義上よりは勿論甲を助けて乙と戦はさるへからさるも
　　の如し、然れども若し日本にして甲を助けたらんには、大に日本の不利にして或は
　　日本の妨害をも招く、然るに乙に力を合するときは上に反して、大に日本の利益と
　　なるへき有様あらんには、さるにてもなほ道徳上よりは甲に與みすること理の当然
　　なるか如し、若し之に反して乙を助けん乎、これ不道理を助くるなり。然らは則ち
　　飽くまでも当然の道理に従て、自国の不利をも顧みず、甲を助けて乙に反対すへ

---

① 　根津音七「布氏道徳学批評」、21 頁。

きか、又は寧ろ乙を助けて自国の利益を計るへきか、これ則ち一の大問題たるなり①。

そのジレンマにどう対処すべきかについて、加藤自身から明確な主張を提示せず、むしろ「今日は唯此問題を提出し以て諸君の考按を煩さんと欲するなり」とし、問題提起に止まっている。天賦人権論を捨て、社会進化論に転向したことで知られる加藤ではあるとはいえ、ここでは単純に「適者生存」「弱肉強食」のロジックに従えばよいと思っていたわけではないことがわかる。

加藤の問題提起を受けた形で、根津は次のような見解を示している。「余ハ思フ徳義ト利他トハ自カラ別ナリ。利他ナレバ即布氏ノ説ニシテ無論加藤博士ノ説ケル結果ヲ生ズベシ。苟モ徳義主義ナレバ決シテ然ラザルナリ」②。つまり、根津は加藤の想定した事態（ジレンマ）を「利他」の論理の帰着ととらえながら、自分の考える真の道徳（「徳義」）と「利他」とはもとより別々だと主張している。では、根津にとっての「徳義」とはどのようなものなのか。彼は続いて言う。「政府ノ当局者ガ其外交ノ際ニ善ク之ヲ處シテ上御一人ヲ始メ奉リ、下四千万人ヲシテ幸福ノ位置ニ立タシムルコソ真ノ徳義ナレ。自国ノ不利ヲ顧ズシテ他国ヲ利スルハ是レ利他ナリ宗襄ノ仁③ナリ、決シテ徳義ニアラザルナリ」。自国民の幸福を確保することこそ「真ノ徳義」であり、自国の不利を蒙って他国の利害を考慮するのは単に無益であるばかりでなく、愚かで有害だという意見である。こうして、加藤の問題提起における国家的エゴイズムと「道理」・「徳義」をめぐる緊張感が、根津の議論では自国対他国という二項対立図式と自国利益至上の観点から、論理的に解消された。

では、根津の道徳観を支えたロジックとは何か。「凡ソ道徳ナルモノハ治国平天下ノ道ナリ……而シテ此ノ治国ト平天下トハ自カラ順序アリ前後アリ故ニ日本今日ノ道徳ノ最上乗最高等ノモノハ忠君愛国ナリ」という。

① 加藤弘之「利己乎徳義乎」（1891年11月）、『東京学士会院雑誌』第13編之9所収。
② 前掲根津音七「布氏道徳学批評」、21頁。
③ 出典は「春秋左伝」僖公二二年からである。無益の情けを指している。つまらない情けをかけてひどい目にあうこと。宋の襄公が楚と戦ったとき、公子の目夷は敵が陣を敷かないうちに攻めようと進言したものの、襄公は人の困っているときに苦しめてはいけないと言って敵に情けをかけたために負けてしまったという故事による。

道徳を儒教における治国平天下の道として捉え、そこから天下の平和幸福より、自国の幸福の確保を優先させるべきであるという論理が導かれてくる。こうした発想自体は根津個人に止まらず、前述した日本弘道会を率いた西村の議論とも重なる。

　もっとも、西村は固より一貫して『布氏道徳学』のような教科書に批判的であったわけではない。第一章で検討した『布氏道徳学』の前身にあたる『小学道徳論』に対する西村の評価を想起されたい。根津が批判した『布氏道徳学』における記述は、『小学道徳論』にはすでに載せられていた。だが、当時の西村はそれを問題視しなかったどころか、「世之任教育之責者。宜以此書験諸授業之上」[1]として同書を教科書として薦めたのである。ところが、1889 年 9 月に執筆した論説「本国」において、西村は「世界に国は数多あれとも本国ほど大切な物はない、本国を大切に思ふは人の天性といひて、誰にても人と生まれたるからには自然に備はりたる感情である是が即ち愛国心」だと述べたうえで、本国を「大切にするの道を得ざる」ケースの一つとして、「内外の別を知らず」という点を挙げている[2]。その点について彼は次のように説明している。

　　　外国とても決して悪しく取扱ひて宜しといふ譯にてはなけれども、本国に比べて見れば、大に差別のあることぢや……もし自国に益あらば他国に損あり、他国に益あらば自国に損あるといふ事に出逢ひたらば急度了簡を定めてたとひ他国を損するとも自国に益ある方を取るべし。[3]

　ここでは、自国と他国の損益衝突の取捨において、あくまで親疎関係（前述した井上の言う「階級」）に基づいた利己的判断を優先させるべきという見解が提示されている。そこには、加藤の挙げた事例に見られる「徳義」・「道理」と利己の緊張感が入る余地はない。言い換えれば、「徳義」・「道理」は、もはや「世界ノ人類」という審級を持たず、自国の利益に従属するとされている。

---

[1]　西村茂樹「小学道徳論序」、フリケ原著・松田正久訳・西周閲『小学道徳論』（牟田知足、1881 年）所収。

[2]　西村茂樹「本国」（1889 年）、日本弘道会編『泊翁叢書』第 2 輯（1912 年）、345-346 頁。

[3]　同上、348-349 頁。

　このように、1880年代の初頭から教育勅語発布直後までのあいだに、西村の論調にはある種の「転向」ともいえる変化が生じたように思える。それは、当時の日本を取り巻く国際社会の現実への認識にかかわるものと考えられる。『布氏道徳学』の「同愛主義」を批判した根津は、「国民ノ義務」という項目の最後に次のような言葉を残している。「況んや彼れ基督教国の学士は斯る言を放ちて他国を奪掠するを見て啻に之を責めざるのみならず、却て之を賞揚せるなり」[1]。西村や根津が自国と他国の利害存亡を優先させざるを得なかったことの背景には、当時のインド、エジプト、ビルマやベトナムなど東洋諸国の植民地化や英国の朝鮮巨文島占領といった事態に象徴される西洋列強の脅威があったのであろう。もっとも、当時の欧米列強の内部において、広い意味でキリスト教主義的な立場から、その弱肉強食的な国家の行動を批判した者たちも存在した。若き森有礼を米国のハリスのもとに招いた元外交官オリファントなども、そうした人物の一人として挙げられる。しかし、もはやそのような欧米人の存在に着目すること自体が、自国優先の「徳義」に反する行為と見做されるような言論の磁場が作られつつあったと思われる。さらに皮肉なことに、『布氏道徳学』の議論それ自体も一種の帝国主義批判となりうるが、その点を根津が見逃していた。

　そうした自国の利害のためなら、他国への「非議ノ挙動」もあえて許してしまうという愛国心の肥大化が、西村と根津の議論には通底している。一方で、「此ノ如キ愛国心ハ決シテ良徳ニ非ズシテ即チ利己的ノ悪徳ナリ」と記述した『布氏道徳学』の開明性が、ポスト教育勅語時代における「勅語違反」というロジックを前にして、一層浮き彫りになっているとも言えよう。

おわりに

　以上、森文政期の尋常中学校・尋常師範学校の「倫理」科教科書『布氏道徳学』とそれに対する日本弘道会誌上の批判を分析することによって、同時期の徳育の特質とその射程について検討してきた。本章で解明したこ

---

[1]　前掲根津音七「布氏道徳学批評」、22頁。

とを要約し、次の課題を示し、結びとしたい。

　先行研究では、森文政期の教育の本質は、「国体主義」とも教育勅語以後のナショナリズムとも区別された「国家主義」という概念で説明されてきたが、その内実は必ずしも自明ではなかった。それに対し、本章は教育勅語発布後に改廃された尋常師範学校の「倫理」科（森文政期の徳育改革の象徴）の教育内容とそれへの批判に着目した。その際、森が選定した「倫理」科教科書『布氏道徳学』を取り上げた。教育勅語発布後に現れた同書への批判として、日本弘道会誌『日本弘道叢記』における小学校教員根津音七の『布氏道徳学』批評を分析した結果、同書に内在する特質およびそれと教育勅語の論理との関係性が浮き彫りになった。

　『布氏道徳学』では、子供が親を愛さない・愛せないという可能性が開示され、「孝」はたんに幼童（国民全体ではない）の守る人為的な「義務」と位置付けられる。そして、森の意により、訂正二版に加えられた「臣民ノ国君ニ対スル義務」では、一般的に「君臣ノ大倫」として語られる「忠孝」も説かれていない。そうした論理構成においては、教育勅語における固有かつ自明とされる、人間自然な感情としての親への「孝」と君主への「忠」が結合する論理は生まれてこない。言い換えれば、勅語段階のナショナリズムの基盤となる家族国家観を支える感情より、契約的権利義務の関係による家族関係や社会関係（国家に対する国民の義務など）の連帯を説く点に、森文政の徳育構想における「国家主義」の特質が見られる。

　さらに、『布氏道徳学』における愛国心制限論は、愛国心という感情の暴走から出る国益追求にまつわる不正不義（「利己的ノ悪徳」）への歯止めと警告を意図したものである。自国の人民か他国の人民かを問わず、「世界ノ人類」に普遍的に通用するはずの「道徳」の本来の意味合いを持ち出すことによって、忠君愛国の論理とその暴走を掣肘するのがその記述の眼目と言える。つまり、森文政の徳育において、国家は普遍的な道徳を凌ぐものではなく、むしろ後者の制御に置かれなければならない存在として位置づけられていた。だが、そうした国家的エゴイズムの暴走を制御する道徳の普遍性の提唱が、「宋襄の仁」と揶揄される「利他」と捉えられ、その論理自体も「勅語違反」という論理で根津に否定された。他方、加藤弘之の議論における本来普遍性を有する「徳義」が根津の論において集団的「利己」に回収されることとなった。

　ここで重要なのは、そうした根津の議論は彼一己の見解に止まらない点である。この人物の属性およびその議論の根拠を確認することで、その論調が示唆した森文政の徳育の射程が浮かび上がってくる。その一つは、小学校教員という立場の持つ意味である。なぜ小学校教員の根津が尋常師範学校用「倫理」科教科書を批判しなければならなかったのか。その理由として、小学校の教員が師範学校から輩出されてくる限りにおいて、師範学校の教育内容が初等教育の現場にも影響を与えていたということが考えられる。本章の冒頭で述べたとおり、教育勅語発布後の徳育改革において、尋常中学校については従前通り「倫理」科が継続していたのに対し、尋常師範学校では「倫理」科が改廃された点も、こうした事情とは無縁ではないだろう。このように、初等教育とその教員養成に深く関わる領域におけるこの明確な転換と、それとほぼ同時に出現した根津の『布氏道徳学』批判を合せて考えると、中等教育の「倫理」科を通して初等教育の「修身」科のあり方も変えようとした森文政の思惑が見えてくる。

　もう一つは、根津による批判の論拠が示唆した、教育勅語以後における徳育をめぐる空気である。根津が井上哲次郎の議論に依拠しつつ、「勅語違反」というロジックで『布氏道徳学』を批判し、「現今ノ状、勅語ヲ奉読スルハ祝日大祭日ニ止ムル如シ。而シテ此書ノ如キヲ以テ其教科書トシ平素実行ノ標準トセシム憂ヘテ而シテ患ヘザルベケンヤ」という懸念を表明していることから、教育勅語発布二年後の時点における徳育をめぐる言論状況の一端がうかがえる。すなわち、教育勅語という「枠」の登場は、『布氏道徳学』における「孝」・「愛国心」の説き方への否定をもたらしたと同時に、根津や西村の議論にある種の政治的正統性を賦与し、それを支配的な論調にせり上げていく根拠にもなった。しかし、一方で、その「枠」自体はまだそれほど強力なものではなかった。『布氏道徳学』がそれまでに問題なく使われたことへの根津の苛立ちは、むしろ当時の徳育をめぐる混沌とした状況の存在を示唆している。1899年まで学校教育における『勅語衍義』と『布氏道徳学』の共存も、まさにそうした混沌を象徴している。

終　章

　本書では、森有礼文政期の文部省による中学校・師範学校用「倫理」科教科書の編纂とそれをめぐる論争的関係に着目し、教育勅語発布の前夜における徳育にかかわる諸論議の様相とその意味について検討してきた。まずは行論の骨子を、章ごとに要約しておく。

1. 各章の要約

　第1章では、『倫理書』編纂の前史として、1880年代前半期の徳育に関わる教科書の出版状況について検討した。学制以来の小学校における「修身」科教授に路線転換を図る一連の措置が取られた結果、明治初年に広く使われた翻訳教科書への取締りが厳しくなる一方で、1882年12月に「下賜」された元田永孚『幼学綱要』をはじめ、忠孝の徳目や日本の国体を鼓吹する教科書が大量に現れていた。そうした路線転換を象徴するのは、1883年6月から発行された文部省編輯局編『小学修身書』であった。この教科書は、翻訳書からの引用を一切省き、江戸時代の教訓書及び中国古典からの引用を特徴としていた。

　しかし他方で、そうした儒教主義の枠からはみ出る徳育論の系譜も存在した。本論では、旧明六社メンバーの西村茂樹の動向に着目した。西村は、文部省編輯局長という立場にありながらも、明六社以来の旧知であった西周が校閲した翻訳教科書の『小学道徳論』（1880年）に推薦序を寄せ、自身が編纂した『小学修身訓』（1880年）に西洋の訓言を多く挿入するなど、儒教主義に傾いた政府による徳育路線とは一定の距離を取っていた。

　西村が推薦序を寄せた『小学道徳論』は、ドイツ人フリッケを原著者として非宗派的学校のために編纂されたものであった。本書は、若干の改訂

を経たうえで 1887 年に『布氏道徳学』という題名で再登場し、森有礼文相により中学校・師範学校初学年の「倫理」科教科書として選定された。これらの事実は、中学校・師範学校最終学年の「倫理」科教科書として『倫理書』が編纂される前提となる。

第 2 章では、『倫理書』の編纂過程について、編纂委員の構成と草案の性格により段階区分をするとともに、編纂委員それぞれの背景と主張を検討し、さらに中心的な編纂委員が深くかかわった雑誌『国民之教育』の果たした役割を検討した。

『倫理書』の編纂過程は概ね三つの段階に分けることができる。

第一段階は、終始中心的起草者を務めた能勢栄が森有礼文相によって文部書記官に任命された 1886 年 12 月から、翌 1887 年 5 月までと見ることができる。この段階で起草作業にかかわったのは、能勢のほか、本願寺派僧侶菅了法と、東京高等師範学校教師の高嶺秀夫と国府寺新作であった。その上、森文相自身も「内見」という形で「御心附」を下した痕跡が窺える。

上記のメンバーからなる編纂体制が新たな段階を迎えたのは、嘉納治五郎が編纂委員に加わった 1887 年 5 月である。5 月 17 日付の文部省辞令をもって「臨時編纂事務」を嘱託された嘉納のほか、当時宮中顧問官であった西村茂樹や、当時に文部省で英語教科書の編纂に携わっていた、元イギリス人宣教師のデニングも編纂委員として森に委嘱された。能勢と菅に加えて、嘉納・西村・デニングも編纂委員に加わった 5 月から、『倫理書』のパイロット版ができた翌 1888 年 3 月までの時期を、編纂の第二段階と見ることができる。

最後の第三段階は、パイロット版ができた 1888 年 3 月から、福沢諭吉・中村正直・加藤弘之らの識者の寄せた批評をふまえた訂正を経て正式に刊行された同年 10 月までの時期である。本論では前者を 3 月版、後者を 10 月版と称することとした。

上記の第二段階と第三段階にかかわる資料として注目する必要があるのは、雑誌『国民之教育』(1887 年 5 月〜1888 年 6 月までの刊行を確認できる)である。同誌は同時期に文部省で『倫理書』編纂に携わっていた能勢と菅が主筆のような形でほぼ毎号に寄稿したのみならず、森文政下で新設された「倫理」科の教育理念や起草中の『倫理書』草案と思われる論考を数多く掲載した。無料配布の多い刊行形態から考えても、純然たる民間の雑誌

ではなく、文部省書記官たる能勢を事実上の編集責任者とする、森文政の宣伝媒体としての性格を色濃く持っていたことを指摘した。

　第3章では、『倫理書』編纂の第二段階とほぼ同時期に生じた「徳育論争」の火付け役であった加藤弘之の宗教利用論に着目し、それに対する『倫理書』編纂関係者の反応を検討した。その際、加藤の議論に対する西村茂樹の反応と『国民之教育』を言論拠点とした菅や能勢やデニングらによる反論の共通点と温度差について考察を加えた。その結果、徳育における宗教の位置づけをめぐる、トライアングルな対立構図の論争空間のなかで『倫理書』の占める位置を浮き彫りにした。

　加藤弘之は、文部省が取った徳育路線（おそらく当時進行中の『倫理書』編纂事業も含め）を役立たない「哲学主義の徳育」や「ゴタマゼ」の教科書として批判し、徳育を感情ととらえ、理屈ではなく人間の感情を喚起させるために、進化論を信奉した自身が嫌いな宗教における「本尊様」を活用することで、愚昧なる民衆を教化しなければならないことを唱えた。その際、彼が頼るのは、宗教における非合理的要素に対する民衆の「尊信」の気持ちである。

　これに対して、西村茂樹は、加藤の宗教利用論に反対し、徳育における合理主義を重視する点で、森・『倫理書』の起草者たちと共通項を有した。『倫理書』の編纂者は、ギリシャ哲学に淵源する西洋倫理学の重要性を主張し、善悪をめぐる判断の結果を押しつけるのではなく、各個人の内面における判断の基準・方法を示そうとしていたからである。西村もそうした西洋哲学の意味と意義を理解しており、『日本道徳論』などの著作で自分の議論に組み込んでいた。しかし、両者が決定的に異なる側面もあった。森・能勢・菅らの徳育論が信仰にかかわる選択の多様性を許しつつ、あくまで人間の知性を養うことに力点を置くのに対して、西村が単一の道徳原理（「一定ノ主義」）の樹立にこだわり、「政教一致」の原理に基づきながら国民が宗教信仰と同じレベルでの「尊信」を以てそれを実践することを求めている。それは、政治と道徳の関係における両者のスタンスの相違に関わったものであることを明らかにした。

　第4章では、『倫理書』編纂の第3段階（1888年3月〜同年10月）に焦点を当て、『倫理書』のパイロット版（3月版）に対する福沢諭吉や井上毅といった識者の批評と、同時期の能勢・菅による議論を手がかりにしなが

ら、3月版と10月版のあいだの変更／不変更から起草側のこだわりを読み取ることを試みた。

　3月版を批評した福沢諭吉は、『倫理書』の議論が単なる「心理学の解釈」に過ぎず、「徳心の発育」に役立たないと批判した。にもかかわらず、10月版では、それに応じた修正が施されなかったどころか、逆に理論に特化する立場を明確にした。すなわち、『倫理書』では、「倫理」の要諦は正邪善悪を判断する「標準」を提示することだと主題を限定し、人間の知性に訴える方向で議論を展開した。その際、「行為ノ起原」として「本国ノ情」や「君臣ノ情」などの感情を説きながら、「思想」（知性）を重視する見地から、それらを制御することの必要性を説いた。このように感情の暴走によるネガティブな行為をいかに制御するかを教えるという観点は、同時期に修正版が刊行された『布氏道徳学』にも一貫していた。

　第5章では、森文政期の徳育構想の射程を見届けるために、教育勅語以後の徳育論に着目した。具体的には、日本弘道会の会誌における『布氏道徳学』批判を取り上げた。1889年の森有礼の横死と1890年の教育勅語発布以後、『倫理書』については教科書として使用された事実を確認できないものの、『布氏道徳学』は用いられていた。これに対し、小学校教員である根津音七は、忠孝の情を重視する立場から同書を「勅語違反」として批判した。小学校教員の根津が尋常師範学校用「倫理」科教科書を批判した理由として、小学校の教員が師範学校から輩出されてくる限りにおいて、師範学校の教育内容が初等教育にも影響を与えていたということが考えられる。実際に、根津の批判が掲載された翌月（1892年7月）に、「倫理学ヲ授クル学科目」としばしば誤解されたという理由で、尋常師範学校の「倫理」科が改廃されて、「本邦道徳ノ方針即チ教育ニ関スルノ勅語ノ旨趣」に基づく「修身」科がそれに取って代わった。これ以降も中学校では1901年まで「倫理」科は存続し続けるものの、初等教育に関わる局面では、このようにして森文政下の徳育構想は早くも命脈を絶たれることになった。

　このように、加藤、西村、能勢、菅、森らは、「徳育の標準」をいかに定めるかという共時的・共通的課題を意識し、これに取り組むなかで、それぞれの論を展開していたことから、そこに論争空間が成立していたといえる。このような『倫理書』編纂をめぐる論争空間には、初期の編纂関係者による対立だけでなく、これが当時の宗教利用をめぐる「徳育論争」とも絡む

形で展開されたトライアングルな抗争関係があったことを、本書で明らかにした。

2.『倫理書』をめぐる論争空間—
森文政の徳育構想の特質—

2-1. 知育としての徳育

　次に、各章での検討を踏まえ、本書で明らかにした『倫理書』の編纂過程について整理しつつ、森文政の徳育構想の特質を改めて明確化する。

　まず、『倫理書』というテキストは、文相森有礼による意思決定のもとで、前述した三つの編纂段階を経て成立したものである。

　もっとも、雑誌『国民之教育』に掲載された草案らしきバージョンが『倫理書』3月版にまとめられていくプロセスにおいて、構成から内容まで、少なからず修正が施された。菅が寄稿した「倫理論綱」の前半（6月号掲載分）で扱う「行為ノ起原」は3月版の第三章「行為ノ起原」と重なるところが大きく、後半（7月号掲載分）で扱う「意旨」は第四章「意志」と重なるところが大きい。また、能勢が寄稿した「倫理学ノ意義」を説く文章（8月号掲載文）が、3月版の第二章「目的」の草稿となったと考えられる。『国民之教育』に公表された草案では事例説明の段落や特定の学者による学説を紹介する部分が組み込まれていたのに対して、3月版ではこれらがほとんど削除され、各章のテーマにかかわる最小限の理論説明にとどまった。具体的な事例による敷衍は、個々の教師の判断に任せるためにこのような措置が行われたものと推測できる。

　さらに重要な変化は、菅による草案への加筆部分にある。まず、「倫理論綱」における「行為ノ起原」部分で数行しかないaffection（「情（アッヘェクシャン）」）に関する説明が、『倫理書』において大幅に拡充されている。Affectionの種類が「親子兄弟ノ情」・「夫婦ノ情」・「朋友ノ情」・「同郷ノ情」・「本国ノ情」・「君臣ノ情」という項目に細分されただけでなく、それぞれの項目に段落レベルの解説が付されるようになった。このうち、「君臣ノ情」の記述の挿入については、森文相が湯本武比古の提言を受け入れた結果だと思われる。その際に、「君臣ノ情」を入れつつも、それ

を「六行ばかり」の記述に止めた上で、際立たせず、ほかに挿入した諸「情」と並列させた。そのことは、これまでの研究でも指摘されたように、「忠」「孝」という徳目の占める位置を低いものとした。

　それよりもさらに重要なのは、この「情」に関する記述が、『倫理書』全体の論理構造の中でどのような位置を占めるのかということである。やはり菅による草稿への加筆部分において、「行為ノ起原」を構成する諸要素の説明の後に、「体慾欲望情緒」の三者は「偏僻ノ行」につながる恐れがあり、「道理ニ遵テ意志ノ制裁ヲ受ク可キ」こと、とくに「情緒」は「憎疾」等の感情に流される危険性があるため「道理ノ裁制ヲ受ク可キ」ことを指摘するという警告めいた内容が付け加えられた。同じような性格の加筆が、菅の寄稿した「意旨」が『倫理書』の第四章「意志」としてまとめられた過程においても確認できる。すなわち、「情緒」に駆られてネガティブな行為を防ぐことの必要性を強調せよという明確な修正意見がそこで貫かれているといえる。その上で、第五章「行為ノ標準」では「思想」（知性）を重視する見地をもって愛国心や忠孝心などの「情」を相対化することの必要性を説いた。すなわち、「智力」は「道理」に訴え、「意志」を介し、間接的に「情緒」や「欲望」から発する行為を制御するものとされた。そして、この制御に際して基幹的な原理とされたのが、「普通感覚」としての「自他並立」であった。

　ここまで意図的な加筆方針は誰の意思によるものだろうか。『倫理書』の持つ集団的著作という性格がゆえに、断定することは難しいが、嘉納の回想における記述—「その上森に彼自身の固執せる意見があって、各委員をしてその意見の協賛者たり説明者たらしめようとしたので、終に委員全体としてはまとまらないでしまった」—を想起すれば、草案の執筆を菅や能勢に「御命令」された上で、幾度となく草案の「内見」を要求した「大臣」、すなわち森文相の所為と考えられる。

　このような加筆修正を経て一通りまとめられた『倫理書』が 1888 年 3 月にいったんパイロット版として作成され、森文相から福沢諭吉や中村正直など多くの識者に送付された。だが、現在確認できる識者からの批評の多くは批判的な意見であった。上記のやり取りを経て、『倫理書』修正版が同年 10 月に刊行された。しかし、本論文の第 4 章で検討した通り、これらの修正は識者の批判や注文を受け入れた結果というよりも、むしろ一種の

開き直りともいうべきものである。道徳的な行為の「実践躬行」を指示・喚起する内容が欠如しているという批判に対し、それを「道徳」に属するものと斥け、自らの理論的性格を「倫理」と規定する姿勢を「凡例」で明確化する。

　かくして、『倫理書』における徳育の構想は、実質的には徳育ならざるもの、すなわち、倫理にかかわる「行為ノ標準」を学として学ぶ知育になったともいえる。知育として重視されているのは、愛国心や忠孝心のような「情」そのものではなく、「思想」（知性）の見地をもってそれらを相対化することであり、倫理をめぐる判断の主体としての個人にほかならない。すなわち、「行為ノ標準」とは、一定の行為を道徳的規範にかなうものとしてその「実践」を求める類いのものではなく、「自他並立」という基本的原理に即して個々の行為の正邪善悪をそれぞれの文脈に応じて判断できるような主体への要請をあらわすものであった。

　実際には、こうした仕組みの意図がほとんど受け止められず、むしろ「愛国の情」をそれ自体として重視しているかのような「誤読」を招致しやすいものであったとも言える。そうした仕組みを、森ら編纂者が自覚的に作り上げたのかどうかについて確言できるわけではない。結果として、そのようになってしまったとも考えられる。ただ、それにしても、『倫理書』における「親子の情」「愛国の情」にかかわる記述が『倫理書』の基調から奇妙に浮かび上がっていることは確かである。そのことは、『倫理書』が自らを批判する勢力との対抗関係を蔵しながらも、これへの妥協的な記述も組み込まざるを得なかったことを示唆する。本論文では、この奇妙な断裂こそが、論争空間のなかで『倫理書』が編纂されたことを物語るものであると解釈するとともに、「理論」と「実践」、「思想」（知性）と「情」といった問題がそこにおける基本的な対抗軸であったことを明らかにした。『倫理書』があたかも「道徳哲学」の書であるかのように抽象的な性格を備えたのも、このような知性の働きの重視という姿勢に対応するものであると本論文では解釈した。

　上のような検証作業を通じて、森文政における徳育構想は教育勅語制定以後に一般化する国体主義の徳育論と対立するものであったばかりではなく、加藤弘之、西村茂樹、福沢諭吉らかつて森有礼と共に明六社に属した知識人たちの構想とも異なる独自性を備えていたことを明確化した。

2-2. 宗教の位置

　上に述べた『倫理書』編纂関係者と宗教利用論者との対立を踏まえて、改めて森文政期における宗教そのものの位置について考えてみたい。

　『倫理書』には、宗教にかかわる内容が一切入らなかった。その結果自体については、前述した論争の経緯を踏まえなくても、田中智子が分析した森自身の宗教観に即して見れば理解できるものである。この場合の森の宗教観とは、抽象概念としての「宗教」と個別の教派としてあらわれる「宗門」を区別し、徳育を個別の「宗門」に拠らないというスタンスである。しかし、個別の「宗門」に森が距離をとろうとしていたということばかりでは説明できない点も残る。それは、『倫理書』編纂の人選問題である。もし森が単純に倫理学や心理学をベースにして教科書を作ろうと思ったのであれば、当時の倫理学に精通した気鋭な哲学者と思われる井上円了や井上哲次郎を呼べばよかったとも考えられる。しかし、森はあえてそれをしなかった。彼が委嘱した編纂委員のうち、菅、デニング、西村はいずれも広い意味での宗教関係者（もしくは宗教的思想背景を有した人物）[①] であった。そのことの意味を改めて吟味したい。

　『倫理書』編纂の人選問題について、田中智子は、「一種の大同団結的状況、多くの人間のエネルギーを喚起し集結させ、その意見が反映される余地の態勢を提供した」という森の文教政治家としての個性と関連付けてとらえている。この指摘は，的確なものと思われる。それにしても、なぜ仏教僧侶の菅や元宣教師のデニング、そして思想的には儒教的色彩の強い西村が選ばれたのか。そこには、単に「大同団結的志向」という言葉で捉えきれない、森独自の思惑があったと考えられる。

　そのことは、本論文で検討した西村の演説稿『日本道徳論』に対する森の称賛ともかかわる。『日本道徳論』において、西村は道徳の標準を、特定の「教」（「世教」にしろ「世外教」にしろ[②]）ではなく、いつの時代にも通

---

① 厳密に言えば、儒教的思想基盤を持った西村茂樹は宗教関係者と考えることはできないという見方もあるだろうが、『倫理書』編纂を担った菅や能勢の論において、儒教も宗教の一つとして捉えられているため、ここでは西村も広い意味での宗教的思想背景を有した人物として理解したい。

② 『日本道徳論』において、西村は、世俗の道理を説く西洋哲学と儒教を「世教」とし、超越的な要素を含む宗教（キリスト教・仏教・回教など）を「世外教」と称している。

用し、「愚夫愚婦」を含めて誰でもわかるような「真理」に求めることを主張している。しかもその「真理」はどの「教」でもない一方で、どの「教」をも離れないが故に、合理主義に基づく儒教と哲学の一致するところから「一定の主義」を立て、それによって諸「教」の説を取捨することで、道徳の基礎となる「真理」を把握することができると論じた。森文相は、西村から送られた『日本道徳論』を読んで「中学以上の教科参考書とすべし」と称賛したという。それは『日本道徳論』の内容から考えて、大いにありうることである。西村を『倫理書』編纂委員に加えた森は、『日本道徳論』に見られる発想に共感していたのではないか。

　すなわち、特定の「教」を本来の宗教体系や学問体系（学派）として徳育に導入するのではなく、むしろそれぞれの道徳体系としての価値を認めた上で、それらに精通しながら拘泥しない学者、あるいは自己の思想基盤を相対化できる人たちを結集し議論させる形で、その合意するところに基づいて徳育教科書を作ろうと森は考えたのではないか。すなわち、どの「教」も実体として奉る姿勢ではなく、それらをあくまで「真理」―『倫理書』では、それが「普通感覚ニ於テ道理トスル所ノ者」と表現される―につながる回路として捉える発想が、森の中に存在しているように考えられよう。その意味では、森文政下の徳育において、宗教というものは、実体として学校や教科書から排除された一方で、それ自体の道徳体系としての価値（合理的要素）は否定されていないことに着目すべきだろう。田中の論に引きつけていうならば、「多くの人間のエネルギーを喚起し集結させ、その意見が反映される余地の態勢」をつくろうとしていた点は指摘の通りであるにしても、宗教は単に排除の対象であったばかりではなく、知育としての徳育を構想するにあたって重要なベースとしても意識されていたと思われる。また、だからこそ、元キリスト教宣教師のデニング、仏教僧侶の菅了法、儒教的思想基盤を有した西村茂樹を編纂委員に加える措置がとられたと考えられる。

3.「倫理」と「道徳」の攻防と交錯——
西村茂樹と森有礼のすれ違い——

3-1.「儒教主義」の内実

　上記の要約からも明らかなように、西村茂樹は、『倫理書』の編纂過程
及びテキスト内容にまつわる奇妙な断裂を理解するためのキーパーソンと
言える。西村については、元田永孚と同様に「儒教主義」という言葉で括
られがちな人であったが、本論では、明六社同人として西洋思想も摂取し
ていた西村の立ち位置は、元田とはかなり異質なものであったことを前提
とした上で、森文相が西村を『倫理書』編纂グループの中に組み込もうと
した理由と、西村がむしろ森文相の徳育構想の批判者として立ちあらわれ
た経緯を明らかにした。それは「転向」と呼んでもよい変化ではあるもの
の、「政教一致」の徳育構想という観点からすれば、西村なりの思想の連続
性があったことも指摘した。

　まず、本書の第1章から第5章までに検討した西村茂樹の言論と実践を
辿ってみよう。

　1880年代前半期に、文部省編輯局長を務めた西村は、西洋の道徳学や哲
学に強い関心を抱いた。フリッケの著書を翻訳した『小学道徳論』（1880
年）に序文を寄せ、「西国道学之教。其有利而無害。亦與孔孟之教相等」
と推薦していた。そして、在野で日本講道会を立ち上げ、「理学」（西洋哲
学）の「真理」に基づく道徳学を構築しようとした。さらに、1886年12
月に帝国大学で開いた日本道徳を論ずる講演において、明治維新以来欠落
してきた「道徳ノ標準」をどこに求めるべきかという問題を提起した上で、
既存の宗教や儒教を固有の価値体系としてそのまま利用するのではなく、
西洋哲学と儒教の一致するところに普遍的な「真理」を求め、新たな「標
準」を立てる必要があると主張している。その点では、西村は、同じく「標
準」の欠落に危機感を覚え、ギリシャ哲学に淵源する倫理学の重要性を唱
えた菅らとは議論の土俵を共有していたと考えられる。既存のどの宗教に
も頼らず儒教と哲学の折衷による「真理」を「道徳ノ標準」に据えるべき
だと考えた点は、森文相に評価され、1887年5月に『倫理書』編纂委員に加
えられたと考えられる。

　ところが、同年中には意見の齟齬から編纂作業を外れたと考えられる。森文政の宣伝媒体たる雑誌『国民之教育』の誌面では、能勢・菅らが頻繁に寄稿したのに対して、西村はまったく寄稿しなかったばかりか、むしろ批判の対象として論及された。1887 年 7 月刊行の同誌における河田鱗也の論説「儒教放逐論」では、儒教を、社会を支配する政治・道徳思想の地位から放逐すべきだという主張が何ら忌憚なく展開されている。儒教と西洋哲学の合致するところから道徳の「真理」を求めるべきだという『日本道徳論』における西村の主張とのあいだに鮮明な対立が横たわっていると言える。それに続き、翌月刊行の『国民之教育』第 4 冊では、西村の主張を名指して批判した論説「日本弘道会と日本道徳論」（河野於菟麿）が登場した。同論説は前掲の河田論説における儒教批判を前提にした上で、西村のことを「世間の腐儒と同一視するものにあらず」と評価しつつも、「亦全く儒道を棄てらるるにはあらざる」点を批判し、「同君が往々にして孔孟の言語を其儘引用せらるるを好まず」という不満を露骨に表している。ここで重要なのは、西村と『国民之教育』執筆者たちとの亀裂が、儒教をめぐる意見の落差という形で現れていることである。なぜ西村は儒教をある程度相対化しながらも、それを「棄て」られなかったのか。彼は儒教に何を期待し、またその期待はどうして能勢らに理解されなかったのか。そこには、徳育をめぐる両者の決定的な相違点・対立軸が介在したといえる。そして、そうした両者の対立軸を浮き立たせるのが、『倫理書』編纂事業の最中に出現し、教育界に大きな波紋を起こした加藤弘之の宗教利用論であったことを本論では指摘した。

　1887 年 10 月 9 日、東京学士会院会長加藤弘之が西村の誘いに応じ、西村の組織した日本弘道会の集会で、「道徳の主義に就て」という演説を行った。西村は同年 12 月に下野喜連川教育会で行った演説で加藤の論に反論した。ただし、西村は、宗教の「本尊様」に頼ることを拒否したものの、徳育には「道理」は無用だとした加藤からの批判を受け、宗教的信仰に通じる「尊信」の感情が必要であると改めて気づくようになった。非合理的な要素を含む宗教を断固に拒絶した西村は、宗教の最も貴重な点が「尊信」にあるとし、その点を、同じく布教を重んじる儒教に見出している。一方で、『国民之教育』の主筆陣による批判においては、「主義」一定のような、国民の信仰に属する内面的領域への干渉（「国教創立ノ弊」）を否定する考

え方があった。言い換えれば、河田らによる批判の射程は、加藤の宗教利用論における「本尊様」だけでなく、西村の議論における「尊信」重視にも及んでいたといえる。

　そうした「尊信」をめぐる三者の認識のズレは、学校という場と学校教育の位置づけにかかわる問題を核心としていた。『国民之教育』の主筆陣の観点からすると、学校はあくまでも「学術ヲ専門トスル」場であるため、来世の賞罰を説く非合理的な宗教教義のみならず、人間の知性を超え、人心に働きかける宗教的な心性のような「尊信」も、学校教育で養成すべきものではないのである。宗教的感化が必要だとすれば「学校ノ門外ニ幾個ノ会堂、寺ヲ建立シテ」説教をすべきだとされた。これに対して、西村は、学校で「尊信」に基づいた徳育を施すのは可能であり、またすべきことである。その前提には、下野喜連川教育会での演説で開陳された「政教一致」という考えが存在した。政令と法律の制裁によって道徳に対する国民の「尊信」を喚起する。それを通じて「品行風俗」をよくし、人心の固結と社会秩序の安定を実現するという政治的目的が、西村の道徳論の根幹にあった。西村の思想が「儒教主義的」だと評しうるとすれば、それは徳育の内容として忠孝の大切さを説くというような次元ではなく、この「政教一致」という考え方に見出されるべきだろう。

　西村においてこの「政教一致」の実現の方途は、「勅撰」修身教科書という方向に求められることになる。正確な日付は不詳だが、1887年中に、佐々木高行・副島種臣・佐野常民の賛意を得て、「清朝の康熙雍正の二帝が聖諭広訓を作りて全国に施行せし例に倣ひ、勅撰を以て普通教育に用ふる修身の課業書を作らしめ、是を全国に頒行せん」という計画を謀ろうとした。この計画を耳にした森文相は「頗る不平にして余もし其任に堪へずば其職を辞せん」と強く反対したという。しかし、徳育にかかわる教科書を、文部省編纂から勅撰へとシフトすべきだという考えを西村は放棄しなかった。1889年2月、森が暗殺された前後、その考えをまとめた明倫院設立の建言を宮内省に提出した。さらに翌1890年8月、長引いた「徳育論争」の打開策として、その歴史的権威性から国民の「尊信」を喚起し得る『論語』などの経書を、中小学校の徳育教科書に充てようと鼓吹した論説を各地方官に配布した。

　こうした西村の言動が、教育勅語制定をめぐる動向にどのような影響を

与えたのかは、不詳である。しかし、西村が教育勅語の発布を歓迎したことは確かであった。そして、西村に私淑して日本弘道会員となった根津音七が、1892年に『布氏道徳学』への痛烈な批判を日本弘道会誌上で展開することになる。

3-2.「道徳」とアンチ「倫理」

終始「道徳」に拘り続けた西村茂樹は、実際に、「倫理」という言葉の使用を拒絶していた。なぜそうだったのか。西村にとって、「倫理」で表現しえないこととは何なのか。

西村は、「道徳」という範疇を、儒教における「修身斉家治国平天下」という枠組みのなかで捉えている。そこでは、「道徳」が「国を定める」こと（政治）ともとより結び付けられるだけでなく、「政教一致」という言葉が示したように、国民への教化は政治とは不可分なこととされた。すなわち、教化（「道徳」／特定の価値体系）による国民（「民心」の）統合が国家の秩序と運命に深くかかわる。そのため、国家における政治上の権威（君主）が法律・礼式を通じて、特定の価値体系を国民に浸透させることが、極めて重要なことであり、またすべきことだと彼は考えた。

そこにおける「道徳」は、宗教の実体を厳格な意味では備えないものの、ある種の宗教的機能（「尊信」）が内包されなければならなかった。その内容自体は必ずしも狭義の儒教的徳目に限定されるものではなく、普遍的な「真理」ともいうべき合理的要素が入るにしても、そこに宿った精神ともいうべきものは、新たな「国教」を創立する発想と軌を一にすると言っても過言ではない。

では、なぜ西村は「倫理」という言葉を拒絶したのか。この問題について、「倫理」という言葉が当時に有した二つの意味合いにそれぞれ即して考えてみたい。まず、儒教における五倫を指す場合の「倫理」に着目する。この場合の「倫理」とは、たんに個人の品行としての次元に止まる狭い範疇であり、上記の西村が構想した「道徳」のごく一部を占めるにすぎない。それだけでは、国民と国家との結合が成立できない。西村の『日本道徳論』を「国民道徳論」の嚆矢と見做す真辺将之が指摘したとおり、「国民道徳論」は、単なる個人の品行の範囲を超えて、国家の発展のためにより広く国

民の団結を呼びかけるものであった[①]。西村の拘った「道徳」は、五倫の範囲を遥かに超え、ネーション（近代国家・国民）という次元で捉えられる範疇と言える。他方で、あくまで前近代の社会関係の枠組みに止まる概念としての「倫理」は、西村にとって、スケールが小さいだけでなく、ネーションとの結びつきが欠落している点でも、取り立てて主張するに値するものではないだろう。

　1890年8月に各地方官に配布された論説「修身教科書の説」の附言において、西村は、西洋倫理学「エシックス」の訳語として「倫理」が当てられることを批判し、その意図について「邦人は訳語に依りて其学問の性質を判断することなれば、訳語の不適当なるは其関係する所、頗る大なるを以て爰に贅辯を費すこと爾り」と述べている。当時「エシックス」の訳語として用いられた「倫理」がその原意の五倫として「誤読」される可能性を西村は指摘し、それを避けるためにも「倫理」という訳語をやめるべきと主張している。その意味では、元田永孚がかかわった野中準の著書『日本道徳原論』における、儒教の五倫に基づいた「倫理」概念の再構成は、まさに「エシックス」の訳語としての「倫理」に対する意図的な読み替えと見ることができよう。また、このような読み替えも、そこにおけるネーションの欠落がゆえに、西村による「倫理」批判の射程に入ると考えられる。

　一方で、「エシックス」としての「倫理」も、西村によって用いられたことはなかった。「エシックス」は「唯学士ノ嗜好ヲ以テ之ヲ為スニ止マリテ」、「全国公共ノ教トナルコト能ハザル」[②]からである。すなわち、「エシックス」には普遍的な「真理」が含まれるものの、国民の「尊信」を喚起させるような宗教的機能を持たないため、彼の構想した徳育の根幹には据えられない。さらに、ここで西村のそうした主張が、日本弘道会という組織を通じて西村なりに把握していた「全国公共」の世界との関わりに支えられていたことに着目すべきだろう。本論では西村の論を支える社会的基盤についてはほとんど立ち入ることができなかったが、西村なりに「全国公共」についてのビジョンがあったはずである。他方、森らによる『倫理書』編纂事業が「学士」という狭い世界を越えて「全国公共の教」に連

①　真辺将之『西村茂樹研究』第四章「日本道徳論の形成過程」、147頁。
②　前掲西村茂樹『日本道徳論』、『増補改訂西村茂樹全集』第1巻、104頁。

なるものでありえたのか、ということはそれとして、改めて検討しなくては
ならない。

3-3.「国民教育」の構想

　西村の拘った「道徳」とは、五倫の範囲を遥かに超え、ネーション（近
代国家・国民）という次元で捉えられる範疇であった。だが、もとより、
森・能勢・菅らも、ネーション（近代国家・国民）という次元を意識しな
がら新たな「倫理」を創出しようとしていた。そのことは、森文政の意向
を受けた雑誌のタイトルが『国民之教育』だったことにも表れている。た
だし、「国民教育」として想定される事柄の内実は大きく異なっていた。
そのことを示すのが、根津音七による『布氏道徳学』批判である。

　第5章で論じたように、『布氏道徳学』では、子供が親を愛さない・愛
せないという可能性が開示され、「孝」がたんに幼童（国民全体ではない）
の守る人為的な「義務」と位置付けられた。その論理構成においては、人
間自然な感情としての親への「孝」と君主への「忠」が結合する論理はも
はや生まれてこない。言い換えれば、契約的な権利義務の関係による家族
関係や社会関係（国家に対する国民の義務など）の連帯を説く点に、『布
氏道徳学』の特質が見られる。

　さらに、『布氏道徳学』における愛国心制限論は、愛国心という感情の
暴走から出る国益追求にまつわる不正不義（「利己的ノ悪徳」）への歯止め
と警告を意図してもいた。自国の人民か他国の人民かを問わず、「世界ノ
人類」に普遍的に通用するはずの「道徳」の本来の意味を持ち出すことに
よって、忠君愛国の論理とその暴走を掣肘するのがその記述の眼目と言え
る。つまり、森文政の徳育においては、国家は普遍的な道徳を凌ぐもので
はなく、むしろ後者の制御の下に置かれなければならない存在として位置
づけられていた。だが、根津は、西村茂樹や井上哲次郎の論を援用しなが
ら、そうした国家的エゴイズムの暴走を制御する道徳の普遍性の提唱を、
単なる「宋襄の仁」と揶揄し、「勅語違反」というロジックで否定した。
かくして、本来普遍性を有する「徳義」が根津の論において集団的「利己」
に回収されることとなった。

　もとより、根津の論が教育勅語発布以降の論を代表するものと言えるわ
けではない。教育勅語の意味するところについては、その起草に携わった

井上毅の論や、教育勅語制定後に「倫理」科用に編纂・刊行された教科書に即して、改めて綿密に検討する必要がある。さしあたってここでは、森文政期に設けられた「倫理」科が1892年に師範学校では「修身」科に改められた背景の一つを示すものとして根津の論を位置づけるとともに、西村の徳育構想の現実的な帰着点の一つとみることにしたい。森らによる「国民教育」の捉え方を確認しておくことにしたいと考える。

　本書の第2章で論じたように、能勢栄は、『国民之教育』創刊号に掲載した「国民の教育トハ何事ゾ」という文章において、次のように論じていた。

　教育を受けて一国民となることは、国の富強と社会の安寧のためではなく、一個人としての安楽幸福にもつながる。逆に、一国民としての自意識が欠けると、国と社会が壊乱に陥るのみならず、一個人としての自分も滅亡する。個人の安楽幸福を得るための径路としての国と、国・社会の壊乱を防ぐ個人は常に国・社会との双務関係に置かれている。その意味では、「一個人」・「一人類」がそこで「国民」という概念によって否定されたというよりも、むしろ国家や社会との相互関係の中で「国民」として再定義されているともいえよう。言い換えれば、個人と人類をつなぐための必須な媒介項として、能勢は「国民」・「国民教育」を考えていたと思われる。そして、それは『国民之教育』創刊号の表紙グラビアに登場した森有礼文相の考えでもあったことだろう。この点は、森有礼に影響を与えたことで知られるスペンサーが、自由主義的個人主義を基幹とする社会有機体論を唱えていたことを想起しても，驚くにはあたらない。重要なことは、このように能勢・森らの考えた「国民教育」と、教育勅語発布以後に実際に普遍化していく「国民教育」との間には決定的な差異のあることが、『倫理書』と『布氏道徳学』というテキストの編纂過程とテキストの論理構成によって論証されたことである。

4. 今後の課題

　本書で充分に掘り下げることができなかった課題は、いくつか残されている。今後取り組んでいくべき課題として、以下の三点を挙げておきたい。
　第一に、『倫理書』における「自他並立」という概念についてより掘り下げて、その含意と射程を捉える必要がある。従来の研究にも指摘された

ように、「自他並立」は、スペンサーの倫理思想——社会進化論によって、利己主義と利他主義の関係を共感に基づく自発的協力へと向かう過程として描き出すもの——からの影響によって生まれた概念である[1]。実際、『倫理書』においてその概念の正当性を示すために持ち出された「社会的見解」との説明も、社会とはいかなるものかを示そうとしており、明らかにスペンサーの社会有機体説——社会の有機集合体としての性格と各部分の調和協力の必要性を唱える議論——を念頭に置いているように思われる[2]。すなわち、『倫理書』ひいては森が構想した「倫理」科教育全体には、社会有機体説とも言える思想が含まれていた。もっとも、スペンサーの社会有機体説を検討した山下重一が指摘したように、「社会有機体説には様々の種類があり、社会を個々人よりも上位に位置づけ、個々人を社会に従属させる全体主義的な概念である場合が多いと言うことができるが、スペサンーにおいては、個々人の「平等な自由」と完全に両立する独特の社会有機体説であった」[3] という。こうしたスペンサーの論に関する指摘は、本論文が明らかにした『倫理書』、『布氏道徳学』また『国民之教育』誌上の論説の特徴とも一致する部分が認められる。その意味では、森らに使われた「自他並立」という概念は、いかなる思想的背景を有し、その後の明治国家に定着しつつあった社会有機体説とはどのような関係にあるのかについてさらに考える余地があろう。

　その際に参考となるのは、石田雄が考察した加藤弘之の社会有機体論と考える。石田によれば、日本に定着した社会有機体論は、儒教的忠孝主義と妥協し「家族国家」観という形で実った。そして、そのことを促した大きな原因は、加藤弘之の論を強く支えていた「事実の規範化の論理」、すなわち「天皇陛下は日本民族の族父であり、日本臣民は族子である」という「歴史の事実に依拠して論」ずる点であるという[4]。このようにして、日本における「千古の国体＝族父統治の伝統によって「父としての配慮（ヘーゲル）によって強化され、感性的浸透力を與えられた」のである。そうした特徴と、本論文の第 5 章で検討した根津の論には親近性があると考えられ

---

[1]　前掲長谷川精一『森有礼における国民的主体の創出』、310 頁。

[2]　前掲田中智子「『倫理書』編纂事業の再検討」、33 頁。

[3]　山下重一「ハーバード・スペンサーの社会有機体説」、『国学院法学』46(4) (2009 年)、176-177 頁。

[4]　石田雄『明治政治思想史研究』（未来社、1954 年）、127 頁。

る。森と『国民之教育』の主筆陣による議論の根底には、上記の「事実の
規範化の論理」ともいうべきものがあったのか。もしあったとすれば、そ
れと加藤のそれとはいかなる意味で異なるのか。これらの点については、
森らの歴史観・皇室観に即して今後も検討する必要がある。

　第二に、本書では、『倫理書』編纂を中心に森文政期の徳育をめぐる論争
空間を浮き彫りにしたが、この成果を踏まえつつも、『倫理書』編纂をめ
ぐる論争の胚種が明六社時代に遡ることの可能性も指摘しておきたい。従
来、森の対立側として捉えられてきた元田永孚とは違い、本論文で着目し
た西村茂樹、

　加藤弘之や福沢諭吉はいずれも、森とともに明治初期から西洋近代の啓
蒙思想の輸入者としての土俵を共通していた人物と思われる。『倫理書』
の編纂過程で闘わされた争点について、その十数年前に彼らのいた明六社
という論争空間において、すでに別の形で議論されていたことも十分あり
うる。例えば、宗教の導入をめぐる論争である。森文政期の加藤弘之と似
たような観点から、津田真道も当初、開化人口のまだ少ない明治日本では、
「不開化の民を導きて善道に進ましむる」[①]には、宗教に頼るしかないとい
う主張を、『明六雑誌』で公表した。それに対し、西周は、個人の内面の自
由・信教の自由を前提にした政教分離を力説し、宗教と学問の区別にも触
れながら、津田に反論した。さらに森も、信教の自由を前提にした上で、国
教制定と宗教に関する法的規制に関わる西洋の著作を抄訳する形で、この
二人の論争に加わっていた。そうした二つの時期における論争空間にはい
かなる連続性／不連続性があるのかについて検討することは、今後の課題
としたい。

　第三に、教育勅語以後の徳育論の展開を見届ける必要がある。本書の第
5章の最後でも触れたように、教育勅語という「枠」の登場は、『布氏道徳
学』の論への否定をもたらしたと同時に、それを批判する根津音七や西村
茂樹の論にある種の政治的正統性を賦与し、それを支配的な論調にせり上
げていく根拠にもなった。しかし一方で、教育勅語発布後の教育現場にお
ける『勅語衍義』と『布氏道徳学』の共存も、後者に対する根津音七の苛

---

① 津田真道「開化を進る方法を論ず」、『明六雑誌』第3号所収。また、下記の西周と森による
　反論については、それぞれ西周「教門論（一）」（『明六雑誌』第4号）と森有礼「宗教」（『明
　六雑誌』第6号）を参照のこと。

立ちもポスト教育勅語の徳育をめぐる混沌とした状況を示唆している。そうした混沌の実態と意味について、徳育にかかわる問題にコミットし続けた日本弘道会の動向とその機関誌上の論調を一つの手がかりにして考察していきたい。

　上記の作業を、森文政期に焦点を当てた本論文の成果とつなぎ合わせることで、明治初期から教育勅語体制確立までを一貫して見通す徳育論争史像を描いていく。これを筆者の今後の研究課題としたいと考える。

巻末資料：雑誌『国民之教育』総目次

第 1 冊（1887 年 5 月 25 日）	
像	森有礼君肖像
祝	デニング「国民の教育発刊ニ付テ」
	小中村清矩「祝詞」
論	能勢栄「国民の教育トハ何事ゾ」
	菅了法「日本語」
	庵地保「通俗教育ニ関スル所見」
学	菅了法「ソフィスト」
	堤駒二「教育学」
雑	内報：小学校諸規則、生徒行軍、生徒着服制限、障碍物開場式、生徒演習
	外報：白耳義ノ懸賞著述、女子ノ職業、高等小学校卒業生徒ノ職途、小学銀行、独逸大学生ノ貧困、新著概評
第 2 冊（1887 年 6 月 25 日）	
図	米国紐克職工学校ニ於テ開化ノ七ツ道具ヲ使用スルノ図
論	能勢栄「開化ノ七ツ道具」
	菅了法「倫理論綱」
	いしい□□〔二文字判読不能〕「教科書編纂の主意私見」
	清水彦五郎「国民の教育ノ必要ヲ論ズ」
	庵地保「貧困児童の教育を僧侶に依頼するの説」
	河田鱗也「普通教育論」
	土岐政孝「風教」
学	菅了法「ソクラチ―ス行状及教育ノ手段」
	堤駒二「教育学」
	高橋熊太郎「教育者ノ種類」

續表

	北村三郎「支那古文新学」
	宮島鎗八「景色畫ノ区別」
雑	訓諭、慈愍小学校、其他内報数件、児童ニ重担ヲ負ハシムル勿レ、万国星学会議、其他外報数件
第 3 冊（1887 年 7 月 25 日）	
像	英国内閣総理大臣オックスフオールド大学総長ソールスペリー候
論	記者「国民教育ノ程度」
	能勢栄「手ノ力」
	菅了法「倫理論綱（承前）」
	土岐政孝「読本小言」
	吉見経綸「国民ノ教育ニ就テ一言ス」
	和田豊「教育時論第八十号社説ヲ読ム」
学	北村三郎「支那古文新学（承前）」
	河田鱗也「儒教放逐論」
	生駒恭人「注意力振起ノ方法」
	高橋熊太郎「教育者ノ種類（承前）」
雑	島根県教育会、学位令細則、栃木県生徒製作品展覧会、学校生徒遠足、教員講習会、其他内報五件、村落学校衛生上ノ注意、授業上ノ原則、学科目制定ノ原則、医師濫増ノ現況、其他外報四件
第 4 冊（1887 年 8 月 25 日）	
像	米国職工学校創立者理学法学博士ヂヨンデランクル氏肖像
論	記者「小学教科書を論ず」
	能勢栄「小学校費ノ出途」
	河田鱗也「小学校ニ附属地ノ制度ヲ設クルノ必要」
	河野於菟麿「日本弘道会と日本道徳論」
学	能勢栄「倫理学」
	菅了法「歴史」

續表

	堤駒二「教育学（承前）」
	小林満三郎「理科教授法ヲ論ジ併セテ林吾一外二氏ガ著ナル小学全科教授法ヲ評ス」
	小池民次「手工授業法」
雑	寄付金、石川県工業学校、授業上ノ注意、庶民宮、女子大学生、新著概評
第5冊（1887年9月25日）	
図	維新前江戸市中の真図
論	菅了法「世変論」
	能勢栄「ひぽこんでろ」
	吉見経綸「村落小学校経費金ニ就テノ考案」
学	菅了法「国史談（承前）」
	堤駒二「教育学（承前）」
	渡辺政吉「教授ノ得失」
	多田房之輔「小学生徒の恩義心ト義務心トヲ養フ一方便」
	小池民次、上原六四郎「手工授業法（承前）」
	北村三郎「支那古文新学（承前）」
雑	金の世の中、就学規則実施手続き、東京府知事ノ論達、其他内報四件、米国教育会、小学校ノ真価、其他外報二件、新著概評
第6冊（1887年10月25日）	
図	米国紐育州ウアツサル女子大学ノ図
論	能勢栄「国民教育ノ方法第一（家母教育論）」
	菅了法「倫理学の必要を論ず」
	木下邦昌「小学校等位ノ撰定」
学	菅了法「国史談（承前）」
	河田鱗也「社会学」
	渡辺政吉「教授ノ得失（第二）」
	高須治輔「作文授業法」

續表

	北村三郎「支那古文新学（承前）」
	堤駒二「教育学（承前）」
雑	富山県教育品批評会、福井県論告、勅令第五十号、文部省告示第九号、学生借財者処分法、教育品縦覧会場、東洋語学校、彼得堡府公立日曜学校ノ設立、実業教育ノ演説、新著概評
第 7 冊（1887 年 11 月 25 日）	
像	博士ハックスレー氏肖像
論	能勢栄「東洋ノ歴史」
	菅了法「道徳の批准を論ず」
	河田鱗也「学問ノ解」
学	菅了法「国史談（承前）」
	菅了法「倫理美談」
	渡辺政吉「教授ノ得失（第三）」
	小林満三郎「各学科ノ価値」
	高須治輔「作文授業法（承前）」
	北村三郎「支那古文新学（承前）」
雑	和歌山の学事、滋賀県私立教育会、高知県尋常中学校女子部、町村小学校経費の儀上申、東京高等女学校西洋家事教場、勅令第五十八号、愛媛県小学授業料、兵事教育の拡張、紀元後ノ教育改革家及奨励家（承前）、米国師範学校長ノ演舌、商業教育ニ関スル意見
第 8 冊（1888 年 1 月 15 日）	
像	博士チンダル氏肖像
論	能勢栄「東京師範学校卒業生諸君ニ告グ」
	河田鱗也「少年立志ノ方向」
	河野於莵麿「日本ノ教育雑誌」
	永田雷六郎「教育振興策」
学	峯是三郎「修身教授論」
	河田鱗也「社会学（承前）」

續表

	渡辺政吉「小学理科教授論及例」
	高須治輔「作文授業法（承前）」
	北村三郎「支那古文新学（承前）」
雑	博士チンダル氏ノ略傳、山口県尋常師範学校生徒修学旅行紀要、立身格言
第 9 冊（1888 年 2 月 20 日）	
像	博士スペンサル氏肖像並略傳
論	能勢栄「我日本国ノ教育ノ三原力ニ対スル関係」
	木下邦昌「小学校ノ経済ヲ論ス」
	河田鱗也「加藤弘之先生ノ徳育ノ方案ヲ読ム」
	郡司篤則「国体教育論」
学	能勢栄「虞氏応用教育論」
	河田鱗也「社会学」
	堤駒二「教育学」
	灑江禪関「自我」
雑	能勢栄「東京師範学校卒業生諸君ニ一言ス」、徳島県ノ教育諮問按及ビ答稿、英国ノ商業教育改良会議、シベリア地方湖水ノ涸渇、睡遊、能勢栄「徳育新論概評」、愛知県海東海西両郡高等小学生徒運動会ノ景況
第 10 冊（1888 年 3 月 20 日）	
像	博士カーペンター氏肖像並略傳
論	能勢栄「我日本国ノ三原力ニ対スル関係（承前）」
	菅了法「教育原論」
	デニング「豈退カンヤ」
	山県悌三郎「習慣養成論」
	谷本富「国民教育論」
	河野於菟麿「大日本教育会ニ望ム」
	河田鱗也「地方分学論」
学	能勢栄「虞氏応用教育論（承前）」

續表

	渡辺政吉「小学理科教授論及例（承前）」
	大島国千代「理財要論講義」
	河田鱗也「社会学（承前）」
	藤田定勝「軽便複写版」
雑	人工ヲ以テ金属ヲ製出スルコト、あて言ノ不思議、口授教育ト教科書教育トノ優劣、新著概評
第 11 冊（1888 年 4 月 20 日）	
像	詩伯テニソン氏肖像
論	能勢栄「女子教育ノ目的ト方法」、
	菅了法「児童ノ心志ヲ誘起スルニ付テ父兄ノ注意ヲ促ス」
	小川忠武「専門教育ト普通トノ別ヲ論シ併せて普通教育上ニ消極上ノ意アルヲ辨ス」
	吉見経綸「人為ニ必要ナル三原能」
	河野於菟麿「哲学的教育ノ要旨」
	谷本富「学術品位論」
	河田鱗也「地方分学論（承前）」
学	能勢栄「虞氏応用教育論（承前）」
	木下邦昌「諸学科教授上ノ注意」
	渡辺政吉「小学理科教授論及例（承前）」
	大島国千代「理財要論講義（承前）」
	河田鱗也「社会学（承前）」
雑	時事新報ノ教育制度論ヲ評ス、大気中ノ塵埃ノ堆積、神経震盪ノ結果、するーびんノ小学校ノ手工教授法、新著概評数件
第 12 冊（1888 年 5 月 20 日）	
像	もるす氏肖像並ニ小傳
論	能勢栄「道徳ノ標準ヲ論ス」
	菅了法「ありすとーつるノ道徳論並図」
	谷本富「学理ト実験説ノ調和」

續表

	河野於菟麿「教育者ノ定見」
	吉田鱗太郎「所感」
	百瀬栄喜弥「初年ノ小学生ニ和算ヲ教授スルノ弊害ヲ論ス」
	郡司篤則「教育者ノ職住ヲ論ス」
	河田鱗也「日本文学史論」
学	能勢栄「虞氏応用教育論（承前）」
	渡辺政吉「小学理科教授論及例（承前)」
	木下邦昌「諸学科教授上ノ注意（承前)」
	河田鱗也「社会学（承前)」
雑	東京府下女子学校ノ景況、若松地方教育ノ景況、新著概評数件
第 13 冊（明治 21 年 6 月 22 日）	
論	能勢栄「道徳ノ標準ヲ論ス（承前)」
	谷本富「小説ト児童」、
	郡司篤則「教育者ハ児童ノ性質ヲ考究スルノ必要ヲ論ス」
	吉田鱗太郎「批評ノ注意」
	河田鱗也「日本ノ教育ヲ如何スベキヤ」
学	能勢栄「虞氏応用教育論（承前)」
	渡辺政吉「小学理科教授論及例（承前)」
	北村三郎「支那古文新学結論（承前)」
	河田鱗也「社会学（承前)」
雑	教科書ノ供給者、同盟罷学、就学者ノ方向、普通教育新聞

文献目録

1. 史料

1) 文書・目録・伝記・全集類

石河幹明『福沢諭吉伝』第四巻（岩波書店、1932 年）

市川虎雄『信濃教育史概説』（信濃毎日新聞社出版部、1933 年）

井上哲次郎『勅語衍義』（井上蘇吉、1891 年）

大久保利謙監修・犬塚孝明ほか編『新修森有礼全集』（文泉堂書店、1997 年）

海後宗臣・仲新編『日本教科書大系・近代編』第 1 巻・修身（講談社、1961 年）

加藤弘之『徳育方法案』（哲学書院、1887 年）

教育ジャーナリズム史研究会編『教育関係雑誌目次集成』（日本図書センター、
　　1986 年—）

慶応義塾大学編『福沢諭吉全集』再版（岩波書店、1969–1971 年）

国立国会図書館憲政資料室所蔵「森有礼関係文書」

国立国会図書館所蔵　内閣官報局編『職員録・明治 20 年（甲）』（印刷局、
　　1912 年）

小谷澄之ほか編『嘉納治五郎大系』（本の友社、1988 年）

笹川多門『松田正久稿』（江村会、1938 年）

佐々木教悟ほか監修・編集『南條文雄著作集』第 10 巻（うしお書店、2002 年）

佐藤秀夫編『文部省日記』（歴史文献、1981 年）

『師範学校・尋常中学校・高等女学校検定済教科用図書表：明治 19 年 5 月—明
　　治 32 年 4 月』（文部省、1899 年 6 月）

菅了法『哲学論綱』（集成社、1887 年）

　　——『倫理要論』（金港堂、1888 年）

棚橋一郎・嘉納治五郎述『倫理学：歴史・批評』（哲学館、1888 年）

ヂャネー著・能勢栄訳『倫理学初歩』（金港堂、1889 年）

デニング『傳仁演説集』（博聞社、1886 年）

東京府編『東京府統計書　明治 21 年』（1888 年）

十日町市博物館友の会編『妻有のいしぶみ』（十日町市博物館友の会、1997 年）

鳥居美和子編『明治以降教科書総合目録 I 初等学校篇』（国立教育研究所編『教
　　育文献総合目録』第 3 集、小宮山書店、1967 年）

　　——『明治以降教科書総合目録 II 中等学校篇』（国立教育研究所編『教育文献
　　総合目録』第 3 集、小宮山書店、1985 年）

内閣官報局編『法令全書』（原書房、1977 年）

南條文雄『南條文雄自叙伝』（沈石山房、1924 年）

西村茂樹『道徳学（殷斯妻氏）』（大井鎌吉、1882 年）

日本弘道会編『泊翁叢書』第 2 輯（日本弘道会、1912 年）

　　——『増補改訂　西村茂樹全集』全 12 巻（思文閣出版、2014-2013 年）

能勢栄『通信教授　教育学』（通信講習会、1886 年）

　　——『教育学』（金港堂、1889 年）

　　——『徳育鎮定論』（興文社、1890 年）

フリケ原著・松田正久訳述『小学道徳論』1 ～ 3 巻（牟田知足、1880 年）

　　——『小学道徳論』1 ～ 4 巻（野口能毅、1882 年）

フリッケ・松田正久訳述『布氏道徳学』（牧野書房、1887 年）

　　——『訂正布氏道徳学』（牧野書房、1888 年）

文部省総務局調査課編『師範教育関係法令の沿革』続編（調査資料第 10 集）（文
　　部省総務局調査課、1943 年）

文部省編『文部省年報』（文部省、1875-1890 年）

　　——『中学校師範学校倫理教科書』（文部省、1888 年）

　　——『倫理書：中学校・師範学校教科用書』（文部省、1888 年）

山室信一・中野目徹校註『明六雑誌』上・中・下（岩波書店、1999-2009 年）

横山健堂『嘉納先生傳』（講道館、1941 年）

Friedrich, Wilhelm Fricke. Trans. By Alex. V. W. Bikkers, Joseph Hatton. Ethics for
　　Undenominational Schools. London: Grant, 1872.

2）新聞・雑誌

『学海之指針』

『教育時論』復刻版（雄松堂書店、1980–1996 年）

『教育報知』復刻版（ゆまに書房、1986 年）

『教師之友』

『交詢雑誌』マイクロフィルム版（ナダ書房、五山堂書店（発売）1987 年）

『弘道会雑誌』

『国民之教育』マイクロフィルム版（ナダ書房、1993 年）

『大日本教育会雑誌』

『東京学士会院雑誌』

『新潟新聞』

『新潟毎日新聞』

『日本弘道叢記』

読売新聞社メディア企画局データベース部編『明治の読売新聞』（読売新聞社
　　メディア企画局データベース部出版、1999 年）

The Japan Weekly Mail. New series: a political, commercial, and literary journal.

2. 著書

石田雄『明治政治思想史研究』（未来社、1954 年）

稲田正次『教育勅語成立過程の研究』（講談社、1971 年）

犬塚孝明『若き森有礼　東と西の狭間で』（吉川弘文館、1983 年）

井上久雄『近代日本教育法の成立』（風間書房、1969 年）

奥野武志『兵式体操成立史の研究』（早稲田大学出版部、2013 年）

小股憲明『近代日本の国民像と天皇像』（大阪公立大学共同出版会、2005 年）

海後宗臣『教育勅語成立史研究』（海後宗臣著作集・第 10 巻）（東京書籍、
　　1981 年）

海後宗臣・仲新編「近代日本教科書総説・解説篇」（講談社、1969 年）

梶山雅史『近代日本教科書史研究：明治期検定制度の成立と崩壊』（ミネルヴァ
　　書房、1988 年）

木戸若雄『明治の教育ジャーナリズム』（大空社、1990 年）

木村力雄『異文化遍歴者森有礼』（福村出版、1986 年）

倉沢剛『小学校の歴史』II（ジャパン・ライブラリー・ビューロー、1963 年）

国立教育研究所編『学校教育』（『日本近代教育百年史』巻3、教育研究振興会、
　　1974年）

子安宣邦『漢字論：不可避の他者』（岩波書店、2003年）

佐藤秀夫『続・現代史資料8　教育　御真影と教育勅語』（みすず書房、1994年）

信州大学教育学部九十年史編集委員会編『信州大学教育学部九十年史』（信州
　　大学教育学部創立九十周年記念会、1965年）

園田英弘『西洋化の構造　黒船・武士・国家』（思文閣出版、1993年）

高橋文博『近代日本の倫理思想：主従道徳と国家』（思文閣出版、2012年）

高橋昌郎『西村茂樹』（吉川弘文館、1987年）

田中智子『近代日本高等教育体制の黎明：交錯する地域と国とキリスト教界』
　　（思文閣出版、2012年）

谷川穣『明治前期の教育・教化・仏教』（思文閣出版、2008年）

長谷川精一『森有礼における国民的主体の創出』（思文閣出版、2007年）

林竹二『森有礼』（筑摩書房、1986年）

久木幸男ほか編『日本教育論争史録』第1巻・近代編（上）（第一法規出版、
　　1980年）

松下良平『知ることの力：心情主義の道徳教育を超えて』（勁草書房、2002年）
　　―『道徳の伝達：モダンとポストモダンを超えて』（日本図書センター、2004
　　年）
　　―『道徳教育はホントに道徳的か？：「生きづらさ」の背景を探る』（日本
　　図書センター、2011年）

真辺将之『西村茂樹研究―明治啓蒙思想と国民道徳論』（思文閣、2009年）

本山幸彦『明治国家の教育思想』（思文閣出版、1998年）

森川輝紀『近代天皇制と教育史：その問題史的検討』（梓出出版、1987年）
　　―『国民道徳論の道：「伝統」と「近代化」の相克』（三元社、2003年）
　　―『教育勅語への道：教育の政治史』増補版（三元社、2011年）

森川輝紀・増井三夫編『公共性・ナショナリズムと教育』（日本図書センター、
　　2014年）（辻本雅史監修『論集　現代日本の教育史』5）

森田尚人・森田伸子編『教育と政治：戦後教育史を読みなおす』（勁草書房、
　　2003年）
　　―『教育思想史で読む現代教育』（勁草書房、2013年）

八木公生『天皇と日本の近代』上・下（講談社、2001年）

山住正己『教育勅語』(朝日選書、1980 年)

山下重一『スペンサーと日本近代』(御茶の水書房、1983 年)

米田俊彦『近代日本中学校制度の確立：法制・教育機能・支持基盤の形成』(東京大学出版会、1992 年)

亘理章三郎『詔勅の聖訓と道徳教育』(明治図書、1934 年)

3. 論文

石飛貞典「菅了法——二つのフロンティアに生きた男」(『大法輪』77(11) 号、2010 年)

海後宗臣ほか「森有礼の思想と教育政策」(『東京大学教育学部紀要』第 8 号、1965 年)

片桐芳雄「近代日本における個性教育論への道—教育雑誌掲載論文の検討を通して—」、『日本女子大学大学院人間社会研究科紀要』13 号(2007 年)

葛睿「西村茂樹の思想的研究：学問・宗教そして道徳」(東北大学文学研究科、博士学位論文、2011 年)

樽松かほる・菅原亮芳・小熊伸一「近代日本教育雑誌史研究——明治期刊行教育雑誌の諸類型とその変容(1)」(『桜美林論集　一般教育篇』17 号、1990 年)

　—「近代日本教育雑誌史研究——明治期刊行教育雑誌の諸類型とその変容(2)」(『桜美林論集　一般教育篇』18 号、1991 年)

　—「大正・昭和期前期における教育雑誌の変容過程——その類型化を中心として」(『立教大学教育学科研究年報』36 号、1992 年)

厳平「森有礼の教育思想における心と身体」(『京都大学大学院教育学研究科紀要』48 号、2002 年)

斉藤太郎「明治中期における教育認識と政治的志向：能勢栄についての一考察」(『日本の教育史学』13 号、1970 年)

佐藤秀夫「わが国小学校における祝日大祭日儀式の形成過程」、『教育学研究』30(3)(1963 年)

　—「教育史研究の検証」(藤田英典ほか編『教育史像の再構築』、世織書房、1997 年)

　—「森有礼に関する虚像の系譜」(『教育の文化史』1 学校の構造、阿吽社、2004 年)

　　—「初代文相森有礼にみる「名誉回復」の系譜」(『教育の文化史』3 史実の
　　検証、阿吽社、2005 年)

武田清子「森有礼における教育人間像」(武田清子著『人間観の相剋：近代日
　　本の思想とキリスト教』、弘文堂、1959 年)

武田晃二「庵地保の生涯と年譜」、『岩手大学教育学部附属教育工学センター
　　教育工学研究』第 12 号 (1990 年)

田中智子「『倫理書』編纂事業の再検討—森有礼文政期理解への一助として—」
　　(『教育史フォーラム』8 号、2013 年)

　　—「森有礼文政期研究の現在と射程—『倫理書』をめぐる林子博氏の近業
　　によせて—」(『教育史フォーラム』9 号、2014 年)

田中洋平・石川美久「嘉納治五郎の言説に関する史料目録 (1)：『嘉納治五郎
　　大系』未収録史料 (明治期) を中心に」(『武道学研究』42(2) 号、2009 年)

谷川穣「教育・教化政策と宗教」(大津透ほか編『岩波講座・日本歴史』第 15
　　巻近現代 1、岩波書店、2013 年)

中山裕一郎「地方における唱歌教育の黎明—能勢栄と明治 10 年代の長野県の
　　唱歌教育について—」(『信州大学教育学部紀要』119 号、2007 年)

西谷成憲「加藤弘之『徳育方法案』に関する一考察」(『東京学芸大学紀要・
　　第 1 部門・教育科学』33 号、1982 年)

西悠哉「『ethics』概念の受容と展開—倫理教科書を中心として—」(『佛教大学
　　大学院紀要・文学研究科篇』第 38 号、2010 年)

久木幸男「『教育報知』と日下部三之介」(復刻版『教育報知』別巻、ゆまに書
　　房、1986 年)

　　—「明治儒教と教育」(『横浜国立大学教育紀要』28 号、1988 年)

布施明子「ウォルター・デニング」(昭和女子大学近代文学研究室著『近代文
　　学研究叢書』、昭和女子大学近代文化研究所、1956 年)

ヘレン・ボールハチェット「ウォルター・デニング——明治初期における宣
　　教師の活動」(『アジア文化研究』16 号、1987 年)

松下晴彦「書評　道徳的知と行為のアポリアに抗して—自然主義・歴史主義・
　　共同体主義からの批判とその可能性／松下良平著『知ることの力—心情主
　　義の道徳教育を超えて』」(『近代教育フォーラム』12 号、2003 年)

松下良平「道徳教育の貧困—「よく生きる」ことはどこへ—」(『人間と教育』
　　57 号、2008 年)

―「岐路に立つ道徳教育―グローバル化がもたらす悲劇と希望」(『教育と医学』61 号、2013 年)

―「道徳教育―ナショナリズム／教育勅語がもたらす自己否定―」(森田尚人・森田伸子編『教育思想史で読む現代教育』勁草書房、2013 年)

―「道徳教育に教科書は必要か」(『弘道』121(1084)号、2013 年)

―「道徳教育と生活指導をつなぐ―どのような道徳に立脚するのか」(『高校生活指導』197 号、2014 年)

松本康博「明治 18 年 8 月刊行の『歯科全書初篇』と訳者河田鱗也について」(『日本歯科医史学会会誌』第 21 巻、1997 年)

―「河田鱗也の著作について」(『日本歯科医史学会々誌』第 25 巻、2004 年)

山下重一「ハーバード・スペンサーの社会有機体説」(『国学院法学』46(4)、2009 年)

吉田千鶴子「岡倉天心と久保田鼎：久保田家資料を中心に」(『五浦論叢：茨城大学五浦美術文化研究所紀要』第 10 巻、2003 年)